# 펄스의 게슈탈트 심리치료

Fritz Perls 저 | 최한나 · 변상조 공역

학지사

THE GESTALT APPROACH & EYE WITNESS TO THERAPY
by Fritz Perls M.D., Ph.D.

## 역자 서문

게슈탈트 심리치료는 여러 모로 흥미로운 이론이다. '지금-여기'에 대한 경험, 치료자와 내담자의 자발성과 진실한 만남, 자각과 책임성을 키우기 위한 다양한 실험과 신체적 작업, 미해결 과제와 완결 등 게슈탈트 치료에는 생동감 있는 개념과 활동이 많다. 이러한 특징 때문에 상담 관련 종사자나 자기 성장에 관심이 있는 이들은 게슈탈트 치료로부터 치료적 혜안과 성장에 대한 영감을 얻곤 한다.

국내에 출간된 상담 이론 서적은 게슈탈트 치료를 중요한 치료 이론으로 간주하여 빠짐없이 소개하고 있다. 상담에 관심이 있는 이들은 한 번쯤은 게슈탈트 치료 이론을 접해 보면서, 이 치료의 창시자가 펄스라는 사실을 알게 된다. 하지만 정작 펄스가 자신의 이론을 어떻게 설명하고, 어떤 방식으로 치료에 적용했는지는 제대로 알려지지 못한 상황이다.

펄스는 다작을 했던 치료사가 아닐뿐더러 지금까지 국내에 소개된 그의 책은 한두 권에 불과하다. 그가 직접 게슈탈트 치료에 대해 설명한 책은 지금까지 국내에서 출판된 적이 없었다. 이 책은 펄스가 생애 말기에 쓴 책으로서 치료에 대한 지식과 경험이 축적되어 있다. 따라서 창시자로서 그의 사상과 치료의 핵심, 초창기 게슈탈트 접근의 이론 및 실제를 알 수 있다는 점과 그가 직접 집필한 치료 교재를 최초로 국내 독자에게 전한다는 점에서 이 번역서의 가치를 찾을 수 있겠다.

펄스는 당대의 여러 사상으로부터 영향을 받았으며, 동서양의 지혜와 정신분석, 게슈탈트 심리학, 현상학, 실존주의, 사이코드라마 등 여러 분야를 통합하였다. 그는 난해하거나 현학적인 이론이 아닌, 관찰 가능한 사실(현실과 표면)에 바탕을 두는 접근을 강조했다. 우리는 이 책에서 분명한 관찰을 근거로 접근하고자 하는 게슈탈트 치료의 특색을 경험할 수 있을 것이다.

이 책에서 우리는 게슈탈트 치료에 대한 잘못된 인상을 바로잡기 위한 그의 노력을 엿볼 수도 있다. 저자는 게슈탈트 치료의 관점에 대한 철저한 이해 없이 기법만을 과용하는 문제에 대해 주의를 주고자 했다. 이 교재를 쓴 이유도 그러한 문제점을 알리고, 게슈탈트 치료를 과학적으로 이해하고 적용할 수 있도록 돕기 위함이었다. 우리는 이 책에서 그의 직관적이고 창조적인 치료적 기술이 과학적인 관점에서 비롯됨을 이해할 필요가 있다.

또한 펄스가 말하는 "생명력 있는 인간"에 대해 함께 생각해 볼 수 있다면 좋겠다. 이 책에서 말하는 '환경의 자유로운 탐색과 활기찬 모험' '선택과 반응에 대한 책임감' '자기 존재의 독립성과 고유성' '현재에 머무를 수 있는 의식' 등은 건강한 생명력의 표현으로 생각된다. 그렇다면 우리 현대인은 이 생명력을 온전히 표현하며 살아가는가? 또는 생명력을 어떻게 회복하고 키워 나갈 수 있을까? 이에 대한 의문과 호기심은 우리에게 필요하면서도 각자 풀어 가야 할 과제가 아닐까 싶다.

이 책을 번역하면서 가급적 원서의 내용을 충실하면서도 쉽게 전달할 수 있도록 노력했다. 펄스의 억양과 그의 직관적 표현을 온전히 담아내고 싶었으나, 그를 동시대에 만난 적이 없는 역자로서 그의 목소리를 충분히 전하지 못한 점이 아쉽다. 원저자의 사상이나 진술을 제대로 전달하지 못한 점이 있다면 독자의 아낌없는 피드백으로 보완하고자 한다.

모쪼록 이 번역서가 상담을 전공하고 있는 학도는 물론 상담 분야에 종사하는 분들께 도움이 되기를 바란다. 특히 상담 과정에서 '지금-여기'에 대한 작업을 고민하는 분들께 유익할 수 있다면 좋겠다. 끝으로 이 책이 나오도록 여러 모로 힘써 주신 학지사 김진환 사장님과 편집에 애써 주신 편집부 여러분께 특별한 감사의 마음을 전한다.

2013년 1월

역자 일동

## 저자 서문

현대인은 생명력을 잃은 채 살고 있다. 깊게 고민하지도 않을뿐더러 참다운 창조적인 삶에 대해서도 거의 알지 못한다. 그 대신 걱정하는 기계로 전락하고 말았다. 세상에는 풍요로움과 즐거움을 위한 기회가 가득하지만, 우리는 진정으로 원하는 것을 알지 못하고 목적 없이 방황하고 있다. 삶의 깊이를 체험할 수 있는, 가슴 뛸 만한 모험에 뛰어들지 못한다. 기뻐하고, 즐거워하고, 성장하고, 배우는 시기는 유년기나 청년기라고 생각한다. '성숙한' 어른이 될 무렵이면 이미 인생을 포기한 얼굴이 된다. 쉬지 않고 뭔가를 하지만 정작 그 일에 관심을 두지 않는다. 늘 그렇듯 무표정한 얼굴에 남의 일하듯 지루하게 일하다가 싫증을 낸다. 스스로 창조하고 직접 뛰어드는 역량과 자발성은 모두 사라졌다. 넋두리는 늘어놓으면서, 이겨 내는 데는 매우 서툴다. 말로 때우고 생각에만 빠져 있다가 삶을 헛되이 보낸다. 그럴듯한 말잔치만 일삼고 있다. 정신병리학의 설명에 자기 인생을 끼워 맞추는 것도 모자라 때로는 엉터리 이론에 헌신하기까지 한다. 우리는 과거에 빠져들고 미래를 상상하는 일에 인생을 허비하고 있다. 지금 하는 일은 현실에서 벗어나려는 몸부림일 뿐이기에 따분하다. 게다가 그 순간에 자신이 무엇을 하고 있는지 알지 못한다.

지나치게 광범위한 이야기처럼 들릴지 모르겠지만, 이 상황이 나아질 때가 왔다. 지난 50년간 인간에 관한 지식은 엄청나게 증가했다. 변화하는 자극과 조건에서 생명 유지의 생리적 · 심리적 메커니즘에 대한 이해가 무척 깊어졌다. 그러나 같은 기간에 인생을 즐겁게 사는 능력은 필적할 만한 변화를 보이지 못했다. 자신의 관심을 위해 지식을 이용하고, 생명과 성장에 대한 우리의 감각을 키우고 확장하는 능력은 제자리인 셈이다. 이해를 목적으로 인간의 행동을 공부한다는 것은 즐거운 지적 놀이이며, 시간을 보낼 수 있는 흥미롭거나 괴로운 소일거리다. 그러나 이것은 일상의 문제 해결에 도움이 되지 못한다. 현대의 정신의학과 심리학은 너무나 많은 전문용어를 쏟아 내고 있다. 우리는 그 수많은 용어와 개념을 통째로 삼켜 버릴 뿐, 맛을 보지도 않고 소화하지도 못한다. 그러한 언어적 · 지적 지식을 기대할 만한 능력의 도구로 이용하지 못한다. 반면에 그 용어를 불만스러운 현재 행동을 지속하는 핑계로 삼고 합리화하기 위해 쓰고 있다. 과거에 일어난 사건을 변명하면서 현재의 불행을 정당화하고 비참한 구렁텅이에 빠져든다. 남을 괴롭히고 자신을 못살게 구는 이유를 정신의학에서 찾는다. 어린 시절에는 "나는 할 수 없어."라고 말한다. 그러나 어른이 되면 "나는 할 수 없어. 왜냐하면 엄마가 어린 시절에 날 거부했기 때문이야.

왜냐하면 오이디푸스 콤플렉스를 몰랐기 때문이야. 왜냐하면 나는 너무나 내향적이기 때문이야."라고 둘러댄다. 그러나 정신의학과 심리학의 목적은 인간 능력의 계발이지, 비참한 생활의 정당화가 아니다. 과학의 목적은 단지 행동을 설명하기 위함이 아니라 자기 이해(self-knowledge)와 자기 지지(self-support) 그리고 만족(satisfaction)을 얻도록 도와주는 것이다.

어쩌면 정신의학이 이렇게 왜곡되어 버린 이유 중 하나는 추종자들이 너무나 많은 고전적 이론을 교리로 굳혀 버렸기 때문인지 모른다. 인간의 삶은 천차만별인데 프로크루스테스(여행자를 붙잡아 자신의 쇠침대 위에 결박하여, 여행자의 키가 침대보다 길 경우는 그만큼 잘라 낸 신화 속 인물 – 역주)의 침대처럼 자신의 이론에 맞추려고 한다. 그러다 뽐내는 그 이론으로 설명하기 힘든 현상을 보면 외면한다. 현상을 설명할 수 없거나 문제를 해결하기 어려울 때도 이론을 수정하거나 포기하지 않는다. 현상을 왜곡하여 이론에 끼워 맞추는 행동은 인간의 성장과 문제 해결에 전혀 도움을 주지 못한다.

나는 인간의 자기실현과 잠재력을 탐색하였으며, 인간이 지금보다 더 충만하고 풍요로운 인생을 살 수 있다는 믿음으로 이 책을 집필했다. 지금껏 인간은 내면에 있는 에너지와 열정을 제대로 발견하지 못했다. 이 책에서는 심리치료 기법과 일상생활의 문제를 이론화하는 동시에 그 이론을 실제로 적용하려고 노력하였다. 이론은 경험과 관찰을 바탕으로 수년간 실천하고 수정되면서 성장하고 있다. 지금도 여전히!

# 편집자 서문

'게슈탈트 접근'과 '펄스의 치료 실제'는 하나의 책으로 읽어도 되고, 두 개의 독립된 책으로 읽어도 좋다. 죽음이 임박할 무렵, 펄스는 두 가지 주제를 염두에 두었다. 나는 그가 이러한 구성을 좋아했으리라 생각한다.

'게슈탈트 접근'은 게슈탈트의 기본적인 참고자료가 될 수 있다. 나는 펄스가 다음과 같은 목표를 훌륭하게 이루었다고 생각한다. "알맹이 없는 전문용어 뒤에 숨지 말아야 한다. 눈에 보이는 행동을 바탕으로 접근해서, 전문가가 아닌 이들도 이해할 수 있어야만 제대로 된 심리학적 접근을 한다고 말할 수 있다." 펄스는 이전에 출판했던 『자아, 허기 그리고 공격(Ego, Hunger and Aggression)』(1947)과 『게슈탈트 치료(Gestalt Therapy)』(1952)에 만족할 수 없어, '게슈탈트 접근'을 새롭게 썼다. 예전의 두 책은 이론 위주로 되어 있어 어려울뿐더러 시대를 따라가지 못하였다. 펄스는 그 뒤 20년 동안 다양한 흐름을 통합하였는데, 특히 동양의 종교 · 명상 · 신비 체험 · 신체에 관한 작업이었다. 이 기간 동안 중요한 점은 펄스가 사랑하고 투쟁하고 실천하면서 살아온 삶이었다. 펄스는 독특했다. 의사, 경쟁자, 권위적인 인간, 연인, 괴팍한 늙은이, 예술가나 작가라는 이름으로 펄스를 한정할 수는 없다. 적지 않은 나이에도 '지금'을 살아가는 펄스의 능력과 예술적인 기예는 더욱 더 깊어만 갔다.

펄스는 에살렌(Esalen)에 머물면서 '게슈탈트 접근'을 대부분 완성하였다. 1969년 5월에 코위찬(Cowichan)으로 옮겨서 마저 써 내려갔다. 코위찬은 브리티시 콜롬비아 주 밴쿠버 섬의 빅토리아 시에서 북쪽으로 80km 떨어져 있으며, 내륙 호수를 끼고 있는 작은 마을이다. 펄스는 그곳에서 게슈탈트 공동체를 만들고 싶어 했다. 하지만 분명한 형태는 구상하지 못했다. 참여자들이 자각을 촉진하고, 인격을 통합하고, 자기 삶에 대한 책임감을 키우고, 치료자들도 몇 개월 지내면서 공부할 수 있는 곳을 원했던 것으로 보인다.

지난 두 달 동안 펄스는 코위찬에서 행복하게 지냈다. 자유롭게 교육, 치료, 휴식, 사랑, 집필을 하면서 충만한 삶을 살았다. 그리고 펄스는 자신의 이론을 충분히 이해하지 못하고 기법에만 열중하는 치료자들에게 관심을 기울였다. 펄스는 자신의 철학과 이론, 치료의 실제를 정리할 수 있는 교재를 다시 집필하고 싶어 했다. 펄스는 나에게 '펄스의 치료 실제'를 출판해 달라고 부탁했다. 이 책은 '게슈탈트 접근'에서 제시된 이론과 코위찬에서 찍었던 영상 및 강의를 활용해서 만들었다. 펄스는 1969년 12월 코위찬을 떠나기 전에 나에게 이 책을 부탁했다.

그리고 이 책을 완성하려고 이듬해 봄에 돌아오려고 했다. 그러나 펄스는 그해 겨울, 세상을 떠나고 말았다. 나는 리처드 벤들러(Richard Bandler)에게 이 책의 편집을 맡겼다.

'게슈탈트 접근'은 혼자서도 읽을 수 있으며, '펄스의 치료 실제'를 안내하는 역할을 한다. 리처드 벤들러는 게슈탈트 치료의 핵심을 담은 영상을 선택하였다. 몇몇 축어록은 수준 높은 게슈탈트 치료를 담고 있다.

구성은 공통적인 형식을 따랐으며, 도입은 펄스의 강의로 시작한다. 강의에서 때로는 감동적인 동양 사상을 들을 수 있다. 강의는 게슈탈트 치료 테이프와 축어록에 나온다. 펄스는 이 영상을 좋아했으며, 학생들이 축어록과 더불어 이 영상을 집중적으로 공부할 것을 권했다. 펄스를 잘 아는 게슈탈트 전문가들이 축어록에 대한 설명을 덧붙였다.

Robert S. Spitzer, M. D.
Science and Behavior Books 편집장

# | 차 례 |

PART 02

# 펄스의 치료 실제

PART 01

# 게슈탈트 접근

The Gestalt Approach

CHAPTER 01

# 기초편

## 게슈탈트 심리학

심리적 접근을 제대로 하고 싶다면 알맹이 없는 전문용어에 빠져들지 말아야 한다. 누구라도 이해할 수 있도록 실제 사람들의 모습을 토대로 접근해야 한다. 그렇지 않으면 결함이 생긴다. 심리학은 결국 자신과 타인인 인간을 가장 큰 주제로 다루는 학문이다. 심리학에 대한 이해가 우리 자신에 대한 이해와 일치해야 한다. 우리를 이해할 수 없다면 지금 무엇을 하고 있는지 알지 못하고, 문제를 해결할 전망이 없으며, 가치 있는 삶을 살기를 바랄 수 없다. 자기(self)이해는 머리로 아는 지식을 넘어서 느낌과 감각이 필요하다.

우리는 쉬우면서 이치에 맞는 전제를 바탕으로 접근한다. 이 전제는 상식적인 가설이며, 경험으로 증명할 수 있다. 실제로 이런 상식적인 전제를 학자들은 복잡한 전문용어로 설명한다. 의식의 세 가지 요소를 전문용어로 화려하게 설명하면 학자들만 돋보일 뿐, 오히려 설명은 모호해지고 독자는 혼란스러워한다. 동시대 심리학은 이 가설을 기본으로 삼았다. 불행하게도 많은 심리학자들이 이것을 당연하게 받아들이며 자신의 이론적 배경으로 삼아 버린다. 이론이 현실적인 관찰에서 멀리 달아나도 말이다. 그러나 이러한 전제를 쉽게 설명하고 개방적인 태도로 다룬다면, 이것을 개념의 유용성과 신뢰성을 측정하는 기준으로 사용할 수 있으며, 또한 기쁨과 유익함으로 탐구할 수 있다.

첫 번째 전제로 들어가자. 앞서 말하기로 이 책의 기초적 접근은 여러 모로 새롭다. 그렇다고 일상생활이나 심리치료 현장 그리고 다른 이론들과 무관하다는 의미는 아니며, 놀라울 만큼 다른 것도 아니다. 여러 이론과 이 접근을 비교했을 때 유사한 점도 많다. 새롭다고 말할 수 있는 점은 이론의 세부 내용이 아니라 세부 내용을 체계화한 방식이다. 즉, 당신이 관심을 가질 수 있도록 독특하고 설득력 있는 접근으로 체계화했다는 점에서 새롭다. 첫 번째 전제는 그러한 체계화 방식과 관계가 있다. 인간은 사실 · 지각 · 행동 · 현상을 부분으로 보지 않고, 하나의 의미로 체계화해서 받아들인다.

지각 분야를 연구하는 독일 심리학자들이 이 개념을 처음으로 고안했다. 인간은 사물을 관련 없는 부분으로 보지 않고, 의미 있는 전체로 체계화하여 지각한다. 예를 들어, 사람들이 가득한 방에 한 남자가 들어간다고 상상해 보자. 그 남자는 방 안의 사람들을 얼굴 따로, 팔다리 따로, 옷 색깔 따로, 몸짓 따로 나누어서 보지 않는다. 방은 방으로, 사람은 사람으로 본다. 사람을 선택하면 방은 배경으로 사라지고, 방을 선택하면 사람이 배경으로 사라진다. 대상의 선택을 결정하는 요인은 많으며, 그 다양한 요인을 합쳐 **관심**(interest)이라는 일반적 용어로 표현한다. 관심을 두는 범위까지 의미 있는 장면으로 체계화된다. 관심이 사라지면, 눈앞의 장면은 희미해지고 의미가 없어진다.

거실의 칵테일파티를 상상하면서 이 원리를 생각해 보자. 대부분 손님들이 이미 와 있고 뒤늦게 누군가 들어오고 있다. 그 사람이 지독한 술주정뱅이라고 가정해 보자. 술을 마시고 싶어 안달이 난 그 남자에게 손님과 의자, 소파, 벽화 따위는 중요하지 않기에 배경(background)으로 사라진다. 그 남자는 술자리로 곧장 달려간다. 방에 있는 대상 중에서 술자리가 그 남자에게는 유일한 전경(foreground)이 된다. 지금 또 다른 손님이 들어오고 있다. 그 손님은 여자 화가이며, 파티 주인장은 이 화가에게 작품 하나를 받을 참이다. 화가의 주된 관심은 그림을 어디에 어떻게 설치할지 결정하는 일이다. 화가는 방 안에 있는 대상 중에서 그림만을 선택한다. 술주정뱅이처럼 그 화가 역시 사람들에게 완전히 무관심하다. 그림 문제가 해결되면 집비둘기마냥 화실로 돌아간다. 이번에는 여자 친구를 찾고 있는 청년을 생각해 보자. 그는 여자 친구를 찾을 때까지 손님의 얼굴만

훑어본다. 이 청년 말고 대화를 즐기는 손님을 상상해 보자. 그는 여기저기 돌아다니면서 이런저런 대화를 나눈다. 이 손님은 술자리에 끼었다가, 소파에 앉았다가, 여주인과 대화를 나누다가, 담배를 꺼내며 시간을 보낸다. 이 사람의 경우는 전경이 수시로 변화한다. 대화를 나눌 때면 대화가 전경이 되고, 대화를 끝내고 피곤해서 앉고 싶으면 소파가 전경이 된다. 관심이 바뀔 때마다 방과 사람, 사물이 달리 보이며 자신의 마음 역시 다르게 느낀다. 이 사람에게 전경과 배경은 고정되어 있지 않고 계속 변화한다. 여자 친구를 찾는 그 청년과는 다르다. 자, 마지막 손님이 왔다. 그는 칵테일파티 자체에 전혀 관심이 없다. 그렇다면 이 사람에게 파티 장면은 의미 없고 산만하게 보인다. 어떤 대상이 그의 관심과 주의를 끌 때까지 그 상태가 지속된다.

이 관찰을 연구한 심리학파를 '게슈탈트 학파'라고 한다. 게슈탈트는 독일 단어이며, 정확하게 번역할 수 있는 영어 단어가 없다. 게슈탈트는 패턴, 형태(configuration), 개별적 부분을 완성하는 조직화 방식이다. 게슈탈트 심리학의 기본적 전제는 인간은 패턴 또는 전체로서 체계화하여 지각하고, 그렇게 패턴 또는 전체로서 지각할 때만 현상을 이해할 수 있다는 것이다.

## 항상성

다음으로 살펴볼 전제는 생명과 행동을 관리하는 현상으로 과학자는 '항상성(homeostasis)', 일반인은 '적응(adaptation)'이라고 일컫는 내용이다. 항상성이란, 변화하는 환경 속에서 유기체가 평형(equilibrium)을 유지하며 건강을 지켜 나가는 과정이다. 다시 말해, 항성성은 유기체가 욕구를 해결하는 과정이다. 우리에게는 무수한 욕구가 있는데, 이것은 매번 평형을 깨기 때문에 항상성은 언제나 나타난다. 인생은 유기체가 균형과 불균형 사이를 끊임없이 오가는 과정이다. 오랫동안 항상성에 문제가 생기면, 유기체는 욕구를 채우지 못하고 불균형에 빠져 병에 걸린다. 항상성이 무너지면 유기체는 죽는다.

이 점을 명확하게 보여 주는 예가 있다. 신체는 혈당을 효과적으로 조절한다. 혈당이 일정한 수치 아래로 떨어지면, 부신선(adrenal gland)은 아드레날린을 분비한다. 아드레날린은 간에 저장된 글리코겐을 당분으로 바꾼다. 간에서 만들어진 당분은 혈액으로 흘러 들어가서 혈당 수치를 올린다. 이 모든 과정은 순수하게 생리적인 현상이다. 유기체는 신체 내부에 어떤 일이 일어나는지 모른다. 그렇지만 혈당 저하는 유기체에 뚜렷하게 영향을 미친다. 허기를 느끼게 하며, 음식을 찾아 불균형과 불만을 해결토록 한다. 소화한 음식은 당분으로 바뀐 후 혈액에 저장된다. 따라서 음식을 먹을 때 항상성의 과정은 허기를 느끼는 알아차림(awareness)과 음식을 찾아 먹는 절실한 행동이 필요하다.

혈당이 너무 높아지면 췌장에서 인슐린이 많이 분비된다. 간은 인슐린으로 혈액에서 당분을 줄일 수 있으며, 신장 또한 이 과정을 돕는다. 당분은 오줌으로 나온다. 앞서 말한 것처럼

이 과정은 순수하게 생리적이다. 그러나 혈당을 알아차림으로써 낮출 수 있다. 지속적으로 혈당이 높아져 항상성이 무너지는 상태를 전문적인 용어로 당뇨병이라고 하며, 이것은 스스로 혈당을 조절할 수 없는 상태를 말한다. 그러나 신체에 인슐린 주사를 놓으면 혈당을 적당한 수준까지 낮출 수 있다.

다른 예를 보자. 생명을 유지하려면 유기체는 혈액에 일정 수준 수분을 유지해야 한다. 땀이나 침, 오줌으로 수분이 빠져나갈 때 세포조직에 있는 수분이 혈액으로 나온다. 그렇게 해서 신체 내 수분을 유지하는데, 이 과정은 생리적이다. 수분이 신체 내에서 부족해지면 갈증을 느낀다. 이때 생리적 균형을 유지하고자 물을 마신다. 혈액에 수분이 많아지면 반대로 수분을 몸 밖으로 내보낸다. 혈액에 수분이 부족해지는 현상을 생리학적 용어로 '탈수증' 이라고 한다. 화학적으로 $H_2O$가 빠져나가는 현상이다. 감각적으로는 입이 마르고 통증을 느끼면서 목이 타고, 심리적으로는 물을 마시고 싶은 욕구를 느낀다고 말할 수 있다.

항상성을 **자기 조절**(self-regulation)이라고 표현할 수 있다. 자기 조절은 유기체와 환경이 서로 영향을 주고받는 과정이다. 유기체의 복잡한 활동을 예로 들어 설명했지만, 이 목적은 아주 근본적이다. 바로 인간의 생존이다. 혈당과 수분 조정은 기본적인 생명 유지 과정이지만 생사와 직결되지 않는 항상성의 예도 있다. 인간은 두 눈이 온전하면 좋지만 한쪽 눈을 실명하더라도 살아간다. 즉, 정상적인 다른 눈으로 적응하면서 생활할 수 있다.

유기체는 신체적인 욕구뿐만 아니라 심리적인 **접촉**(contact) 욕구도 갖고 있다. 생리적 평형이 깨질 때마다 생리적 욕구를 느끼는 것처럼, 심리적 평형이 유지되지 못하면 심리적 접촉 욕구를 경험한다. 그런데 심리적으로 접촉 욕구를 해결하려 할 때 생리적 활동을 따로 볼 수 없다. 갈증의 심리적 욕구를 해결할 때 심리적 욕구만 해결되는 것이 아니라 신체 수분을 유지하는 생리적 항상성도 같이 나타난다. 따라서 심리적 과정과 생리적 과정은 별개라고 볼 수 없으며, 함께 진행된다고 말할 수 있다. 심리적 욕구와 항상성, 적응 기제는 심리학의 연구 주제이기도 하다.

생리적 수준의 욕구는 무수하며, 마찬가지로 사회적 수준의 욕구도 헤아릴 수 없을 정도다. 살아가는 데 정말로 필요하다고 느끼는 욕구라면 우리는 그 욕구를 채우기 위해 전념한다.

오래된 용어 하나를 살펴보자. 연구자들은 생명체의 충동을 설명하기 위해 '본능'이라는 힘을 생각하였다. 이 힘이 생명을 이끌어 간다고 보았다. 그리고 신경증은 본능을 억압한 결과라고 생각했다. 맥두걸(MacDougall)은 14가지 본능이 있다고 말했다. 프로이트(Freud)는 두 가지가 있다고 했다. 그는 에로스(성과 삶)와 타나토스(죽음)라는 본능을 가장 중요하게 보았다. 그러나 우리가 유기체의 균형을 깨는 사건을 분류할 수 있다면, 이에 맞는 본능에 수천 가지의 이름을 붙일 수 있다. 게다가 긴장의 정도가 다르다면 종류는 더 많아진다.

이 이론에는 또 다른 약점이 있다. 우리가 동의할 수 있는 사실은, 생존 욕구가 모든 생명체의 강력한 힘으로 작용하고, 인간과 종으로서의 생명체는 언제나 두 가지 중요한 경향성—생존과 성장—을 보여 준다는 점이다. 이 목표는 정해져 있다. 그러나 그 욕구가 해결되는 방식은 상황마다, 종(種)마다, 개인마다 다르다. 전쟁의 위험이 닥치면 국민은 무기를 들고 일어난다. 낮아진 혈당 때문에 죽을 처지라면 사람은 음식을 찾아 돌아다닌다. 술탄은 세헤레자드(『천일야화』 속의 여주인공)를 위협했다. 세헤레자드는 살아남고자 천 일 동안 밤마다 술탄에게 이야기를 들려주었다. 그렇다면 세헤레자드는 '이야기하기 본능'이 있다고 말해야 할까?

욕구가 나타나는 증상이나 성취하기 위한 방법이 다르기 때문에 본능이론은 꽤 혼란스럽다. 그런 혼란 속에서 '본능 억압' 이라는 개념이 나왔다.

우리는 본능—설령 있다고 간주하더라도—을 억압할 수 없다. 본능은 우리가 자각하면서 신중하게 다룰 수 있는 영역 밖에 있다. 본능이란 워낙 강하기 때문에 억압해서 멈출 수 있는 욕구가 아니다. 살고 싶어 하는 욕구를 억압할 수 없다. 다만 그 욕구에 따른 통증이나 증상을 억압할 수 있을 뿐이다. 통증은 생명체의 흐름을 방해하고, 필요한 행동을 하지 않을 때 생겨난다.

그런데 여러 욕구(또는 본능, 그렇게 부르는 게 더 편하다면)가 함께 생겨나면 어떻게 해야 할까? 건강한 유기체는 우선순위를 두면서 욕구를 해결한다. 한 번에 하나 이상을 처리할 수 없기 때문에 중요한 생존 욕구를 먼저 다룬다. 중요한 욕구가 1순위가 된다. 나는 아프리카에서 이런 광경을 보았다. 약 100미터 밖에서 사슴 무리가 자고 있는 몇 마리의 사자를 지켜보고 있었다. 사자가 깨어나서 배고파 울자 사슴은 화들짝 놀라며 달아났다. 사슴이 되었다고 상상해 보라. 당신은 살기 위해 있는 힘껏 뛰어야 한다. 숨이 차면 달리기를 멈추고 천천히 걸어야 한다. 그 순간에는 호흡 조절이 도망보다 훨씬 더 중요한 욕구가 된다. 방금 전에는 도망치는 일이 풀을 먹는 욕구보다 더 중요했었다.

게슈탈트 용어로 이 원리를 재구성해 보자. 유기체의 중요한 욕구가 전경이 되고, 이와 동시에 다른 욕구는 배경이 되어 사라진다. 전경이란 당장 해결되기를 바라는 가장 압력이 강한 욕구이며, 앞의 예에서는 생명 보존의 욕구이거나 생명을 보존하기 위한 심리적·생리적 행동일 수 있다.

다른 예를 들어 보자. 아기를 편안하게 해 주려는 어머니의 욕구를 생각해 보자. 아기가 불편함을 느끼면 부모도 편치 못하다. 시끄러운 트럭 소리나 하늘이 무너질 듯한 천둥이 쳐도 어머니는 깊게 잠을 잘 수 있다. 그러나 긴 복도 끝에 있는 방에서 아이가 울먹거리기만 해도 어머니는 곧바로 깨어난다.

욕구를 해결하고 게슈탈트를 완성하기 위해서는 자신이 무엇을 바라는지 알고, 자신과 환경을 조작하는 방법을 알아야 한다. 가장 순수한 생리적 욕구조차도 유기체와 환경의 상호작용으로 해결할 수 있다.

## 전체론적 접근

인간은 통합적인 유기체다. 그러나 전통적인 심리치료와 정신의학은 이 사실을 철저히 무시한다. 그들이 어떤 식으로 설명해도 낡은 심신 분리의 한계에서 벗어나지 못하고 있다. 정신신체의학(psychosomatic medicine)이 나온 이후로 정신과 육체가 서로 가깝다는 점은 분명해지고 있다. 그러나 심신병행론(psycho-physical parallelism)이 아직도 버티고 있기 때문에 기대한 만큼 이해의 진척을 보여 주지 못한다. 심리적 문제 때문에 신체에 탈이 났다는 식으로 생각하면서 여전히 원인과 결과의 관점에 묶여 있다.

정신적 사고의 발달 과정에서 다음과 같은 현상을 관찰할 수 있다. 인간은 질적으로 다른 두 가지 수준—사고(thinking)와 행동(acting)의 수준—으로 활동한다. 우리는 이 두 가지가 서로 다르며, 분명히 구분된다는 점에 놀라워한다. 그래서 결국 각각에게 명령을 내리는 어떤 존재가 있다고 생각한다. 그러한 존재로 우리는 마음이라는 구조를 정하는데, 이것은 마치 누가 앉아서 지휘를 하는 의자와 같은 곳이다. 심층심리학이 발달하면서, 인간은 더 이상 이성으로 움직이는 합리적 창조물이 될 수 없었다. 지금은 캄캄한 무의식이 의자에 앉아서 몸과 마음을 좌우하고 있다. 따라서 마음은 기분 나쁜 생각과 기억을 억압할 수 있다. 한 부위에서 느끼는 몸의 통증을 다른 부위로 보낼 수도 있다. 마음은 우리를 통제하는 작은 기계장치다.

생리적 과정의 연구가 정신적 과정의 연구를 빠르게 앞지르면서 우리는 정신보다 신체에 관한 지식을 더 쉽게 받아들였다. 생리학과 해부학적 지식에 관해서는 거의 논쟁하지 않는다. 심장, 간, 근육, 순환계를 설명할 수 있고, 어떻게 기능하는지도 알고 있다. 물리적이고 생리적인 활동을 수행하는 이 경이로운 신체적 능력에 대해 우리는 그다지 놀라워하지 않는다. 또한 뇌를 많이 연구하고 있고, 어떻게 작동하는지도 알고 있다. 우리는 매일 배우고 있는 중이다. 그러나 뇌 연구가 더욱 발전하더라도 인간이 타고난 기본적인 능력을 이해하는 데는 한계가 있을지 모른다. 즉, 상징(象徵)과 추상(抽象)적 개념을 배우고 조작하는 능력이다. 이 능력은 뇌의 발달 및 정교함과 연관이 있을지 모른다. 이것은 주먹을 쥐거나, 걷거나, 성교를 하는 행동처럼 인간에게 자연스러운 능력이다.

상징을 이용하는 능력이란 과학적 이론을 연구하거나 날씨에 대해 한담을 주고받는 정신적 활동이라고 생각하면 된다. 심지어 수준 낮은 정신적 활동을 할 때도 상징을 많이 다루고 추상을 조합해야 할 경우도 있다. 다시 말해, 육체가 아주 낮은 수준으로 활동하는 인간의 수면도 생리적 능력을 긴요하게 써야만 한다. 잠들어 있을 때는 깨어 있을 때만큼 몸을 쓰지는 않지만, 필요한 만큼 어느 정도 근육을 이용한다.

인간이 상징과 추상적 개념을 이용하는 능력을 타고났다면

(가장 고집스러운 행동주의자도 인정할 수밖에 없다. 그런 능력이 없다면, 이 능력에 대해 논쟁조차 할 수 없을 것이다), 이 능력을 쓰는 동안 인간에게는 어떤 일이 일어나는 것일까? 나는 그 상황에서 인간이 마치 인형처럼 움직인다고 생각한다. 그는 **신체적으로** 실행할 수 있는 것을 **상징적으로** 실행한다. 머릿속에서 생각하는 과학 이론을 언어로 표현하고 설명한다. 쓰기와 말하기는 신체적 행동이다. 인간이 과학적 이론을 생각한다는 사실은 진정 놀라우며, 쓰기와 말하기 역시 마찬가지로 놀라울 따름이다.

물론 생각하는 것만이 우리가 하고 있는 유일한 정신적 활동은 아니며, 그 외의 다른 기능 역시 존재한다.

그 외의 다른 기능으로 '주의(attention)' 기능이 있다. 우리가 "어떤 일에 마음을 두고 있어."라고 말할 때, 이 말은 마음을 바위처럼 옮겨 어떤 일에 털썩 내려놓음을 뜻하지 않는다. 이 말은 '내가 그 일에 지각과 행동을 집중하고 있다.'는 의미다.

또한 주의와 쌍둥이라고 할 수 있는 '알아차림(awareness)'이 있다. 그러나 알아차림은 주의보다 범위가 더 넓다. 알아차림은 사람이 긴장한 상태가 아니라, 이완된 상태에서 지각하는 행동이다.

그리고 '의지(will)'가 있다. 의지는 주의나 알아차림의 범위를 좁혀 특정 목표에 집중하는 행동이다.

정신적 활동의 모든 측면에서, 행동과 사고의 관계는 무척 밀접하다. 알아차리고, 주의를 집중하고, 의지를 실현할 때, 진행되는 과정을 바라보는 목격자가 있다는 명백한 신호가 있다.

다른 사람이 하는 말을 열심히 이해하려고 집중하는 사람은 몸을 앞으로 기울이면서 앉는다. 즉, 그의 존재가 관심을 갖는 목표로 초점을 맞추고 방향을 정한다. 어떤 사람이 사탕을 다섯 개 먹은 후에 그만 먹어야겠다고 결심한다면 접시로 가는 손을 멈추고 팔을 움츠릴 것이다.

다시 생각하는 능력을 살펴보자. 온갖 혼란이 바로 이 생각에서 일어난다. 꿈꾸기, 상상하기, 가설 세우기, 예측하기의 상징 조작 능력이 생각 속에 있다. 과감하게 생각을 **환상**(fantasy)이라고 표현해 보자. 우리는 생각을 이성적인 활동으로, 꿈을 비이성적인 활동으로 간주한다. 그러나 이 둘은 대단히 비슷하다. 이 점을 분명히 해 보자. '환상' 이라는 단어를 쓴다고 해서 비현실적이고 무시무시하고 이상하고 거짓된 일이 있다는 의미가 아니다. 넓은 관점에서 환상은 상징이라는 도구로 현실을 축소하여 다루는 행위다. 환상은 상징을 사용하는 활동인데, 이 상징은 현실을 바탕으로 하고 있다. 따라서 환상 역시 현실을 바탕으로 한다고 말할 수 있다. 상징은 사물과 과정에 이름을 붙이는 일에서 출발한다. 이름을 붙이고, 그 이름에 또 이름을 붙이고, 계속 붙이다 보면 상징은 확장되고 변화한다. 결국 상징은 현실과 멀어지지만, 상징이 현실에서 시작했다는 사실만은 분명하다.

환상에도 이와 비슷한 과정이 있다. 현실에 이름을 붙이면 실체에서 멀어진다. 그러나 환상은 그 사람에게 현실적인 의미를 갖는다. 나는 진짜 나무를 보지 못하고, 환상 속에서 나무의 대응물을 보는 셈이다. 환상에서 보는 나무는 실제로 존재하는 나무와 대응한다. 어떻게 행동할지 결정하려면 두 가지 행동을 한다. 첫째, 문제에 관해 머릿속으로 대화한다. 이것은 현실에서 친구와 대화를 나누는 일과 비슷하다. 둘째, 결정을 내리기 위해 상황을 눈앞에 그린다. 현실에서 일어날 일을 환상 속에서 예견한다. 비록 환상 속의 예상과 현실의 대응이 확실치 않을 수도 있지만 말이다. 마찬가지로 눈에 비친 나무와 정원에 있는 나무의 대응도 확실한 것은 아니다. 우리는 '나무'라는 단어와 진짜 나무가 서로 같은 것이라고 생각하고 행동하는 것이다.

정신적 활동은 시간, 에너지, 노동을 절약시켜 준다. 예컨대, 지렛대는 작은 힘으로 큰 힘을 낼 수 있다. 무거운 바위에 지렛대를 집어넣고 장정 여러 명이 누르면 들썩거릴 수 있다.

환상 속에서 문제를 미리 생각해 보는 일은 에너지를 효과적으로 쓰도록 도와준다. 예를 들어, 아무 계획도 없이 진열대를 돌아다니는 여자보다는 구입 목록을 꼼꼼하게 준비한 여자가 더 효과적으로 쇼핑할 수 있다. 무엇을 살지 허둥거리면서 급하게 진열대 사이를 헤매고 다니지 않아도 되기 때문이다.

유기체의 정신적 활동이 무엇인지 분명하게 살펴보자. 정신적 활동은 신체적 활동보다 '더 낮은' 에너지 수준의 활동이라고 표현할 수 있다. '더 낮은'이라는 표현에 우열을 가리는 판단의 의미는 없다. 이 표현은 정신적 활동이 육체적 활동보다 힘을 적게 사용한다는 뜻이다. 교수들이 막노동자보다 힘을 적게 쓰는 것과 같다. 물의 변화와 비교해서 이해해 보자. 물에 열을 가하면 수증기로 변화한다. 이 변화는 신체적 활동이 긴장의 감소에 따라 잠재적이고 내밀한 정신적 활동으로 바뀌는 현상과 비교할 수 있다. 반대로 수증기는 온도가 0도 이하로 떨어지면 물이나 얼음으로 바뀐다. 이것은 긴장의 증가로 잠재적이고 내밀한 정신적 활동이 눈에 보이는 신체적 활동으로 변화하는 모습과 견주어 볼 수 있다. 유기체는 긴장의 수준에 따라 환경에 달리 반응한다. 다시 말하면, 긴장이 감소하면 육체적 행동은 정신적 행동으로 변화하고, 긴장이 증가하면 정신적 행동이 육체적 행동으로 변화한다.

다음의 예로 더 자세히 이해할 수 있다. 어떤 사람이 누군가를 공격한다고 가정해 보자. 그 사람의 신체적 활동은 눈에 보인다. 근육을 수축하고, 심장박동이 급상승하며, 아드레날린은 솟구친다. 호흡은 얕고 거칠어지며, 입은 꽉 다물면서 온몸이 긴장한다. 실제로 싸우지 않고 욕만 퍼부을 때도 눈에 보이는 신체적 반응을 많이 볼 수 있다. 단지 분노감을 느끼면서 상상만 하는 수준일 때도 신체적 반응이 나타난다. 그때는 실제로 싸우거나 욕할 때보다는 긴장이 덜하기 때문에 분명하게 보이지는 않는다. 지금은 그 사람의 긴장이 훨씬 줄어들었다. 눈에 보이는 신체적 활동이 내밀한 정신적 활동으로 변화했다.

긴장이 감소된 수준에서 생각하는 능력은 문제를 해결하는 데 무척 유익하다. 무작정 뛰어들기보다 생각을 하여 에너지를 절약하고 인생을 풍요롭게 살 수 있다. 에너지를 효율적으로 사용할 수 있는 도구를 만들어 내어 더 큰 이익을 가져올 수 있다. 하지만 이것만이 유일한 장점은 아니다. 추상화하고, 추상적 개념을 결합하는 능력, 상징을 고안하고, 예술과 과학을 창조하는 능력, 이 모든 능력은 환상과 관계가 깊다. 상징을 활용하고 창조하는 기본적인 능력은 상징을 이용한 제작물을 만들어 내면서 그 수준이 점점 향상된다. 각 세대는 이전 세대의 환상을 물려받으면서 지식과 이해력은 더 풍부하게 축적된다.

긴장의 수준에 따라 신체적 행동과 정신적 사고로 표현된다는 관점은 최종적으로 심신병행론을 몰아낸다. 심리학이 출현한 이후로 계속 대항했던 심신병행론은 혼란스럽고 만족스럽지 못하다. 인간의 정신과 신체적인 면을 서로 구별되거나 분리된 존재로 보는 것은 이전 시대의 심리학자들이 어쩔 수 없이 내렸던 결론이다. 우리는 인간을 전체적으로 볼 수 있다. 눈에 보이는 신체적 활동 수준과 눈에 보이지 않는 정신적 활동 수준으로 행동을 탐색할 수 있다. 일단 우리가 생각과 행동의 성분이 동일하다는 사실을 이해한다면, 한 수준에서 또 다른 수준으로 바꾸어 이해할 수 있다.

마침내 우리는 과학자들이 알기를 갈망했고 동시대 정신신체의학자들이 발견하고자 했던, 통합된 장으로서 전체론적 개념을 심리학에 도입할 수 있다.

심리치료에서 이 개념을 이용하여 인간을 전체로서 다룰 수 있다. 지금 우리는 정신과 신체가 어떤 관계인지를 보았다. 인간을 더 세심하게 관찰할 수 있고, 이 관찰한 내용을 더 심도 있게 활용할 수 있다. 지금 우리의 관찰 영역이 얼마나 넓어졌는지 보라! 생각과 행동을 하나로 본다면, 내담자의 의도가 두 가지로 표현된다는 것을 알 수 있다. 내담자가 말하고 생각하는 범위에서 치료자의 탐색이 멈추는 것이 아니라, 그가 하는 행동까지 살펴볼 수 있는 것이다. 내담자의 행동은 내담자가 무엇을 생각하고 있는지 알려 주는 단서가 된다. 내담자의 생각은 그 사람이 어떤 행동을 하고 무엇을 하고 싶은지 알려 준다. 상담이라는 무대를 주의 깊게 관찰한다면, 우리는 내담자의 생각과 행동에 대해서 더 많이 알 수 있다. 내담자 역시 자신의 행동(action), 환상(fantasy) 그리고 연기(play-acting)가 무엇을 의미하는지 알 수 있다. 내담자가 자신의 행동을 보면서 그것이 무엇을 의미하는지 스스로 해석할 수도 있다.

내담자는 행동, 환상, 연기라는 세 단계의 경험을 거쳐 자신을 더 깊이 이해할 수 있다. 그때는 더 이상 억압, 오이디푸스, 초기 기억이라는 관점으로 과거를 파헤치지 않고 살아 있는 현재를 탐색한다. 이러한 생생한 상황에서 내담자는 생각, 감정, 행위를 통합하는 방법을 스스로 배우며, 치료실을 벗어나 일상생활에서도 그 배움을 활용할 수 있다. 신경증 내담자는 자신을 전체적인 인간으로 느끼지 못한다. 그들은 갈등과 미해결 과제로 자신이 파편화된 것처럼 느낀다. 그러나 전체로서, 그리고 한 인간으로서의 자신을 인식하게 될 때, 자기 자신을 찾고 통합체가 되어 원래의 전체성을 회복하는 능력을 갖게 된다.

## 접촉 경계

홀로 살아갈 수 있는 사람은 아무도 없다. 사람은 환경의 장(場) 안에서만 존재할 수 있다. 사람은 매 순간 장의 일부분이 되기 때문에 환경과 행동을 따로 떼어 놓고 볼 수 없다. 환경과 어떤 관계를 맺느냐에 따라 행동은 달라진다. 관계가 만족스러우면 정상적으로 행동하지만, 갈등에 빠지면 비정상적으로 행동한다. 환경만 개인에게 영향을 주거나, 개인만 환경에 영향을 주는 것은 아니다. 사람과 환경의 관계 그 자체가 우리의 특성과 성향을 만든다. 우리는 해부학과 생리학으로 인간의 내부를 연구하며, 물리학 · 지리학 · 사회과학으로 외부를 다룬다. 이들 과학은 개인과 환경을 분리하여 연구한다. 왜냐하면 대상에 대한 관심과 대상이 분명하게 구별된다고 보기 때문이다. 시각의 상태에 따라 대상이 달라지지는 않는다. 대상에 따라 시각이 달라지는 것도 아니다. 그러나 심리학은 그렇게 대상과 시각을 분리하여 연구할 수 없다. 인간의 행동 방식을 연구하려면 인간과 환경의 접촉 경계를 보아야 한다. 이 접촉 경계에서 심리적 사건이 발생한다. 생각 · 행동 · 정서는 이 경계에서 일어난다.

이 관점으로 본다면 전통적인 심리학과 멀어진다. 전통적인 심리학은 분리를 강조한다. 마음과 몸을 분리하여 추상적인 관념과 혼란 속에서 허우적거린다. 환경과 정신적 내면 중 무엇이 인간의 행동을 결정하는지 대답하지 못한다. 이 혼란이 발생하는 까닭은 전체 장을 보지 못하고 단순히 원인과 결과로 생각하고, 이것 아니면 저것으로 결정하기 때문이다.

'나는 나무를 본다.'라는 말은 주어, 동사, 목적어로 구별할 수 있다. 그러나 경험상에서는 그렇게 할 수 없다. 눈에 비치는 대상 없이 눈만 따로 있을 수 없다. 반대로 눈 없이 대상이 있을 수 없다. 그러나 과학자들은 내부와 외부로 구별하고, 추상적으로 현실을 다루어 설명한다. 물론 현실에서 대상 없이 설명할 수는 없다.

내부의 과정을 설명하기 위해서 신경계 반사군(reflex arc) 이론이 나왔다. 첫째, 자극(외부)은 수용기(감각기관)에 들어온다. 그때 흥분은 중간체계(신경계)를 거쳐 실행기(근육)로 전달된다. 우리는 이 감각체계와 행동체계로 행동한다. 감각체계로 지향성(orientation)을 얻으며, 운동체계로 조작할 수 있다. 한쪽이 다른 쪽을 대신할 수 없으며, 어느 쪽도 다른 쪽을 일시적으로 또는 논리적으로 선행하지 않을뿐더러, 이 체계는 총체적 인간의 두 가지 기능이다.

사람과 환경은 상호 의존하며, 서로 지배하는 관계가 아니다. 사람과 환경은 실제로 변증법적 관계를 이룬다. 욕구를 채우려면 사람은 환경에서 대상을 찾아야 한다. 우리는 지향성 체계로 무엇이 필요한지 알아낸다. 살아 있는 모든 창조물은 욕구를 해결해 주는 대상을 쉽게 발견하는 감각을 지니고 있다. 배고픈 강아지는 모양과 냄새, 소리와 색깔 때문에 혼란스러워하지 않는다. 곧장 어미 품으로 달려가서 젖을 먹는다. 어미의 젖은 바로 이 배고픈 강아지의 전경이 된다.

지향성의 체계로 대상을 찾으면 욕구를 해결할 수 있도록 대상을 조작해야 한다. 그렇게 해야 게슈탈트가 완성된다. 아기 울음소리에 깨어난 어머니가 계속 잠만 자고 있을 수는 없는 노릇이다. 다시 편안하게 자려면 아기가 바라는 것을 해결해 줘야 한다. 배고픈 강아지가 젖을 먹어야 하듯이 말이다.

이 점은 심리치료에서 중요하다. 첫째, 중요한 욕구를 해결하는 방향으로 효과적인 행동을 한다는 이 개념은 특정한 행동의 의미를 이해할 수 있는 단서를 준다. 둘째, 이 개념은 신경증을 더욱 깊이 이해할 수 있는 관점이 된다. 항상성의 장애로 무엇이 중요한 욕구인지 알지 못하거나 환경을 조작하지 못하면, 산만하고 부적응적인 방식으로 행동하게 되고 한 번에 너무 많은 일을 처리하려고 노력한다.

관심이 있는 두 가지 대상(object)으로 주의가 나누어지면, 어느 쪽도 제대로 집중하지 못한다. 주로 신경증 내담자들이 집중하기 힘들다고 불평한다. 주의가 분리되거나 관심이 막연할 때 우리는 혼란스러워한다. 주의를 끄는 대상이 서로 대립될 경우에는 갈등에 빠진다. 이를 해결하지 못하고 지속되면 신경증적 갈등으로 빠져든다.

신경증 내담자는 욕구의 우선순위에 따라 행동을 조직화하는 능력(어쩌면 내담자는 아예 이 능력을 키우지 못했을 수도 있다)을 잃어버렸다. 신경증 내담자는 정말로 집중하지 못한다. 치료를 하려면 수많은 욕구 중에서 하나를 선택하여 집중하는 방법을 배워야 한다. 욕구를 발견하고 욕구로 자신을 표현할 수 있어야 한다. 매 순간 욕구에 맞는 행동을 할 수 있도록 배워야 한다. 또한 하나의 게슈탈트를 해결하고 다음 게슈탈트로 넘어갈 때까지 한 과제에 오래 집중하는 법을 배워야 한다.

환경과 개인의 관계를 살펴보자. 개인에게는 욕구가 있고, 또한 만족을 이룰 수 있는 지향성과 조작의 체계가 있다. 뿐만 아니라 개인은 만족을 추구하는 과정에서 도움을 주거나 방해하는 환경 속의 대상에 대해 특정한 태도를 취하기도 한다. 이 사실에 관해 프로이트는 대상에게 카섹시스(cathexis, 본능 또는 욕구를 해결하기 위해 투입되는 정신적 에너지 – 역주)를 느낀다고 설명했다. 게슈탈트에서는 그러한 대상을 형태(figure)라고 표현한다. 욕구를 채우고 안정을 주는 대상에게는 긍정적 카섹시스를 느낀다고 표현할 수 있다. 갈증을 느끼는 사람이 물을 향해 긍정적 카섹시스를 느끼는 것처럼 피곤한 사람은 푹신푹신한 침대를 향해 긍정적 카섹시스를 느낀다. 위협하고, 불안하게 하며, 욕구를 채워 주지 못하는 대상을 향해서는 부정적 카섹시스를 느낀다. 화난 코끼리로부터 도망치는 사냥꾼은 그 코끼리에게 부정적 카섹시스를 느낀다.

사람은 **열망**(impatience)과 **공포**(dread) 사이를 오간다. 우리는 욕구를 즉각 해결하고 싶어 한다. 흥분은 욕구가 발생하고 균형이 불안정해지면서 생겨나는 정서이며, 흥분이 최초로 취하는 정서적 형태가 열망이다. 열망은 긍정적 카섹시스의 근원인 반면에 공포는 부정적 카섹시스의 근원이다. 공포는 생존을 위협하는 경험이기 때문이다. 공포는 모호하고 분간할 수 없는 위험으로 느껴지는데, 싸워야 할 대상이 분명해지면 공포는 다룰 수 있는 두려움으로 바뀐다. 삶에 기여하는 것은 긍정적 카섹시스를 느끼게 한다. 위험을 초래하거나 생계를 위협하는 일 또는 죽음과 연관된 것은 부정적 카섹시스를 느끼게 한다. 어쨌든 부정적 카섹시스를 느끼게 하는 대상은 우리가 위태로울 것이라고 으름장을 놓는다. 이런 것에는 신체적 질병, 성적 통합을 방해하는 거세 불안, 자존감을 떨어뜨리는 수치심, 가치관을 흔들어 놓는 실존적 혼란, 안전을 위협하는 경제적 궁핍 등 여러 가지가 있다.

사람은 환경에서 긍정적 카섹시스를 느끼게 하는 사람이나 대상을 갖고 싶어 한다. 예컨대, 남자는 자신이 선택한 여자와 결혼하고자 한다. 허기진 사람은 음식을 원한다. 사람은 긍정적인 카섹시스를 느끼게 하는 대상을 얻기 위해 환경과 접촉한다. 반대로 부정적인 카섹시스를 느끼게 하는 대상이나 사람에게는 다르게 대한다. 장(場)에서 없애려고 하거나 무시한다. 이 점은 현실뿐만 아니라 환상에서도 일어난다. 닭장을 노리는 여우를 향해 농부가 총을 쏘려고 하듯, 마음속의 나쁜 생각이나 불편한 감정을 없애려고 한다.

우리가 안전하기 위해서는 적을 파괴하거나 무력하게 해야 한다. 이 말은 위협이 될 만한 적의 능력을 없애야 한다는 것을 의미한다. 한 예로, 델릴라가 삼손의 머리카락을 잘라 버린 행동과 비슷하다. 그다음으로 가장 좋은 방법은 위협하여 쫓아내는 시도다. 파괴하는 방법 말고, 위험한 장소를 피하거나 위험하지 않다고 상상하는 마술적 제거(magic annihilation)도 쓸 수 있다. 두 가지 모두 **물러남**(withdrawal)의 방법이다.

마술적 제거는 심리치료에서 **맹점**(scotoma)이라고 많이 알려져 있다. 말 그대로 보고 싶지 않은 대상은 못 본다. 듣고 싶지 않은 말은 듣지 못한다. 느끼고 싶지 않은 감정은 느끼지 못한다. 위험하다고 느끼면 부정적인 카섹시스를 받는 상황이나 대상은 모두 피해 버린다. 마술적 제거는 현실적으로 물러나는 행동에 대한 대안으로서 부분적인 물러남이다.

정신분석 시대에 우리는 물러남을 신경증의 증상으로 생각했다. 그러나 이 생각은 오해이며, 물러남 그 자체는 좋지도 나쁘지도 않다. 물러남은 위험에 대처하는 방식이다. 이것을 병리적이라고 말하기 위해서는 다음과 같은 질문에 대답할 수 있어야 한다. 무엇으로부터 물러남인가? 무엇을 향한 물러남인가? 얼마나 오래 물러나 있었는가?

접촉도 마찬가지다. 사회 적응을 위해 타인과의 접촉 능력을 중요한 것으로 간주하지만, 접촉 그 자체는 좋다거나 나쁘다고 말할 수 없다. 그렇지만 간혹 전혀 도움이 되지 못하는 접촉도 있다. 주위를 어슬렁거리며 당신에게 찰거머리처럼 달라붙는 사람과 어쩔 수 없이 알고 지내야 하는 경우처럼 말이다. 심리치료자들은 심하게 물러나는 내담자를 치료하는 일이 매우 어렵다는 사실에 대부분 동의한다. 이 내담자들은 자신만의 고정된 생각에만 접촉해야 할 것처럼 느낀다. 사실 이러한 사람들은 현실에서 완전히 물러나 있는 정신분열증 환자만큼이나 문제가 있다.

따라서 건강하지 않은 접촉도 있고 건강한 물러남도 있다. 신경증 내담자의 특성은 접촉을 잘하지 못할뿐더러 제대로 물러나지도 못한다는 점이다. 할 일을 눈앞에 두고 마음은 딴 곳에 가 있으며 도무지 집중하지 못한다. 물러날 필요가 있을 때도 그렇게 하지 못한다. 신경증 내담자들이 힘들다고 불평하는 불면증은 온전히 물러나지 못하는 어려움의 한 예다. 또 다른 현상으로 지루함이 있다. 우리는 관심이 없는 대상에 접촉하려고 애쓸 때 지루함을 느낀다. 빠르게 흥분이 소진된다. 그러면 피곤해지고 기지개를 켜고 싶어 한다. 상황에서 물러나고 싶지만 빠져나올 적절한 구실을 찾을 수 없으면, 접촉하는 체하지만 힘들어한다. 이때 우리는 이렇게 말한다. "지겨워 죽겠군." "눈물 나도록 지겨워." 지루한 상태를 받아들인다면 더 즐거운 접촉을 할 수 있는 환상으로 물러날 수 있다. 관심이 돌아온 상태에서는 지루함이 일시적인 문제에 불과하다는 사실을 분명하게 알 수 있다. 훨씬 더 매혹적인 강사에게 몸을 앞으로 기울이는 자신을 발견할 때 그 사실은 명확해진다. 다시금 우리는 접촉 상태로 들어간다. 즉, 우리는 '그곳'에 머무른다.

접촉과 물러남은 변증법적 반대 요소(dialectical opposite)다. 접촉과 물러남은 우리가 심리적 사건과 만나는 방식을 설명한다. 그리고 대상과 접촉 경계를 다루는 우리의 수단이다. 유기체/환경의 장(場) 속에서 긍정적 · 부정적(접촉과 물러남) 카섹시스는 자석의 밀고 당기는 자기력과 매우 유사하다. 실제로 유기체/환경의 장(場)은 변증법적으로 변화하는 하나의 단위다. 이것은 생리적으로는 유기체와 환경, 심리적으로는 자신과 타인, 도덕적으로는 이기주의와 이타주의, 과학적으로는 주관과 객관으로 변화한다.

대상의 카섹시스가 긍정적이든 부정적이든, 그 대상을 사용했든 내버렸든, 접촉했든 물러났든지 간에, 특별한 감정을 불러일으킨 대상이 만족스럽게 다루어질 때 이 대상과 욕구는 환경에서 사라진다. 즉, **게슈탈트가 완성된다**(The gestalt is closed). 카섹시스를 받는 대상과 욕구는 수학적 관계다. 욕구가 마이너스(−)라면 카섹시스를 느끼게 하는 대상은 플러스(+)다. 목이 마르다면 물이 부족하다고 느끼고 신체는 마이너스로 욕구를 경험한다. 이때 물은 긍정적 카섹시스를 받으며 플러스로 물을 경험한다. 환경으로부터 필요한 양만큼 물을 얻었을 때 욕구는 충족된다. 말하자면, 욕구와 대상의 총합은 영(0)이 된다고 할 수 있다.

환경에 대한 접촉과 물러남, 환경에 대한 수용과 거부는 가장 중요한 기능이다. 우리는 이러한 음과 양의 심리적 과정으로 살아간다. 이것은 변증법적 관계이고, 동전의 양면이며, 인격의 전체 흐름이다. 이원론으로 보는 심리학자들은 접촉과 물러남을 인간에게 분열을 일으키는 상반된 힘으로 간주한다. 반면에 우리는 동일한 것의 여러 면으로 생각한다. 분별하는 기능이 떨어지고 혼란스러워질 수 있다. 그렇게 될 때 적절하게 행동하지 못하며, 결국 그 사람은 신경증에 걸리게 된다. 그러나 '분별하는 능력'을 잘 발휘하면, 수용과 거부, 접촉과 물러남의 요소는 항상 현재에서 활성화된다.

진정 이것은 인생의 리듬 그 자체다. 우리는 아침에 일어나서 세상과 접촉한다. 밤에는 접촉하지 않고 잠을 자는 행위로 물러난다. 여름에는 겨울보다 밖으로 많이 나간다. 한겨울에 겨울잠을 자는 동물들은 물러남의 좋은 예다.

환경과 접촉할 때 게슈탈트가 생겨난다. 환경에서 물러날 때는 게슈탈트를 집중하여 완성한 경우다. 권투 선수는 상대방의 턱과 접촉하려 한다. 그러나 한 번 날렸던 주먹이 성공하지 못하면 다음 주먹을 위해 거두어들인다. 너무 오랫동안 접촉하고 있으면 오히려 유익하지 못하고 고통스러울 뿐이다. 너무 오랫동안 물러나 있으면 삶이 위축된다. 주기적인 패턴의 접촉과 물러남은 우리의 욕구를 해결해 주고 생명의 과정을 유지하는 방법이 된다.

우리에게는 충족해야 할 욕구가 있다. 그 욕구를 충족하기 위해 열망과 공포를 경험하고, 긍정적 · 부정적 카섹시스를 느끼고, 접촉하거나 물러나고, 감각과 운동기관을 사용한다. 우리의 모든 행동을 활성화하는 힘이 근본적으로 무엇인지에 대한 의문을 품게 된다. 그 힘은 바로 정서(emotion)다. 현대 정신의학자들은 정서를 다루기는 하지만 갖다 버려야 할 귀찮은 대상으로 보고 있다. 그러나 정서는 우리의 삶이다. 정서를 이론화하고 해석할 수는 있지만 이러한 행동은 시간 낭비다. 정서는 유기체의 언어이며, 흥분이 일어나는 상황에 따라 달라진다. 흥분은 특정한 정서로 변형되고, 정서는 감각과 운동 행위로 나타난다. 정서는 집중하게 하고 욕구를 채울 수 있는 방법과 수단을 끌어 모은다.

이 점을 심리치료에 활용할 수 있다. 앞서 신경증은 삶의 흐름을 차단하고, 수많은 미해결 과제에 짓눌려 있을 때 걸리는 질병이라고 말했다. 지금까지 설명했던 이 신경증적인 차단은 사람들이 흔히 알고 있는 심리학적 설명과 대조적이다. 이러한 차단은 알아차림의 단계나 알아차림의 상태로 이끄는 단계에서 발생한다. 우리는 지금 신경증에 관해 또 다른 점을 본다. 신경증은 접촉과 물러남의 리듬이 순조롭지 못한 상태다. 그는 접촉할 때와 물러날 때를 결정하지 못한다. 미해결 과제와 삶에 대한 차단으로 감각이 왜곡되어 방향을 찾지 못하고, 긍정적 · 부정적 카섹시스를 어떤 대상에 어떻게 보내야 할지 모른다. 그리고 물러나기 위해 무엇을 해야 할지 모르며, 물러나야 할 때도 모른다. 자유롭게 선택하지 못하고, 목표를 달성할 적당한 방법도 찾지 못한다. 눈앞에 있는 기회를 보는 능력이 없기 때문이다.

CHAPTER 02

# 신경증 기제

## 신경증의 생성

누군가의 도움 없이 혼자 살아가는 사람의 생존율은 매우 낮다. 살기 위해서는 다른 사람이 있어야 한다. 혼자가 될수록 생존율은 떨어진다. 인간에게는 생리적 수준에서 음식과 물이 있어야 하듯이, 심리적 수준에서 타인과 접촉해야 한다. 생존 욕구만큼이나 인간에게는 집단을 이루고 싶어 하는 마음이 있다. 집단과의 동일시는 심리적 생존 욕구다.

게슈탈트 접근은 인간이 유기체/환경의 장(場)에서 행동한다고 보는 관점이며, 그 행동이 유기체와 환경의 관계를 나타낸다고 생각한다. 그러면서 이 접근은 인간을 개별적 존재이면서 동시에 사회적 존재로도 보려고 한다. 전통적인 심리학은 인간이 개인과 환경의 끝없는 갈등 속에서 생활한다고 보았다.

반대로 우리는 쉬지 않고 변화하는 장에서 개인과 환경이 서로 상호작용한다고 생각한다. 장(場)은 그 장의 원래 특성과 그 장에서 우리의 반응에 따라 끊임없이 변화하기 때문에, 우리는 상호작용의 형태와 기술을 알맞게 바꾸어 나가야 한다.

심리학자와 심리치료자들이 생각해 볼 점은 끝없이 변화하는 장에서 인간은 발맞추어 변화해야 한다는 사실이다. 살고자 한다면 계속 변화해야 한다. 상호작용과 조작하는 기술이 나아지지 않으면 신경증에 걸린다. 필요한 행동을 하지 못하면 관계 욕구와 생존 욕구를 해결하기 어려워진다. 외로움에 빠져 있고 마음을 닫고 지내는 주위의 사람들에게서 이러한 어려움을 쉽게 볼 수 있다. 사람이 유기체/환경 장에서 살아간다는 점을 받아들인다면 개인을 나무라거나 환경을 탓할 수 없다. 첫 장에서 오래된 심신이원론을 언급하면서 개인과 환경 간에 인과관계가 없다는 사실을 이끌어 냈다. 개인과 환경은 단지 장(場)을 구성하는 요소에 불과하므로, 어느 한쪽이 다른 쪽의 문제에 대해 일방적으로 책임질 수는 없다.

개인과 환경은 둘 다 병에 걸린다. 신경증에 걸린 사람이 많으면 사회 역시 신경증에 걸린다. 그리고 신경증적 사회에서 지내는 사람들은 신경증을 피할 수 없다. 사회를 신중하게 비판하고 접촉하는 사람은 사회에 압도당하지 않고, 또 사회로부터 물러나지 않으면서 건강하게 지낼 수 있다. 몸의 일부가 본능적으로 몸의 전체와의 관계를 파악하듯이, 자신과 사회의 관계를 이해하는 사람은 자신을 지지할 수 있다. 이러한 사람들은 자신과 사회와의 접촉 경계를 알고 있다. 그래서 로마 황제 시저에게 필요한 물건은 시저에게 주고, 자신에게 필요한 물건은 스스로 챙겨 올 줄 안다. 심리치료의 목표는 이런 사람을 창조하는 것이다.

이상적인 민주주의 사회는 해결해야 할 욕구가 결정되면 구성원이 함께 참여한다. 그런 사회에서는 구성원끼리 조화로운 접촉을 한다. 개인과 집단의 경계는 분명하게 느낄 수 있을 만큼 명확하다. 개인은 집단의 노예가 아니며, 집단 역시 한 개인의 욕구만 우선하지 않는다. 이 사회는 항상성과 자기 조정의 원리로 움직인다. 몸이 가장 중요한 욕구에 먼저 반응하듯이 사회도 가장 중요한 욕구를 먼저 다룬다. 마을에 불이 나면 모두 불을 끄기 위해 나서서 재산을 지킨다. 공격을 받는다면 몸과 마음이 함께 공격에 대응한다. 이처럼 집에 불이 나면 집주인과 이웃, 더 나아가 마을 사람 모두가 함께 돕는다. 마을 사람들과 지도자는 서로 일체감을 느낀다.

인간은 신체 내 균형에 민감하게 반응하며, 자신과 사회의 관계에 대해서도 역시 민감하다. 심리적 · 사회적 행동은 개인적 욕구와 사회적 욕구 간에 균형을 맞추는 행동이다. 문제가 되는 경우는 욕구 때문이 아니라 욕구를 채우려는 행동이 잘못되었을 때다.

욕구를 해결하는 행동이 잘못되면 사회와 갈등이 깊어진다. 그러다 접촉 경계를 넘어서서 사회를 침해하면 범죄자가 된다. 범죄자란 국가의 안전과 질서를 깨뜨리는 사람이다. 범죄자는 사회를 혼란스럽게 한다.

반대로 사회가 개인의 자유를 너무 많이 침해하면, 개인은 바위에 깔려 버린 사람처럼 신경증에 걸린다. 신경증에 걸리면 자신의 욕구를 분명하게 보지 못하고 제대로 해소하지 못한다. 자신과 세상을 구별하지 못한다. 그리고 사회를 자신보다 더 중요하게 보고 자신을 초라하게 여긴다. 범죄자는 다른 사람의 욕구를 볼 수 없어 그 사람을 괴롭힌다. 범죄자 역시 자신과 세상을 분간하지 못하기 때문이다. 범죄자는 사회를 무시하고 자신을 더 중요하게 생각한다는 점에서 신경증 내담자와 다르다.

유기체/환경의 장에서 무엇이 불균형을 일으키는가? 사회학자들은 이 원인을 환경에서 찾고, 심리학자 · 정신의학자 · 심리치료자는 개인에게서 찾는다.

균형이 깨지는 시점은 개인과 집단의 욕구가 서로 다르고, 개인이 자신에게 중요한 욕구가 무엇인지 모를 때다. 집단이란 가족, 국가, 동아리, 직장 동료, 특정 목적을 위해 일시적으로 모인 사람 등을 말한다. 집단의 구성원인 개인은 일차적으로 생리적인 생존 욕구를 느낀다. 그런데 개인적 욕구와 집단의 욕구에서 차이가 나면 고통을 느낀다. 이때는 욕구의 갈등을 해결하기 위해 분명하게 결정을 내려야 한다. 접촉하거나 물러나야 한다. 또는 일시적으로 중요하지 않은 욕구는 포기한다. 그렇게 하면 자신과 환경이 더 이상 고통스러움에 빠져들지 않는다. 그러나 선택과 결정을 못 하거나 결정을 내렸는데도 만족하지 못한다면, 접촉과 물러남이 성공하지 못했다는 뜻이다.

그러면 개인과 환경이 고통스러워진다.

인간은 집단과 접촉하여 사회적 동일시를 하려는 성향을 타고난다. 우리는 이 성향을 원시사회뿐만 아니라 고도로 문명화된 사회에서도 발견한다. 아이들의 놀이를 보면 의식(儀式)이 포함되어 있다. 퍼레이드, 축제, 종교적 예배 등이 모두 이런 특징을 가지고 있다. 왜곡된 방식으로 의식 욕구를 채우는 강박신경증도 있다. 손을 20분마다 씻는 강박 행동으로 의식 욕구를 기괴하게 표현하는 것이다. 이런 강박적인 의식은 개인적 근원뿐만 아니라 사회적 근원에 의한 것도 있다. 이 의식은 형식적이며 본질이 없다. 이러한 의식은 변화하는 욕구를 채워 주지 못하므로 사회적으로나 개인적으로나 쓸모없는 행동이다.

사람들은 대개 의식을 치르고 싶어 한다. 축배, 악수, 연설, 의식, 행진 등이 없으면, 우리에게 중요한 일은 의미 없고 무미건조하게 느껴질 수 있다. 의식으로 구색이 갖추어지고, 질서가 세워지고, 목적의식을 느끼게 된다. 게슈탈트 용어로 말하면, 게슈탈트를 더 분명히 하고, 도형을 더 선명하게 보는 셈이다. 우리는 죽음에 대한 의식이 기본적으로 필요하다고 생각한다. 아무리 이기적인 사람이라도 누가 시체를 가방에 싸서 버렸다는 소식을 들으면 충격을 받는다.

의식은 개인의 깊은 욕구를 해결해 주기 때문에, 사회적으로 가치가 있다. 의식으로 집단의 생존력을 키울 수 있다. 의식은 사람들을 집중하게 만든다. 예컨대, 반복 연습은 참여자들의 일체감을 높이고, 동시에 집단의 욕구를 해결하기 위한 역량을 높인다. 의식은 마술적 환상을 이용한다. 환경을 바꿀 수 있다는 환상에 깊이 몰입하면 집단은 더 많은 힘을 키울 수 있다. 이 마술적 환상으로 유익한 힘(긍정적인 카섹시스)을 일으키고 두려움(부정적인 카섹시스)을 없앤다. 집단의 목표가 무엇이든지 의식을 치를 때는 개인의 자발적이고 개인적인 행동은 환영받지 못한다. 의식에 열중하기 위해서는 개인적 행동은 무시하고 참아야 하며, 엄숙함과 경외심을 갖고 몰두해야 한다. 자신이 집단의 일부분에 지나지 않으며, 자신과 집단, 자신과 타인이 구별됨을 알고 있다 하더라도 의식에 깊이 몰입하면 실존, 환희, 일체감 등을 강렬하게 느낄 수 있다.

이런 감정은 완전하게 참여할 때만 느낄 수 있다. 만약 조금이라도 방해받는다면 전체적인 일체감은 사라진다.

그런데 의식 중에 어떤 이가 중요한 생존 욕구를 갑자기 느꼈다고 해 보자. 예를 들어, 신성한 찬송가를 합창하는 성가대원이 소변이 누고 싶어졌다. 그 사람은 신성한 의식에 훼방을 놓을 만한 불경스러운 생존 욕구를 느끼고 있다. 그때 우리는 세 가지 행동을 할 수 있다. 첫째, 물러나려고 한다(다른 사람들의 관심을 끌지 않고 조용하게). 욕구를 배경으로 쫓아내 버려 자신의 몸과 마음에 더 이상 떠오르지 않게 한다. 둘째, 주의를 자신의 욕구에서 집단의 욕구로 옮긴다. 셋째, 의식과 접촉을 유지하기 위해 꾹 참는다. 그럴 수 없는 지경에 이르면 공포와 열망을 느끼며 갈등한다. 그 사람은 고통스럽게 말한다. "소변을 누고 싶어. 하지만 그렇게 하면 도중에 노래를 방해할지 몰라.

다들 계속 부르고 싶어 하잖아. 사람들은 방해받고 싶지 않을 거야. 방해하는 것은 나빠. 소변이 마렵지 않았으면 좋겠어. 나는 정말로 참아야만 해. 방광이 잘 버텨 주었으면. 아, 이거 정말 미치겠군."

이 사람의 말 속에는 신경증을 낳는 과정 전체가 들어 있다. 말하는 이는 자신과 환경을 분명하게 구별하지 못하고 있다. 그리고 그 사람의 말에는 접촉 경계의 혼란을 일으키는 네 가지 기제가 있다. 게슈탈트 치료는 이 네 가지 기제로 사람들이 신경증에 걸린다고 생각한다. 물론 저 성가대원이 신경증에 걸렸다고 말하려는 것은 아니다. 그의 태도가 멈추지 않고 심하게 반복되면 신경증으로 깊어질 수는 있다. 신경증 기제가 무엇이고 어떻게 깊어지는지 살펴보기 위해 성가대원에 대한 논의는 잠시 접어 두자. 나중에 다시 되돌아와서 이 간단한 예가 어떻게 신경증 발달의 모델이 될 수 있는지 확인하자.

사람은 자신과 세상 간에 균형을 회복할 방법을 찾지 못할 때 신경증적 행동을 한다. 신경증은 사회와 환경이 개인의 경계를 지나치게 많이 침투한 상태다. 사회가 너무 심하게 침범하면 신경증 내담자가 된다. 신경증은 침투한 사회를 상대로 자신을 보호하려는 방어 전략이라고 할 수 있다. 이것은 괴물을 상대로 자기 조정과 균형을 회복할 수 있는 가장 효과적인 방법이다.

구별 가능한 네 가지 기제로 신경증과 경계 혼란(boundary disturbances)이 발생하더라도, 어느 한 기제가 특정한 신경증 행동을 일으킨다고 말하는 것은 부당하다. 그리고 접촉 경계에서 단 하나의 혼란을 신경증의 발생 원인으로 보거나 신경증적 패턴의 증거로 삼는 것도 옳지 못하다. 분명히 신경증을 일으키는 상황은 존재한다. 이 상황은 정신의학에서 말하는 **외상적 신경증**(traumatic neuroses)이다. 외상적 신경증은 사회로부터 끔찍한 강요를 당하거나 환경과 부딪히면서 자신을 보호하기 위해 시도하는 방어 패턴이다. 예를 들어, 부모가 두 살배기 아기를 밤새 어두운 벽장 속에 가두었다고 하자. 아기는 두려움에 휩싸여 아무런 대응도 못한다. 딱히 무언가를 할 수도 없다. 아기는 대상을 조작할 만한 선택권이나 힘이 없다. 더 이상 '자신'은 없다. 오직 '그들'만 있을 뿐이다. 이 상황에서 자신을 지키기 위해 아이는 긴장된 행동 패턴을 발달시킨다. 그 패턴은 위험이 사라져도 오랫동안 남는다. 외상이 일으킨 행동 패턴이며, 외상 자체가 사라져도 그 영향은 계속 지속된다.

그러나 대개 신경증 안에 숨겨진 경계 혼란은 앞의 예만큼 참혹하지는 않다. 경계 혼란은 장기간 성장과 자기 인식을 방해한다. 결국 자신을 지지하지 못하고 미숙한 어른이 되고 만다. 성장을 방해하는 행동이 무엇이든지 간에 자신과 타인의 관계는 계속 혼란스러워진다.

## 내 사

우리는 자신과 타인의 경계를 구별하면서 성장한다. 우리는 환경에서 어떤 것을 받아서 다시 환경으로 되돌려 준다. 우리는 환경이 주는 것을 받거나 거절한다. 받아들이는 과정에서 충분히 소화하고 흡수할 때 성장한다. 환경으로부터 제대로 받아들인 것은 자신의 소유가 되어 즐겁게 다룰 수 있다. 그것을 보유할 수도 있고, 새로운 형태로 되돌려 줄 수도 있다. 그러나 비판 없이 통째로 삼켜 소화하지 못한 환경은 내 것이 되지 않고 기생충처럼 거주한다. 그것은 자신이 아니다. 그렇게 느껴도 그것은 환경이다.

파괴하고 소화하는 생리적인 동화(assimilatio) 작용으로 성장해 가는 과정을 쉽게 볼 수 있다. 우리는 음식을 통째로 삼키지 않는다. 음식을 씹고 파괴하면서 화학적 성분으로 바꾸는 소화 과정을 거쳐야 우리는 성장한다. 그러면 음식은 우리의 일부분이 되고, 뼈와 근육과 피로 바뀐다. 그러나 우리가 억지로 배 속에 밀어 넣은 음식은 위에 심한 부담을 준다. 속이 불편해지고 토해 내고 싶어진다. 토하지 못하고 참고만 있으면 고통스럽게 소화될 수도 있겠지만 위장병에 걸리고 만다.

심리적 소화 과정은 생리적 소화 과정과 매우 비슷하다. 개념, 지식, 규칙, 도덕, 윤리, 심미적 또는 정치적 가치 모두 환경으로부터 온다. 마음에 있는 대상치고 환경에서 오지 않는 대상은 없으며, 환경에 있는 대상치고 우리의 생리적 또는 심리적 욕구를 채우지 못할 것은 없다. 환경에 있는 대상은 소화가 되어야만 진정으로 우리의 인격이 될 수 있다. 그런데 다른 사람이 시키는 대로, 또는 유행한다는 이유로, 안전하다는 이유로, 관습이라는 이유로, 위험하다는 이유로, 혁명적이라는 이유로 분별없이 받아들이기만 한다면 오히려 우리를 무겁게 짓누를 뿐이다. 그 대상은 진정으로 소화되지 않는다. 마음속에 살고 있는 것처럼 보여도 여전히 나 자신이 되지 못한다. 그렇게 소화되지 않은 태도, 행동 방식, 감정, 가치관 등을 심리학에서는 내사물이라고 하고, 인격에 주입되는 이 기제를 내사(introjection)라고 한다.

통째로 삼키는 행동에도 장점은 있다. 벼락치기로 시험공부를 해서 성적이 올라가기도 한다. 그러나 벼락치기로 뭔가를 배웠다고 한다면, 6개월 후에 똑같은 과목을 시험 칠 때 실망하고 만다. 그때는 '배웠던' 것이 거의 생각나지 않기 때문이다.

그렇다고 바깥세상에서 얻을 수 있는 마음의 양식을 거절하자는 말은 아니다. 자기 몸으로 배를 채울 수 없듯이 자기 마음만으로 충족할 수는 없다. 중요한 것은 음식을 소화하듯이 바깥세상에 있는 마음의 양식을 먹어야 한다는 사실이다. 파괴하고, 분석하고, 나누고, 유익한 형태로 통합해야 한다. 통째로 삼키면 인격 발달에 전혀 도움이 되지 못한다. 내 집인데도 다른 사람이 물건을 쌓아 두고 가 버리는 바람에 정작 내 것을 내 집에 두지 못하는 꼴이 되는 격이다. 우리는 쓸모없는 정보가 가득한 쓰레기통으로 전락한다. 아무리 손을 대도 이 쓰레기를 치우지 못하는 비참한 상황이 올 수 있다.

내사는 한 번에 두 가지 위험을 준다. 첫째로, 성격 발달이 정체된다. 자기 안에 있는 타인을 지키는 일에 무척 바쁘기 때문이다. 내사가 심할수록 자신을 표현하지 못하고 움츠러든다. 둘째로, 인격이 분열된다. 서로 어긋나는 명령을 삼키면 자신을 둘로 나눈 채 명령을 수행한다. 이런 현상은 오늘날 매우 흔하다.

예컨대, 우리는 어렸을 때부터 완전히 모순적인 두 가지 태도를 사회로부터 배운다. 하나는 '너희가 대접을 받고자 하는 대로 남을 대접하라.'는 황금 법칙의 태도다. 다른 하나는 '약한 사람은 강한 사람에게 먹힌다.'는 약육강식(弱肉强食)의 생존 법칙이다. 우리가 이 두 가지 태도를 내사했다면 친절하게 배려하면서 동시에 싸우려고 든다. 이웃을 사랑해야 하지만, 그들과 싸우면 더 이상 그들을 믿을 수 없다. 우리는 착한 척할 수 있지만 동시에 남을 괴롭히려고 한다. 모순된 생각을 내사한 사람의 인격은 전쟁터나 마찬가지다. 신경증 내담자는 이러지도 저러지도 못하는 갈등상태에 빠져 더 이상 인격이 성장하지 못한다.

내사는 다른 사람의 생각, 행동 방식, 기준 그리고 태도로 살아가는 신경증 기제다. 세상과 나 자신의 경계에서 내 것이라고는 정말 하나도 없는 내면을 살펴보았다. 앞서 합창단원의 난처한 표현을 떠올려 보자. "다른 사람을 방해하는 건 좋지 않아."라는 말은 내사의 예다. 결국 그 말을 누가 한 것인가? 자신인가? 아니면 합창단원들인가? 진정으로 자신의 욕구는 중요하지 않기 때문에 집단을 앞세우는 것일까? 내사를 한 사람이 "내가 생각한다."라고 말했을 때, 대개 그 말은 '그들이 생각한다.'는 뜻이다.

## 투사

내사의 반대가 **투사**(projection)다. 내사는 실제로 환경에 문제가 있는데도 자신에게 책임을 묻는 기제다. 반대로 투사는 자신에게 문제가 있는데 환경을 탓하는 기제다. 임상적으로 편집장애는 투사의 극단적인 사례로서 체계화된 망상이 악화된 병이다. 사례를 보면, 편집증 내담자들은 매우 공격적이며, 자신의 소원, 감정, 욕망을 책임지지 않고 다른 사람에게 책임이 있다고 말한다. 그런 사람은 괴롭힘을 당한다고 말하지만 본심에는 다른 사람을 괴롭히고 싶은 욕구가 숨어 있다.

그러나 투사는 명확하게 드러나지 않기 때문에 신중하게 관찰해야 한다. 투사에는 병리적인 투사와 정상적이고 건강한 투사가 있다. 체스 게임을 한다고 해 보자. 우리는 상대방과 판세를 관찰하면서 작전을 만든다. 이때 우리는 자기 생각이 관찰에서 나온 결과임을 안다. 뛰어난 체스 선수는 상대방의 마음을 관찰해서 몇 수 앞을 내다본다. '내가 상대방이라면 이렇게 할 거야.' 라고 생각한다. 그러나 자신의 예측이 언제나 현실로 나타나지 않는다는 사실을 알고 있으며, 자신의 생각임을 받아들인다.

반대로 성욕을 억압하는 여자는 남자들이 자신을 피한다고 불평한다. 또한 차갑고 난폭한 남자들은 다른 사람들이 불친절하다고 비난한다. 이것은 신경증적 투사의 예다. 그 생각이 자신의 것임을 모르며, 더 나아가 그 생각을 왜 하는지도 모른다.

예술적 창조 역시 투사다. 소설가는 종종 자신을 등장인물에 투사하면서 글을 쓴다. 그러나 소설가는 신경증적 투사와는 달리 정체성의 혼란을 고통스럽게 느끼지 않는다. 잠깐 현실을 벗어나 다른 사람이 되더라도 책상 앞에 있는 자신에게로 되돌아올 수 있다.

신경증 내담자는 투사 때문에 바깥세상을 제대로 다루지 못한다. 그는 자신의 욕구를 무시할 뿐만 아니라, 욕구의 근원인 인격마저 내버린다. 즉, 욕구를 외부 대상에 돌리면서 자신과 맞닥뜨리지 않고 다른 사람에게 책임을 지운다. 자신의 인생을 활력 있게 살지 못하고 수동적으로 살면서 환경의 희생자가 된다.

앞서 합창단원이 자신의 방광을 보고 던졌던 슬픈 말을 생각해 보자. "이것이 정말로 날 힘들게 해." 이 말은 사소하지만 투사의 좋은 예다. '이것'은 폭동을 일으킬 태세다. 그 사람은 방광의 피해자가 되기 직전이다. "이것이 나를 쓰러뜨릴 것 같아. 미치겠어." 우리는 방금 편집증이 어떻게 시작되는지 보았다. 내사한 사람이 "누가 그걸 말했지?"라고 질문했을 때 정답은 '그들'이었다. 투사한 사람에게 정답은 '이것은 당신 방광이야. 소변을 누고 싶어 하는 사람은 바로 당신이야.' 라는 대답이다. 투사한 사람이 '이것' 또는 '그들'이라고 말할 때는 대개 '나'를 의미한다고 보면 된다.

자신과 세계의 경계를 원하는 대로 바꾸려고 투사를 한다. 이때 투사는 매력 없거나 자존심을 위협하거나 난처한 부분은 자신의 특성이 아니라고 거부하는 방식을 취한다. 그런데 자기 비하와 자기소외를 느끼는 내사로부터 투사가 나온다. 우리의 영웅은 개인적인 욕구보다 깍듯한 예절이 중요하다는 생각을 내사하였고, '억지로 웃으면서 참는 것이 좋다.'는 신념을 내사하였기 때문에 자신의 욕구를 몸 밖으로 투사하거나 추방해 버린다. 결국 자신의 욕구를 외부에 있는 괴물로 간주한다. 그래서 이 합창단원은 더 이상 소변을 누고 싶어 하지도 않고, 착한 소년으로 남아서 단원과 함께 노래를 부르고 싶어 한다. 그러나 그 무례한 방광을 아무리 외부 대상으로 보려 해도 자신의 의지와 상관없이 소변이 마렵다. 내사를 하는 사람과 마찬가지로 그 사람은 자신과 외부 세계를 구별하지 못한다. 그 사람은 내사물을 자기 자신으로 본다. 한술 더 떠서 자기 자신을 소화하기 어려운 내사물로 착각하면서 자신이 없어지기를 원한다. 투사를 하는 이는 자신에게 내사된 것을 없애는 것이 아니라 자신을 없애고 있다.

내사한 이들은 동화되지 않는 생각과 싸우면서 자신을 전쟁터로 만든다. 투사하는 이들은 자기 내부의 갈등과 싸우면서 세상을 전쟁터로 만든다. 지나치게 경계하고 의심 많은 사람은 당신에게 친구가 되고 싶고 사랑한다고 말하면서 동시에 이렇게도 말한다. "당신은 누구도 믿어서는 안 돼! 사람들은 약아빠졌거든." 이 말은 투사하는 사람의 전형적인 표현이다.

## 융합

자신과 환경의 경계를 모르고 하나라고 느낀다면 융합(confluence)된 상태다. 이러한 사람들은 부분과 전체를 구별하지 못한다. 신생아는 내부와 외부, 자신과 타인을 구분하지 못한다. 성인은 절정과 깊은 집중 상태에서 환경과의 융합을 경험한다. 의례에서 경계가 사라지고 일체감을 느끼며 융합이 이루어진다. 집단과 강한 동일시가 일어나기 때문이다. 의례에서 환희와 절정을 느끼는 이유는 평소에 자신과 타인 간에 아주 뚜렷하게 경계를 긋고 있다가 일시적으로 생겨난 일체감으로 강한 충격을 받기 때문이다. 동일시가 심하여 자신과 세계를 만성적으로 구별하지 못할 때는 심리적으로 병들고 만다. 자신에 대한 감각을 잃어버렸기 때문에 자신을 느낄 수 없기 때문이다.

병리적 융합 상태에 있는 사람은 자신이 누구인지, 다른 사람이 어떤지 분간하지 못한다. 자신이 어디에 서 있고, 다른 사람이 어디로 가는지 알지 못한다. 자신과 타인의 경계를 모르기 때문에, 타인과 제대로 접촉할 수 없다. 또한 타인으로부터 물러나지도 못한다. 그렇다고 자신과 접촉할 수 있는 것도 아니다.

우리는 수백만 개 세포로 이루어져 있다. 세포가 융합되었다면, 유기체가 되지 못하고 젤리 덩어리로 변했을 것이다. 이와 달리 세포는 세포막으로 분리되어 있어서 무엇을 받아들이고 무엇을 거부할지 구별하면서 접촉하는 장소가 된다.

병리적 융합을 보일 때 신체는 뜻대로 따라 주지 않는다. 만성적으로 억제하는 예를 살펴보자. 우리는 울고 싶을 때가 있다. 그러나 울고 싶은 욕구를 참으려고 횡격막 근육을 수축하는데, 이런 행동은 무의식적으로 습관화된다. 그러면 숨쉬기와 울고 싶은 욕구가 혼란스럽게 융합한다. 나중에는 제대로 숨쉬지도 못하고 울지도 못한다. 울음을 참기 위해서 긴장을 유지하며 슬픔을 피해 버린다. 아마 시간이 지나면 무엇 때문에 슬펐는지 기억도 못할 것이다. 울고 싶은 욕구와 감정 표현의 방어로서 횡격막 수축은 내면을 전쟁터로 만든다. 전쟁이 멈추지 않으면 인격은 황폐화된다. 욕구와 정서가 혼란스러운 병리적 융합으로 묶이면, 더 이상 자신이 무엇을 원하는지, 어떻게 자신을 막고 있는지 알지 못한다. 병리적 융합은 수많은 정신적 · 신체적 질병을 낳는다. 숨쉬기와 울고 싶은 욕구가 오랫동안 혼란 상태에 있으면 천식에 걸린다.

병리적 융합은 사회적으로 심각한 결과를 낳는다. 융합된 사람은 다른 사람에게도 자신과 똑같이 생각해 주기를 바라고 입장 차이를 거부한다. 종종 부모에게서 이런 태도가 발견된다. 부모는 자녀가 자신과 다르다는 사실을 인정하지 못한다. 융합되어 있지 않은 자녀가 부모의 의견을 따르지 않는다면, 부모로부터 거부와 외면을 받을 수 있다. 즉, '넌 내 자식이 아니야.' '너같이 못된 놈을 사랑할 수 없어.'라는 식의 반응이다.

미국이 국가 간의 차이를 받아들이고 존중한다면, 세상의 곤란한 문제를 해결할 수 있는 좋은 기회를 만들 수 있다. 그러나 차이를 무시하고 자기 입장만 강요하면 분쟁과 혼란은 계속될 것이다. 차이를 받아들이지 않는다면 이런 분쟁은 영원할지 모른다. 만장일치와 융합을 요구하는 사람은 이렇게 말한다. "당신이 내 친구가 되지 않으면 네 머리를 박살 내겠어."

소변이 마려웠던 합창단원이 '우리는 계속해야만 해.' 라고 생각하는 경우를 가정해 보자. 이때 실제로 계속하기를 원하는 이는 자신이 아니라 다른 사람들일지 모른다. 그의 진심은 화장실에 가서 볼일을 보는 것이다. 이런 경우, 그의 생각을 융합으로 볼 수 있다. 융합이 생긴다는 것은 나 자신과 집단 간의 생각을 구별하지 못하고 있다는 뜻이다. 병리적 융합을 보이는 사람이 '우리'라고 말할 때, 당신은 그 사람이 정확하게 자신을 말하는지, 다른 사람을 말하는지 이해하기 어렵다. 그 사람은 심각할 정도로 경계를 구별하지 못하고 있다.

## 반 전

네 번째 신경증 기제는 반전(retroflection)이다. 말 그대로 '거꾸로 되돌아오는 것'이다. 반전하는 사람은 경계선을 자기 내부에 긋는다. 내사를 하는 사람은 다른 사람이 바라는 대로 행동하고, 투사하는 사람은 다른 사람이 자신에게 하고 있다고 생각하는 행동을 다른 사람에게 한다. 융합 관계에 있는 사람은 누가 누구에게 무슨 행동을 하고 있는지 모른다. 반전하는 사람은 다른 사람에게 하고 싶은 행동을 자기 자신에게 한다. 행동을 반전하면, 다른 사람이나 대상에게 하고 싶은 행동을 자신에게 한다. 욕구를 채우기 위해 환경을 조작해야 하는데, 그 에너지를 외부로 보내지 못하고 자기 자신을 대상으로 삼는다. 반전이 지속되면 행동하는 자와 그 행동에 당하는 자로 인격이 분열된다. 자신이 최악의 적이 되고 만다.

확실한 것은 누구도 자기 욕구대로 마음껏 충족하면서 살아가지 못한다는 사실이다. 최소한 어떤 욕구는 참아야 한다. 그런데 다른 사람에게 피해를 줄 수 있기 때문에 위험한 충동을 참는 것과 자신에게 그 충동을 되돌리는 행동은 별개다. 고장난 세탁기 때문에 옷은 찢어지고, 다섯 살짜리 아기는 빨간 크레용으로 거실 벽에 온통 낙서를 하고, 진공청소기를 수리해줄 서비스센터 직원은 오지도 않고, 남편은 평소보다 한 시간이나 늦게 귀가한다면, 이 주부는 누군가를 해치고 싶을 정도로 화가 날지도 모른다. 그렇다고 아기나 남편을 해치는 행동은 현명한 선택이 아니다. 자살도 똑같이 어리석은 짓이다.

반전은 어떻게 나타나는가? 내사한 사람은 '나'라는 대명사를 사용하는데, 이것은 실제로 '그들'을 의미한다. 투사는 '이것' 또는 '저것'이라고 말하는데, 실제 의미는 '나'다. 융합된 사람은 '우리'를 사용하지만, 실제로는 '모른다'다. 그리고 반전은 자신을 가리키는 '나 자신'이라는 말로 표현한다.

반전하는 사람은 "나 자신이 부끄러워." 또는 "이 일은 내가 해야만 해."라는 식의 말을 끝없이 한다. 이 말 모두 자신을 두 사람으로 나누어 버리는 엉뚱한 생각에서 나온다. 우리의 합창 단원은 뭐라고 말하는가? "나는 스스로를 통제해야만 해."

자신과 타인에 대한 혼란은 신경증의 배후면서 심각한 자기 혼란을 일으킨다. 신경증 내담자는 자신을 짐승 혹은 천사로 본다. 진실한 자기 자신은 없다.

프로이트의 성격발달이론이 이 혼란에 기여했다. 프로이트는 에고(나), 이드(유기체 욕구) 그리고 초자아(의식)에 관해 말했다. 그리고 정신적 생활을 이 세 가지의 지속적인 갈등으로 설명하였다. 이 세 가지 요소는 인간을 껴안고 놓아 주지 않으며, 죽는 날까지 고통스럽게 만든다. 프로이트 식으로 반전을 설명할 수도 있다. 그러나 초자아가 실제로 무엇인지 잠깐 생각해 보자. 만약 초자아가 에고에 해당하는 '나'가 아니라면, 이것은 당연히 내사물이다. 초자아는 환경이 주입한 내사물이며 소화하지 않은 가치관이다. 프로이트는 도덕적 발달 과정의 한 부분으로서 내사에 관해 말했다. 예를 들어, 아이가 내사한 착한 부모상이 나중에 초자아(superego)가 된다는 것이다. 자아(ego) 또한 내사의 과정을 거쳐 만들어진다. 신경증적 성격을 거듭 연구한 끝에 '착한' 부모상과는 상관이 없으며, '나쁜' 부모상의 동일시 때문에 신경증적 문제가 생겨난다는 사실이 발견되었다. 실제로 아이는 '착한' 부모의 태도와 윤리를 내사하지 않는다. 아이는 '착한 부모'를 동화 작용으로 받아들인다. 아이가 어떻게 하는지 복잡한 심리학 용어와 개념으로 설명하지는 못해도, 아버지의 착한 행동과 태도를 아이는 자신이 이해할 수 있는 용어로 바꾸어 생각한다. 마치 부모를 최소공통분모로 줄이면서 새로운 형태로 동화하여 이용하는 것처럼 말이다. 그러나 아이는 부모의 '나쁜' 태도를 줄이지 못한다. 아이에게는 그것을 극복할 만한 수단이 없으며, 또한 이겨 내야 한다는 선천적인 의지가 있는 것도 아니다. 그래서 아이는 부모의 '나쁜 태도'를 소화하지 못하고 내사한다. 이때부터 고통이 시작된다. 선명하게 이것과 저것을 구별하지 못하는 이유는 성격이 자아와 초자아로 구성되어 있기 때문이 아니라, 나와 나 아닌 것, 자기(self)와 자기 이미지(self-image), 성격이 서로 혼재되어 있기 때문이다.

동일시(identification)의 혼란이 신경증의 본 모습이다. 내사, 투사, 융합, 반전 중에서 무슨 기제를 쓰든지 간에, 주된 특징은 인격이 분열하면서 생각과 행동이 조화롭지 못하다는 사실이다.

치료는 가짜 동일시를 수정한다. '나쁜' 동일시로 신경증이 생겨나면 '좋은' 동일시로 치료할 수 있다. 물론 '나쁘다'와 '착하다'의 기준에는 논쟁의 여지가 많다. 가장 만족스러운 답은 현실을 관찰했을 때, '좋은' 동일시는 개인이 환경 안에서 만족스럽게 행동하고 목표를 이루게 한다. '나쁜' 동일시는 개인을 긴장시키거나 포기하게 하고, 환경을 향해 파괴적인 행동을 불러온다. 신경증은 자신을 비참하게 할 뿐만 아니라 자기 파괴적인 행동으로 주변 사람마저 고통스럽게 한다.

치료에서 우리는 신경증 내담자의 분별 능력을 다시 높여야 한다. 무엇이 나 자신이고, 무엇이 내가 아닌지, 무엇이 만족을 주고, 무엇이 좌절을 주는지 볼 수 있도록 도와야 한다. 우리는 그를 통합으로 안내해야 한다. 자신과 세계 사이에 균형과 경계를 회복할 수 있도록 도와야 한다. '있는 그대로 살라.'고 말하는 것은 쉽다. 그러나 신경증 내담자의 길에는 수천 개의 장애물이 버티고 있다. 있는 그대로의 삶을 방해하는 기제를 이해하고, 장애물을 하나씩 치울 때가 왔다. 바로 이것이 치료실에서 해야 할 일이며, 치료란 우리가 지금 논의하고 있는 내용인 셈이다.

CHAPTER 03

# 신경증에 대해

신경증은 과거에 집착하고, 현재를 혼란스럽게 느끼고, 부자연스럽게 행동하는 증상이다. 검은 유리창으로 현재를 바라보기 때문에 미래를 비관적으로 생각한다. 현재는 손가락 사이로 빠져나간다. 치료실에 오는 내담자는 수치감을 느끼거나 무감각하고, 수줍어하거나 무례하기도 하며, 발을 질질 끌거나 또는 쾌활하게 들어온다. 내담자는 치료자를 신으로 간주한다. 치료자가 마술 봉을 흔들어서 한 마리 짐승을 돈 많고 잘생기고 키 큰 멋쟁이로 만들어 줄 수 있다고 생각한다. 또는 치료자가 사기꾼이고, 실력이 형편없다고 느끼면서도 자신이 나아진다고 말해 치료사에게 기회를 주는 척한다.

머릿속에서 무슨 생각을 하고 있고, 어떤 모습을 보이든지 간에 내담자는 지금 치료를 받으러 왔다. 실존적 위기를 느꼈기 때문이다. 즉, 숨 쉬는 일만큼 생존에 필요한 심리적 욕구를 제대로 해결하지 못한 상황이다. 생사에 중요한 심리적 욕구는 내담자만큼 다양하다. 어떤 사람에게는 분수를 넘어서면서까지 우월감을 느끼고 싶어 하는 욕구가 있다. 그런 사람은 자신의 존재를 사회적 위치와 동등하게 생각한다. 사회적 위치가 흔들리면 존재의 위기를 느낀다. 일편단심으로 아내나 남편 혹은 연인에게 헌신하고 싶은 욕구를 느끼는 사람도 있다. 그런 사람은 사랑할 대상을 찾지 못하면 위기에 빠진다. 전자의 신경증에서 '자기통제'가 실존적 욕구라면, 후자에게는 '자기표현'이 실존적 욕구다. 실존적 욕구가 무엇이든지 간에 치료사에게 왔다는 것은 그 욕구를 해결하지 못하고 있음을 뜻한다. 그 사람은 고장난 자기 지지(self-support)를 대신할 환경적 지지(environmental support)를 찾기 위해 온다.

내담자는 스스로 해결하지 못하고, 주위에서도 도와주지 않는 욕구를 치료자가 해결해 줄 수 있다고 생각한다. 그리고 내담자는 깊은 구렁텅이에 빠져 있다고 느낀다. 불가능한 목표를 자신에게 설정해 놓았기 때문이다. 따라서 치료가 성공하려면 목표를 바꾸거나 실존적 욕구를 바꾸어야 한다. 목표를 성취할 수 있을 만큼 자기 지지를 충분히 제공할 수 없다면, 성공적인 치료란 자신을 더 강하게 지지할 수 있도록 돕는 일일 것이다.

내담자의 실존적 욕구에 대한 가치 평가는 치료자의 역할이 아니다. 치료자가 내담자의 직업에 관심이 없다고 하더라도, 내담자가 직업적 성공을 실존적 욕구로 생각하는 경우도 있다. 이때 치료자는 마땅히 그 목표를 이룰 수 있도록 내담자의 자기 지지를 도와야 한다. 내담자에게 개성을 강조하고, 실존적 욕구를 주입하고, 그럴듯한 유능감을 심어 주는 것이 치료는 아니다. 내담자가 자신에게 의미 있는 목표를 스스로 발견하고, 성숙한 방식으로 이 목표를 향해 가도록 돕는 일이 치료자의 본분이다. 치료를 받는 동안 내담자는 혼자 힘으로 서지 못한다. 내담자의 항상성에 문제가 생겼기 때문이다. 이상한 나라의 앨리스처럼 내담자는 안절부절못하고 들뜬 채로 돌아다니다 원래 있던 곳으로 바람같이 되돌아온다. 그러나 치료가 충분히 진행되면, 내담자는 불균형을 바로잡고 싶어 하는 욕구를 느낀다. 그러면 치료자는 그 욕구에 긍정적인 카섹시스를 느낀다.

내담자는 치료자에게서 무엇을 요구하는가? 통곡의 벽처럼 기대어 울 수 있는 어깨를 원하는가? 아내와 상사를 함께 미워해 줄 수 있는 같은 편을 바라는가? 아니면 마냥 이야기를 들어 주는 사람? 내담자가 저지른 죄를 심판할 사람? 이미 벌을 많이 받았다면, 치료사가 용서하고 받아 주기를 바라는가? 내담자는 안도와 믿음을 원하는가? 고통 없이 놀라운 치료를 해 줄 마술 같은 힘을 믿는가? 자기통제의 성과를 칭찬해 주기를 바라는가? 성적인 능력을 키워 주기를 원하는가? 행복으로 가는 지름길을 알려 주기를 원하는가? 부족한 자기 존중을 대신할 인정이나 사랑, 버팀목을 원하는가? 지루한 삶에서 탈출시켜 주기를 원하는가? 심각한 외로움에서 구원해 주기를 바라는가? 기억력 향상을 바라는가? 자기 이해를 위해 치료자의 해석을 듣기 원하는가? 더 이상 혼자 버틸 수 없을 정도로 병이 심각해졌다는 자신의 호소를 인정해 주기 바라는가?

분명한 점은 내담자가 자신의 힘과 환경을 이용해서 스스로 보살피지 못하고 있다는 사실이다. 그렇게 했다면 치료자에게 오지도 않았을 것이다. 내담자는 지지를 얻고자 노력했고 일시적으로 성공한 적은 있을 것이다. 완전히 실패했다면 내담자는 미쳐 버렸거나 죽었을지 모른다. 그러나 내담자는 대부분 성공하지 못하고, 좌절감을 느끼며 치료자에게 온다.

그렇다고 내담자가 빈손으로 오지는 않는다. 그는 조종(manipulation)이라는 방법을 갖고 온다. 조종은 성공하기 위해 환경을 이용하고 바꿀 수 있는 방법이다. 그들의 조종 기술이 미숙할 것이라고 오해하지 마라. 신경증 내담자는 어설픈 사람이 아니다. 그들은 생존에 필요한 자기 지지를 형성하지 못했기 때문에 살아남기 위해서 대단히 예민해진 상태다. 내담자가 자신의 약점과 함께 살려면 똑똑해야 한다. 불행하게도 내담자의 전략은 약점을 극복하기보다는 오히려 그것을 더 심각하게 만든다. 전략을 계획적으로 오랫동안 사용하다 보면 습관이 되고, 나중에는 그 전략을 기억하지도 못한다. 그렇다고 전략을 사용하지 않거나 머리를 쓰지 않는다고 말할 수 없다. 중년 신사에게서 다이아몬드와 밍크코트를 얻어 내기 위해서 교묘하게 행동하는 금발 아가씨를 우리는 알고 있다. 남편과 자식, 친구에게서 관심과 지지를 되찾으려고 투덜거리고 의존하려는 아내 또한 빈틈이 없다. 우리는 정치가들이 상대편을 쓰러뜨리려고 교활하게 행동한다는 사실을 안다. 일부러 보지 않고 듣지 않으면서 무관심한 체하는 신경증 내담자 역시 똑같은 전략을 쓴다. 신경증 내담자의 문제는 조종 능력이 없다는 것이 아니라 오히려 그 조종 능력으로 자신의 약점을 키워 나간다는 것이다. 환경을 자기편으로 만들려고 애쓰는 만큼이나 자기 지지를 위해 고민하고 에너지를 쏟았다면 성공할 수밖에 없다.

조종 능력은 내담자에게 성취를 안겨 주는 플러스 기능이다. 실존적 위기를 회피하는 행동은 반대로 마이너스 기능이다. 우리의 출발점은 내담자의 플러스가 있는 곳이다. 자기 파멸의 형태로 환경을 조종하고 있음을 알아차리고, 자신의 조종 기술 또한 알아차리게 될 때, 내담자는 변화를 만들어 낼 수 있다.

내담자의 조종 수단(means of manipulation)은 다양하다. 쉴 새 없이 떠들면서 우리를 질식하게 만든다. 또는 뾰로통해 있다가 치료를 그만둬 버린다. 해결책을 강구하여 과제를 실천하기로 약속도 해 보지만 언제 그랬냐는 듯이 잊어버린다. 치료자에게 아첨하다가 뒤에서 몰래 기계를 부수는 노동자처럼 파업을 시도한다. 자신의 불편함에 대해서는 아주 미세하게 느끼면서도 중요한 말을 들을 때는 귀머거리인 척한다. 상황에 맞추어 기억했다가 망각한다. 치료자를 속여 함정에 빠트리게 할 때도 있다. 거짓말을 하다가도 언제 그랬냐는 듯이 강박적으로 솔직하게 나오는 경우도 있다. 비참한 이야기를 하면서 치료자를 슬프게 하고, 입술을 질끈 깨물면서 운명을 견디는 척한다. 단조로운 목소리로 치료자에게 최면을 걸거나 예민한 행동으로 짜증이 나게 만든다. 허영심으로 우쭐대면서 치료자의 자존심에 상처를 주려 한다. 그들은 자기 '문제'를 그럴듯하게 심리학 용어로 산뜻하게 포장해서 가지고 온다. 그리고 자신이 만족할 때까지 치료자의 설명을 요구한다. 치료자가 분석적인 사람이라면 내담자와 새벽까지 논쟁을 할지도 모른다. 치료자가 아동기 외상을 다룬다면 기꺼이 과거의 기억을 찾아낸다. 한술 더 떠 치료자에게 맞장구를 쳐 주려고 가짜 기억을 만들기도 한다. 치료자가 전이를 다룬다면, 주위 사람을 아버지나 어머니처럼 느낀다고 말할 것이고, 덤으로 경쟁 관계에 있던 형제마저 끌어올 것이다.

내담자는 분열과 질문으로 치료자를 조종한다. 내담자에게 연상을 못한다고 말하면, 치료자가 자신을 믿어 주지 않는다고 비난할지 모른다. 내담자는 정말로 자신에게 떠오른 것을 말했기 때문이다. 그러나 내담자는 자신이 연상을 회피하고 있다는 사실을 모르는 것일까? 내담자가 사용하는 '질문'은 참으로 다양한 기능을 갖고 있다. 이 질문에는 치료자를 전지전능한 사람으로 비행기를 태우면서 동시에 모르는 것을 가르쳐 주려는 흑심이 숨어 있다. 질문을 하여 치료자를 시험하고 곤란하게 만들며 함정에 빠트리려고 한다. 질문은 내담자가 자신의 문제를 피할 수 있도록 도와주는 중요한 도구다. 질문은 내담자가 혼란에 빠져 있음을 보여 주는 중요한 신호다. 그래서 역으로 질문을 효과적으로 다루는 것은 내담자를 훌륭하게 도울 수 있는 기회가 된다.

그러나 의지하고 있는 버팀목을 치료자가 걷어차 버리고, 자신을 텅 빈 어둠 속으로 내던져 버릴 것이라고 느끼는 내담자의 두려움은 과연 무엇일까? 이것은 저항에 가깝다. 이 저항을 오해하지 말아야 한다. 저항이란 좋지 않으며, 저항이 없어야 내담자가 더 좋아진다는 잘못된 믿음에 빠져들지 말아야 한다. 제2차 세계대전 중 동맹국의 저항만큼이나 내담자의 저항 역시 가치가 있다. 오토 랭크(Otto Rank)는 저항을 '부정적 의지(negative will)' 라고 말했다. 치료자가 저항을 거부한다면, 내담자는 치료를 포기할지 모른다. 거부를 표현했는지 그 여부는 중요하지 않다. 내담자가 그런 태도를 못 느낄 만큼 둔하지 않기 때문이다. 신경증 내담자는 다른 사람처럼 환경을 조종해서 살아남으려고 애쓴다. 환경을 적대적으로 보기 때문에 매우 예민하게 선수를 쳐서 상대방의 허를 찌른다. 역전이를 두려워하는 정신분석가가 초연한 척하면서 가면을 쓰고 있어도 내담자들은 그들의 허위를 간파한다. 그런 정신분석가들은 어떤 접촉도 받아들이지 못하고 돌부처같이 내담자를 대한다. 아무튼 내담자는 자신의 저항을 저항으로 생각하지 않는다. 대개 그는 저항을 지원군으로 경험한다. 내담자는 도움을 원하고 있다.

내담자는 버림받고 인정받지 못하고 마지막에 가서 치료자에게서 쫓겨날까 봐 두려워한다. 물론 뻔뻔한 치료자는 드러내지 않는다. 그래서 내담자는 착한 아이처럼 순종한다. 치료자를 따른다는 복종의 표시로 뇌물을 주고, 치료자의 지혜와 지시를 받아들이는 척한다. 동시에 자기 존중감이 불안정하여 현실 또는 상상 속의 비난에 예민하게 반응한다. 그래서 치료자의 말 한마디에 계속 긴장한다.

내담자는 자기개념(self-concept)의 확립에 커다란 고통을 겪는다. 정신의학에서는 자기개념을 반동 형성(reaction-formation), 자기 체계(self-system), 자아 이상(ego-ideal), 페르소나(persona) 등의 비슷한 용어로 표현된다. 각 용어가 서로 다른 의미를 말하고 있기 때문에, 내담자는 이치에 맞지 않는 생각을 하고 있을 때가 너무 많다. 이러한 자기 개념은 내담자에게 전혀 도움이 되지 않는다. 오히려 내담자는 진정한 자기 목소리를 숨겨버린 채 자신을 닦달하고 못마땅하게 여긴다. 그는 시시포스처럼 자신의 에너지를 소모하면서 바깥의 동의와 수용을 끊임없이 요구한다. 내담자는 자신의 장점을 투사한다. 누가 해 주는 칭찬이든지 그 칭찬을 받아들일 수 있는 수준에서 수용하거나 거부한다. 또한 순수하게 받아들이는 능력이 부족하여 찬사를 들어도 자기 것으로 소화하지 못한다. 그래서 아무리 사랑을 받아도 불만스러워하며 욕심을 부린다.

자신을 존중하지 못하면 외부의 지지(타인의 존중)에 끝없이 매달리게 된다. 환경적 지지로 자기개념을 보완하려는 것은 개인의 성장을 방해한다. 인간은 오직 자신의 진실한 본성으로서 성장할 수 있으며, 인위적이거나 야심적인 목표는 도움이 되지 못한다. 그런 목표는 자만심과 허영심만을 낳을 뿐이다.

인간은 '통합' 이라는 진실한 본성을 타고났다. 자발성과 진지함이 통합되었을 경우, 우리는 건강하게 실존적인 선택을 할 수 있다. 자발성과 진지함은 인간의 본성이다. 다른 사람뿐만 아니라 전체 장(場)과 자신에 대한 알아차림은 인생의 의미와 형태를 만든다.

과잉 보상, 열등감 또는 우월감 콤플렉스로 자아상의 구조를 설명하는 연구는 많이 쏟아져 나왔다. 이러한 자아상은 정신의학에서 가장 세밀하게 연구된 주제이기도 하다. 심지어 비전문가들도 '후천적 본성(second nature)'을 이야기한다. 그러나 자아상과 구조에 대한 많은 토론을 하더라도, 치료 분야에서 자기(self)의 진실은 제대로 드러나지 못하고 있다. 대부분 치료가 자아상으로부터 자기를 찾아낼 수 있는 혼란층(layer of confusion)에 충분한 관심이 없기 때문이다. 혼란은 매우 불쾌한 일이기 때문에, 내담자는 혼란을 억압하고 피하기 위해 분투한다. 이런 점에서 내담자는 소크라테스와 다르다. 소크라테스는 이성과 실존의 혼란을 자유롭게 받아들이고, 역으로 혼란을 이용해서 가르침을 전파했다.

혼란은 지향성에 이상이 생긴 현상으로서, 신경증 내담자는 자신의 혼란을 자각하지 못한다는 특징이 있다. 그는 혼란스러운 행동 때문에 곤경에 빠지고 허우적거리며 좌절한다. 자신의 혼란을 알아차리지 못하고 선택의 자유를 누리지 못할 때, 경험을 경직된 방식으로 다룬다. 하나의 조종 기술로만 대처하고 그것을 최선이며 전부라고 믿는다. 정신의학자들은 양가감정의 혼란에 많은 관심을 기울였다. 양가감정을 느끼는 내담자는 사랑 아니면 미움, 선행 아니면 악행의 어느 한쪽만을 선택해야 한다고 생각한다. 우리는 그 양자택일의 태도를 '저것뿐만 아니라 이것도'의 태도로 바꾸어야 한다. 시시각각 달라지는 상황에 따라 긍정적 · 부정적 카섹시스를 보내면서 우리는 자신에게 명료해진다. 인간은 상황에 따라 만족감을 느끼고 때로는 좌절감을 느낀다. 그래서 지금은 사랑하고 선함을 느끼다가도 나중에는 미워하고 적대감을 느낄 수도 있는 법이다. 양가적 태도는 영원한 만족감 또는 영원한 좌절감의 상태가 존재한다는 식으로 보는 것이다. 양가감정은 **정지 상태의 개념**이다. 우리의 정서가 조만간에 딱딱해지거나 우리 자신이 굳어지기라도 할 것처럼 생각한다.

치료에서 내담자가 요구하는 환경적 지지를 해 주지 않고, 내담자에게 해야 할 행동을 알려 주지 않으며, 그의 좋은 의도를 칭찬해 주지 않고, 그의 심리학적 지식에 감탄하지 않으며, 그의 향상을 축하해 주지 않는다면, 치료자는 좌절의 부정적 카섹시스를 받을 것이다. 그러나 게슈탈트 치료는 내담자가 바라는 것—집중적인 주의—을 지속적으로 제공하고, 그의 저항을 비판하지 않는다. 이런 방식으로 치료는 좌절과 만족의 균형을 유지하며 출발한다.

지금 치료가 시작된다고 하자. 우리는 내담자와 무엇을 해야 하는가? 내담자를 소파에 눕게 하고 눈을 감은 후에 자유연상을 해 보라고 할까? 오이디푸스 시기, 대인 관계, 자동 갑옷(motor armor)에 대해 생각해 보라고 말할 것인가? 내담자의 과거 또는 현재, 하나의 주제에서 다른 주제로 빠르게 넘어가는 능력, 짧은 시간에 어떤 것에 깊숙이 집중하는 내담자의 능력을 다룰 것인가? 우리는 그의 신체 또는 정신을 다룰 것인가? 내담자가 자기 자신과 표현을 검열하고 차단하는 이유에 관해서 탐색할 것인가? 아니면 그것이 이루어지는 과정을 탐색할 것인가? 인격의 심층에 자리 잡은 것을 다루어야 할까? 아니면 드러나는 것을 다루어야 할까? 내담자의 말 또는 행위에 집중해야 할까? 생리적 증상을 심리학적 용어로 다룰 것인가? 아니면 심리적 증상을 생리학적 용어로 다룰 것인가? 내담자를 관찰해야 할까? 해석해야 할까? 내담자가 경험하면서 스스로 깨우치게 해 주어야 할까? 아니면 내담자가 물어보는 어려운 주제에 대해 강의를 해 주어야 할까?

전통적인 치료 기법은 내담자가 자신의 행동의 이유를 모르기 때문에 과거, 꿈, 무의식을 충분히 파고들어야 원인을 찾을 수 있다고 믿는다. 치료자들의 이론적 학파에 따라, 이러한 원인은 수많은 요인 중 어느 하나이거나 혼합된 형태가 될 수 있다. 예컨대, 프로이트는 문제의 주요 원인이 오이디푸스 콤플렉스라고 설명했다. 그리고 라이히(Reich)는 근육 갑옷과 오르가즘 능력(orgastic potency), 설리반(Sullivan)은 자기 체계(self-system)와 대상관계(interpersonal relationship), 솔터(Salter)는 자기표현의 욕구, 아들러(Adler)는 열등감 콤플렉스를 이야기했다.

제각기 틀린 말은 없다. 그러나 이들 이론 모두 근본에서 벗어나 있다. 왜냐하면, 유기체와 환경을 전체로 보지 않았다는 결정적인 한계를 지니고 있기 때문이다. 이들 이론 모두 전체 흐름을 추상화하여 만든 관점이다.

설리반 학파는 장(場)의 역할을 깊이 있게 설명하면서도, 이원론적 개념 때문에 본질에 이르지 못하였다. 게슈탈트 접근은 인간을 한 개인인 동시에 집단 내의 개인으로 보기 때문에 폭넓은 시야를 제공한다. 다시 말하면, 신경증이란 개인에게 불균형이 일어난 상태다. 즉, 개인과 집단의 욕구가 다른 상황에서 개인이 중요한 욕구를 표현할 수 없을 때 불균형이 생겨난다. 이런 상황이 반복되고 압박을 당한다면, 개인의 균형 감각은 손상되고 나중에는 균형을 회복하지 못한다. 그렇게 되면 개인은 신경증적 수단으로 환경에 반응한다. 이러한 수단은 환경과 조화를 이루지 못하고 초기의 불균형을 되풀이하게 한다. 신경증이 있는 사람이 상황을 대하는 일반적인 방식은 자기 자신을 침해하는 것이며, 범죄자의 패턴은 환경을 침해하는 것이다.

우리의 폭넓은 정의를 고려하면 신경증을 하나의 원인으로 설명하기 어려워진다. 그러므로 다른 학파의 한정된 대답 역시 받아들일 수 없다.

전통적인 정신분석 치료는 다음과 같이 가정한다. 내담자가 과거를 떠올리고 해석하면서 과거 경험을 퍼즐처럼 맞추어 완성하다 보면 정신적 고통이 해결된다. 또한 내담자는 스스로 문제를 해결할 수도 있고, 문제와 함께 지내는 법도 배울 수 있다.

그러나 이러한 가정은 몇 가지 이유에서 타당하지 않다. 첫째로, 단 하나의 '원인'을 찾으려고 하는 치료자는 원인과 관련 있는 특성만을 보려 하고 나머지는 외면하려 든다. 내담자가 자신의 한계 안에 머물러 있는 것과 똑같이 치료자도 그렇게 하고 있다. 치료자가 그런 관점과 이론으로 신경증을 볼수록 서로의 한계를 벗어나기가 더욱더 어려워진다. 알아차림이 발달하지 못하는 것이다. 다시 말해, 내담자와 치료자 모두 눈가리개를 덧댄 돋보기를 끼고 있는 것과 같다. 그들은 바로 앞에 있는 사물은 아주 잘 보지만 다른 곳에서 무슨 일이 일어나는지 모른다. 그리고 '정신'과 '육체'라는 양자택일을 강조한다. 대부분의 학파는 정신적 요인을 다루고, 라이히 학파는 육체적인 요인을 다룬다. 이렇게 치우친 접근을 하면 내담자와 치료자의 능력을 키우지 못한다.

반대로 일원론적인 게슈탈트 접근은 지향성을 넓히고 치료 전략을 발전시킨다. 자기 차단으로 불만족스럽게 상황을 다루는 사람의 배후에는 신경증이 도사리고 있다. 우리는 단일한 '원인'을 찾을 수 없다. '정신과 육체' 또는 '마음과 몸'의 분리는 사람이 만든 개념일 뿐이며, 실체를 벗어난 이분법이다. 이것은 신경증을 계속 가지고 다니게 할 뿐 버리지 못하게 한다.

게슈탈트 접근에서 환상은 축소된 현실이며, 생각은 축소된 행동이다. 환상이 행동과 관계가 있기 때문에 치료적으로 환상을 이용할 수 있다. 행동 역시 환상과 관련 있기 때문에 마찬가지로 이 행동을 이용해 볼 수 있다. 많은 내담자들이 현실적인 욕구를 해결하기 위해 환상을 해로운 방식으로 이용한다. 내담자에게 현실적인 욕구 탐색과 해결을 위해 환상을 치료적으로 사용하는 방법을 가르쳐 줄 수 있다.

둘째로, 신경증에 대한 원인을 설명할 수 있는 방법이 없기 때문에 과거에 초점을 두는 치료는 타당하지 못하다. 하나의 상황이 A에게는 신경증을 유발하고 그 동일한 상황이 왜 B에게는 영향을 미치지 못하는가? 우선 그 상황은 왜 발생했는가? 그리고 주위의 사정은 왜 그 상황을 생겨나게 했는가? '왜'는 질문을 끝없이 만들 뿐이며, 질문에 대한 대답은 꼬리를 물고 이어져 최초의 원인을 찾아야만 끝이 날 수 있다. 한 남자가 신경증에 걸렸다고 하자. 어렸을 때 어머니가 죽고, 미혼인 이모가 데려가서 키웠다. 그런데 원하는 욕구를 채워 주지 않아서 그 사람은 욕구를 충족하지 못하고 참아야만 했다. 이모를 반쯤 악인으로 보는 이러한 설명이 어떻게 문제 해결에 도움이 되는가? 반대로 이러한 설명은 오히려 자신의 어려움을 이모 탓으로 돌리도록 할 뿐이다. 이러한 설명은 답이 아니라 희생양만을 낳는다. 이러한 희생양은 전통적인 정신분석 치료에서 수없이 쏟아져 나왔다.

이 사례를 치료하는 데 도움이 될 만한 길잡이를 다음과 같이 말할 수 있다. 이모는 남자가 원하는 욕구를 채워 주지 못했다. 그의 아동기는 보호자나 세상 그리고 자신의 내면으로부터 지지가 차단된 시기였다. 만약 그가 과거와 현재에 자신이 어떻게 차단했는지 배우고, 실제로 자신을 차단하고 있는 과정을 느낀다면, 자신의 차단 행동을 다룰 수 있게 될 것이다. 그렇다면 진실한 자신의 모습을 발견하고 필요한 행동을 스스로 할 수 있을 것이다.

성공적으로 치료되었다면, 내담자는 자기 지지를 회복하고 외부의 힘에 휩쓸리지 않을 것이다. 덧붙이자면, 고통은 억압이라는 방어기제가 아니라 패배적인 행동을 하는 우리 자신 때문에 생겨난다. 신경증 치료의 어려움은 알아차리지 못함, 맹점, 사물과 관계에 대한 무감각 등과 연관이 있다. 그러므로 무의식을 논하기보다는 지금 이 순간의 알아차리지 못함(at-this-moment-unawareness)을 이야기하는 것이 훨씬 낫다. 이 용어의 의미는 '무의식'보다 훨씬 더 크고 넓다. 알아차리지 못함(unawareness)은 억압된 상념뿐만 아니라 아예 자각하지 못하거나, 희미해졌거나, 동화가 되었거나, 더 큰 게슈탈트로 만들어진 요인도 포함한다. 알아차리지 못하는 대상에는 사회적 기술, 행동 패턴, 자동적인 대화 습관, 맹점 등이 있다.

의식과 무의식은 순수한 정신적 현상이다. 그러나 알아차림과 알아차리지 못함은 순수한 정신적 현상이라고 할 수 없다. 신체 내부에는 우리가 알아차릴 수 있는 영역과 알아차릴 수 없는 영역이 각각 존재한다. 복잡한 인간 생명체에서 우리가 알아차리지 못하는 영역은 꽤 넓은 편이다. 우리는 영양을 흡수하는 과정을 알아차리지 못한다. 숨 쉬게 하는 힘을 알아차리지 못하며, 먹고 배설하는 힘을 알아차리지 못한다. 우리는 성장의 많은 과정을 알아차리지 못한다. 알아차리지 못하는 영역이 넓은 만큼 알아차릴 수 있는 영역도 넓다. 우리는 명백한 감각이나 자동적인 습관뿐만 아니라 정신적 활동에 속하는 미세한 활동도 알아차린다.

인간을 일원적인 유기체로 바라보는 일원적(unitary) 심리치료 접근은 억압을 했거나 표현된 요인만을 살피지 않는다. 따라서 치료자는 행동 전체에 관심을 두고, '내담자가 자신의 행동 패턴 전체를 알아차리게 해 주어야 한다. 내담자는 자신에 관해 알지 못한다.'고 강조하는 전통적인 정신분석과 반대로, 우리는 내담자가 정말로 자신에 대해서 알아차릴 수 있다고 강조한다. 우리의 희망은 모든 범위에서 알아차림을 조금씩 높이는 것이다.

게슈탈트 접근이 다른 치료들과 어떻게 다른지 이해하기 위해, 최근 정신의학회 모임에서 가장 많이 거론하고 있는 멋들어진 용어인 '심인성(psychosomatic)'이란 단어를 생각해 보자. '심인성'이란 무엇인가? 무의식이 영향을 미친다는 예전의 협소한 심신 분리 관점을 따른다면, 신체적 장애가 심리적 사건을, 그 반대로 심리적 장애가 신체적 사건을 좌우한다는 뜻이다. 그러나 일원론적 관점을 가지면 인과성의 함정에 빠지지 않는다. 심인성 사건이란, 정신적 혹은 정서적 수준에서의 불편함이 신체적 불편함으로 더 잘 표현되는 상황을 말한다. 지지·접촉·차단의 법칙이 각 단계에서 적용된다. 심인증적 표현(psychosomatic manifestation)과 심인증적 질병(psychosomatic illness)을 명확하게 구분할 수는 없다. 예컨대, 망각은 심인증적 표현이다. 하지만 자신들이 소속된 학회를 신경 쓰는 의사들이 이러한 증상을 그들의 영역에 포함시킬 것 같지는 않다. 반면에 약을 먹고 치료를 받아야 하는 위궤양, 천식, 대장염 같은 심각한 심인증적 표현도 있다.

두통이라는 심인증적 표현을 살펴보자. 두통은 불편한 상황이 생길 때마다 물러나기 위한 핑계거리로 쓰인다. 만성적인 거짓말쟁이를 제외한다면 두통을 그저 핑계거리라고만 볼 수 없다. 두통은 순수한 신체적 경험이면서, '머리 아픈 상황이야.' '당신은 날 힘들게 해.'라는 신체적 언어이기도 하다. 두통은 접촉 기제에서 차단이다. 어떤 순간에 발생한 흥분은 정서와 행동으로 변화되어 실제 상황을 극복할 수 있도록 쓰여야 한다. 그러나 흥분을 표현할 수 있도록 지지하지 않고 눌러 버리면 심인증적 표현 또는 통증을 일으킨다. 두통을 하찮은 통증으로 무시하지 않고, 또 평생 약으로만 해결하려 들지 말고 전체적으로 다루어야 한다. 이러한 심인증적 표현은 심리치료자들의 관심을 받을 만한 가치가 있다. 나중에 보겠지만, 심인증적 표현을 다루기 위해 우리는 내담자의 '무의식적 동기'에 관한 해석을 재정리해야 한다.

전통적인 정신분석 치료는 전이(transference)를 치료적 과정으로 설명한다. 프로이트에 따르면, 전이란 신경증 내담자가 과거나 현재의 인물을 대하는 정서적 반응과 태도로 치료자를 대하는 것이다. 내담자는 자신의 망상을 전이로 표현하고 있는 셈이다. 내담자가 치료자와 개인적으로 접촉하고 있다고 믿고 있는 자신의 생각은 스스로 만들어 낸 내적인 사건(intraorganismal event)이다. 이것은 **접촉**이 아니며, 접촉을 막는다. 접촉은 다른 이들을 추론하는 것이 아니라 정말로 어떤 상태인지에 대해 아는 것이다.

전이는 유익한 설명이기는 하지만, 내담자가 치료자에게 느끼는 감정을 폭넓게 설명하지 못한다. 우리는 내담자가 현실성이 없고, 내담자가 느끼는 모든 것을 내담자의 과거력으로 설명하며, 비현실적이라고 가정할 수 있을까? 현재의 존재 자체(being)와 존재의 변화 과정(becoming)은 없단 말인가?

프로이트의 카섹시스 개념을 전이에 적용하면, 그가 말한 것과 반대된 결론이 나온다. 치료에서 일어나는 현상은 있었던 일(what has been)이 아니다. 이와 반대로, 부족하거나 생략된 어떤 것, 즉 일어나지 않았던 일(what has not been)이다. 있었던 일은 상황이 끝났다. 그것은 만족과 통합을 거쳐 자기가 된다. 환경으로부터 자기 지지까지 발달의 실패라고 할 수 있는 미해결된 상황이 현재 남아 있는 과거의 유물이 되는 셈이다.

달리 말하자면, 우리는 전이에 관해 이렇게 설명할 수 있다. 전이는 과거의 상태와 망각된 것으로부터 나오지 않고, '존재의 결핍(lack of being)'에서 비롯된다. 그리고 그것은 내담자의 환상적 소망, 지지에 대한 기대감(내담자는 당연히 받을 것이라고 생각한다)이 더해진 현실적인 감정이다. 개인사는 실존의 배경이다. 개인사는 사실의 꾸러미가 아니라 어떻게 현재의 모습이 되었는지에 대한 기록이다. 지지를 가로막는 혼란을 배경에서 전경으로 나오도록 밀어내야 한다. 그때 우리는 존재의 결핍(불완전한 게슈탈트)을 지지 기능으로 바꿀 수 있다.

치료 초기에 치료자에게 지지를 많이 요구하는 내담자는 없다. 우리가 그들에게 기회를 주면 그들은 폭발할 준비가 되어 있다. 그러나 존재의 결핍은 치료가 진행되면서 더 많이 나타난다. 그리고 내담자는 요구와 조종을 가속화한다. 내담자에게 결핍된 부분을 해석해 줄수록, 내담자는 치료자에게 더욱 긍정적인 혹은 부정적인 카섹시스를 느끼게 된다.

치료 기술에서 이것은 무엇을 의미하는가? 전이를 하고 있는 내담자를 예로 들어 보자. 정신분석 치료자는 내담자의 전이가 매우 강하다는 식으로 설명할지도 모른다. 나의 경우에는 그 치료자가 내담자의 결핍감을 발견한 것으로 표현할지 모른다. 그런 내담자는 이러한 패턴을 빈번하게 보인다. 즉, 치료자가 되고 싶어 하거나 정신의학 용어를 쓰고 싶어 하며, 치료자의 행동을 모방하려 한다. 치료자가 전이의 고전적 정의를 생각하면, 내담자는 전이와 관련 있는 사람을 자신의 과거 속에서 찾는다. 그 사람은 지금 내담자가 하고 있는 내사 행동을 보여 주었던 인물이 될지 모른다. 결국 내담자는 실체(substance)를 볼 것이며, 내사된 사람(어머니나 아버지 등)과 자신이 다르다는 사실을 배운다. 이에 반해 우리는 실체보다는 **과정**(process)을 보려 한다. 과정은 오늘도 활발하고, 과거에도 활발했었다. 내담자가 내사자로서 현재 지름길을 찾으려 한다는 사실에 우리는 초점을 둔다. 그는 세상을 게으르게 소화하고 스스로 성장과 자기실현을 차단한다. 내담자가 내사의 집합체로 존재하는 한 그는 자신이 아니며 자신을 지지할 수 없다. 내사 패턴을 고집하는 한 자기 지지는 부족해진다. 부모의 내사물을 외부로 쫓아내는 데 성공해도, 내사가 내담자의 만성화된 기제라면 그는 여전히 다른 것을 내사할지 모른다. 그래서 우리는 내담자가 어떻게 통째로 삼키는지, 어떻게 파괴와 동화의 과정을 스스로 차단하는지를 볼 수 있도록 진행해야 한다.

우리는 일원론적 접근으로 환상과 현실의 문제를 다룰 수 있다. 앞서 말했듯이 소화할 수 없는 물질을 삼켜 버린 유기체는 즉시 토한다. 구토를 정서적인 관점에서 보면 일종의 혐오다. 혐오를 차단하면 혐오의 감정을 느끼지 못한다. 내담자는 혐오에 대항하기 위해 자기 내면에 어떤 형태의 장벽을 만들어 혐오감을 피한다. 어떻게 장벽을 만들고 있는가? 내담자는 자신에게 무관심해지거나 억지로 아름답게 생각하면서 경험을 피해 버린다. 내사자는 혐오가 어떤 경험인지 배워야 한다. 그렇게 해야 자신이 어떤 것을 '삼키고' 있음을 알 수 있다. 타인의 가치나 충고를 무조건 삼키기 때문에 혐오감이 생겨난다는 점을 내담자가 알아차리도록 도와주어야 한다. 그러면 혐오를 제거하고, 자신과 자기 결정, 역할, 잠재력을 창조할 수 있다.

물론 치료자는 부모가 아니며, 다른 사람과도 다르다는 것을 배우는 일도 중요하다. 내담자는 자신이 내사를 하고 있다는 것과 내사하고 있는 방식을 알게 될 때, 전이를 알 수 있다. 또한 내담자가 전이를 배울 때 내사된 존재가 자신의 진정한 자기가 아님을 깨닫는다.

내담자는 치료자로부터 환경적 지지를 받으려는 기대를 버리고, 자기 지지를 가로막는 장애물에 붙들린 에너지를 창조적으로 사용해야 자기 지지가 충분히 강해질 수 있다. 내담자가 자신을 과거의 희생자로 받아들이는 것이 아니라 정신적 책임감을 갖고 일어날 수 있도록 도와주어야 한다. 그것은 다음과 같은 질문으로 시작할 수 있다. '내가 스스로 ……을 가로막고 있다.' '어떻게 내가 나 자신을 가로막고 있는가?' '무엇으로부터 나 자신을 막으려고 하는가?'

내담자의 환경적 지지와 전이 욕구에 맞장구를 쳐 주면, 치료자는 내담자의 신경증에 놀아날 것이다. 반대로 내담자가 자신을 가로막고 있는 장애물을 식별하고, 자신과 구별하도록 도와줄 수 있다. 치료사의 이러한 도움이 내담자의 성장을 촉진하는 것이다.

우리는 꿈에 대해서도 똑같이 접근해야 한다. 정신분석에서 꿈은 수백 시간을 들여 이야기를 나눌 만큼 내담자와 치료자에게 매혹적인 창조물이다. 꿈을 소망 충족으로 설명했던 프로이트는 꿈의 내용과 자유연상으로 꿈의 의미를 찾을 수 있다고 가정했다. 꿈이 자신의 창조물인데도, 우리는 그다지 가치 있게 느끼지 않는다. 그저 꿈을 낯선 세계에서 온 이방인처럼 보는 듯하다.

그러나 꿈을 소망 충족으로 설명하고, 조잡한 언어적 상징으로 해석하는 것은 생생한 꿈의 본질을 해친다. 악몽을 예로 들어 보자. 꿈을 생생한 장면으로 다루지 못한다면, 당신은 감추어진 욕구를 공포 속에 가두어 놓을 수 있다. 아니면 이 악몽이 소망을 차단하는 것이라고 표현하면서, 꿈 전체가 소망 충족이라는 프로이트의 주장을 따라갈 수 있을 것이다. 그러나 악몽 전체를 소망 충족이라고 보는 것은 어리석다.

악몽처럼 모든 꿈에는 뚜렷한 모순을 해결하려는 시도가 있다. 꿈이란 인위적인 창조물로서 그 속에는 양립할 수 없는 두 가지가 서로 대항한다. 악몽이란 그 모순이 통합되어 있지 않은 꿈이다. 역시 신경증 내담자의 일상생활에서도 통합되어 있지 않다. 설리반은 우리가 낮 동안 문제를 해결할 수 있다면 밤에 꿈을 꿀 필요가 없다고 했다.

꿈을 분명히 이해하려면 꿈을 해석하지 않는 편이 낫다. 분석하기보다는 모순(paradox)을 발견하기 위해 내담자에게 넓고 깊은 체험의 기회를 주는 것이 좋다. 정신분석에서는 자유연상으로 꿈을 탐색한다. 프로이트는 꿈에 대한 짧은 설명을 듣고 자유연상과 해석으로 꿈을 분석한다. 그러나 꿈이 선명하게 살아나도록 하려면, 내담자는 연상과 언어적 해석보다 더 많은 것을 받아들여야 한다. 즉, 감각, 정서, 몸짓도 수용해야 한다. 꿈에서 차단하는 측면과 재동일시로 대립을 해결하여 꿈을 통합할 수 있다.

대부분의 정신의학자는 꿈이 투사라고 생각한다. 꿈에서 나타나는 등장인물과 대상은 실제로 꿈꾸는 사람 자신이다. 그리고 꿈에서 하는 행동은 자신의 희망과 욕망에 대한 책임을 포기함으로써 모순을 해결하려는 시도일 때가 많다. 누군가가 적을 해치는 꿈에는 때때로 그처럼 숨겨진 의도가 있을 수 있다.

꿈을 어떻게 다루는지 예를 들어 보자. 내담자는 꿈에 나타나는 모든 요소와 동일시하면서 그 모순을 알아차리고 해결한다.

다음은 젊은 여성 내담자의 꿈이다. 그녀가 꿈에 관해 설명했다. "나는 소포를 들고 계단을 올라가고 있어요." 그러면 그녀에게 꿈속의 사물과 동일시하도록 부탁한다. "내가 계단이라면 어떤 사람이 꼭대기로 올라가기 위해 날 밟고 가겠죠. 물론 그 사람은 야심이 많은 내 남편일 거예요. 그는 지금 공부를 하고 있고 경제적으로 나에게 의지하고 있어요. 내가 소포라면 그는 나를 들고 가야 해요. 이것 또한 사실이죠. 그는 자신이 도달한 지적 수준까지 나를 데리고 가야 해요." 여기서 우리는 그 여자의 모순을 발견한다. 여자는 짐을 들고 가면서 동시에 자신이 짐이 되었다.

두 번째 사례에서 우리는 꿈속의 모순을 풀 수 있는 해결책을 찾으려고 시도했다. 내담자는 꿈을 설명했다. 한 남자가 쓰레기를 변기통에 집어넣어 구멍을 막고 있었다. 쓰레기를 계속 집어넣다가 마침내 변기가 넘쳐 버려 물이 마루로 흘렀다. 이 부분에서 다양한 해석을 할 수도 있다. 불쾌한 이들에 대한 내담자의 일반적인 태도와 꿈의 내용이 들어맞고 있었다. 그러나 꿈을 해석해 주는 대신, 내담자에게 만약 당신이 꿈속의 그 사람이라면 무엇을 하겠는지 물었다. 그러자 내담자는 갈고리를 가져와서 변기에 막힌 것을 끄집어내겠다고 대답한다. 그런데 그때 내담자는 이것을 상상하면서 혐오스러운 것을 보았다. 그 즉시 변기의 관이 막힌 것처럼 목구멍이 위축되었다. 그렇게 해서 그는 구토를 막고 혐오스러운 상념이 떠오르지 못하도록 했다. 즉, 꿈의 내용과 그의 행동, 심인증적 증상이 합쳐졌다. 핵심적인 모순은 내사자가 자신에게 혐오스러운 요인을 삼켜야 하고, 미각으로 그것을 검열해야 한다는 대립이었다. 그 회기에서 이 모순을 해결할 수 없었다. 우리는 조금씩 진행해 나갔지만 내담자는 맹점을 갖고 있었다. 그의 입천장은 완전히 무감각해지고 말았다.

앞으로 독자는 게슈탈트 치료와 전통적인 정신분석 치료의 차이점을 많이 살펴볼 것이다. 아직 가장 중요한 차이점은 논의되지 않았다.

CHAPTER 04

# '지금-여기' 치료

전통적인 정신분석은 신경증 내담자가 문제를 '가졌던' 사람이라고 보고, 치료 목표를 과거의 문제 해결에 두었다. 그러나 그렇게 기억과 과거를 다루는 접근은 신경증을 관찰한 사실과 다르다. 게슈탈트 접근은 문제를 가졌던 사람이 아니라 지금-여기, 즉 현재에서 진행되는 문제를 '가진' 사람으로 본다. 비록 과거에 일어난 사건 때문에 지금 이렇다고 하더라도, 그 사람이 보여 주는 문제는 현재의 행동 방식과 관계가 있다. 지금 나타난 문제의 해결 방법을 알아야만 현재와 미래를 해결할 수 있다.

치료 목표는 내담자에게 현재와 내일 또는 내년에 겪을지 모를 문제를 해결할 수 있는 힘을 키워 주는 데 있다. 우리는 자기 지지(self-support)로 이 목표를 달성한다. 내면의 힘을 끌어내어 실천하면서 목표를 이루어 간다. 매 순간 자신의 환상과 언어 및 신체의 욕구를 진실하게 알아차리고, 어떻게 그 욕구의 성취를 스스로 방해하는지 알아차린다. 그러면 자신에게 어떤 문제점이 있는지 알 수 있다. 자신을 격려하면서 문제를 해결해 가면 자기 지지의 힘이 더 커진다. 그러면 그다음에 찾아오는 어려움을 극복하기가 더 쉬워진다.

치료가 성공적으로 진행된다면, 내담자는 반드시 과거의 미해결된 문제를 해결할 수 있다. 미해결 과제는 현재의 곤란을 일으키고, 치료 회기 중에 해리, 신경질적인 습관, 공상 등의 모습으로 위장하여 나타난다. 또한 이것은 내담자의 현재 삶을 억누른다.

신경증 내담자는 현재 삶을 성공적으로 살지 못하고 고통스럽게 지낸다. 게다가 만성적으로 자신을 파괴하고 잘못된 동일시에 빠져 있다. 그래서 자신과 세상을 구별하지 못한다. 또 왜곡된 방식으로 자신을 지지하며, 필요한 행동을 하지 못하여 심리적 안정을 얻지 못한다.

이제 우리가 무엇을 해야 할지 알 수 있다. 신경증 내담자는 현재의 삶을 충분히 살지 못한다. 과거의 미해결 과제가 그를 붙잡고 있다. 미해결 과제가 지금 여기에 남아 있지만, 그는 대처할 수 있는 힘이 미약하여 그것을 이겨 내지 못한다. 따라서 치료 과정에서는 내담자에게 현재를 다루는 법을 알려 주어야 한다. 미해결 과제를 치료 시간에 완성해야 한다. 그러므로 게슈탈트 치료는 '지금-여기'의 치료다. 치료를 하는 동안 내담자에게 지금 자신이 무엇을 하고 있는지 알 수 있도록 한다.

게슈탈트 치료는 언어적·해석적 치료라기보다는 경험적 치료라고 할 수 있다. 우리는 상처와 문제를 단지 말로만 표현하라고 하지 않는다. 지금-여기에서 상처와 문제를 재경험(re-experience)하여 미해결 과제를 완성해야 한다. 내담자가 과거 문제에 대한 책을 덮었다면, 그는 이것을 현재에도 덮어 놓아야 한다. 진정으로 과거는 과거일 뿐임을 내담자는 깨달아야 한다. 과거는 현재에 없기에 더 이상 문제가 되지 않는다.

덧붙이자면, 경험적 치료로서 게슈탈트 기법은 내담자에게 가능한 한 자신을 최대한 경험하고, 지금-여기에서의 존재로 자신을 충분히 느끼도록 요구한다. 억압하고 있는 생각뿐만 아니라 자신의 몸짓, 호흡, 정서, 목소리, 표정을 알아차리도록 내담자에게 질문한다. 내담자는 자신에 대해 더 많이 알아차릴수록 자신에 관해 더 많이 배운다. 지금-여기에서 자신의 존재(being)를 가로막는 방식을 경험할 때, 그는 스스로 차단했던 자기(self)를 경험할 수 있다.

치료자는 내담자를 관찰한 내용에 따라 치료를 진행한다. 뒷장에서 치료자의 역할을 더 자세히 설명하기로 하고 여기서는 간단하게 언급하겠다. 치료자는 내담자의 표면(말과 행동)에 민감해야 한다. 치료자의 폭넓은 알아차림은 내담자의 알아차림 능력을 키워 주는 도구가 될 수 있다.

우리는 치료를 시작하면서 내담자에게 요청한다. 말로 표현하지 말고 마음속으로 '지금 나는 ……을 알아차린다(Now I am aware).'라는 간단한 구절을 말해 보게 한다. '지금'은 우리를 현재에 머무르게 하며, 현재를 떠나서는 어떤 경험도 할 수 없다는 뜻을 지니고 있다. 현재 그 자체는 시시각각 변화한다. '지금'이란 말을 쓸 때, 내담자는 쉽게 현재에 다가갈 수 있고 현상학적 작업을 할 수 있다. 나중에 말하겠지만, 과거 사건을 떠올려 게슈탈트를 완성하면서 유기체의 균형을 회복할 수도 있다.

'나'라는 말은 '이것'에 대한 대안으로서 감정, 생각, 고통에 대해 책임감을 가지게 한다. '……을 알아차린다.'는 실존적인 상징이다. 이것은 현재와 더불어 변화하는 존재로서 자신이 경험하는 것이 무엇이든지 스스로 알고 깨닫게 한다. 그러면서 순간순간 달라지는 '지금'을 느낀다.

'알아차림'은 내담자에게 자신의 잠재력과 현재 능력, 감각과 행동, 이성의 기능을 알 수 있도록 해 준다. 이것은 의식이 아니라 의식에서 일어나는 마음과 단어를 샅샅이 살펴보는 경험이다. 우리는 내담자가 갖고 있는 도구로 함께 작업한다. 도구는 그가 배우지 못했거나 잃어버렸던 것이 아니라 현재의 조종 수단이다. 알아차림은 내담자의 현재 자원에 대한 실상을 매우 분명하게 보여 준다. 알아차림은 언제나 현재에서 일어난다. 이것은 행동을 열어 놓는다. 습관은 바꾸기 어려운 반복 행동이다. 이것을 바꾸고 싶다면 습관을 처음 보는 것마냥 알아차려야 한다. 습관을 바꾸려는 시도는 새로운 행동을 한다는 의미를 담고 있다. 알아차리고 현재에 접촉하면서 우리는 성장하고 자신을 실현해 나간다. 연필을 질서 정연하게 정리해 놓으려는 강박 행동부터 소명과 본업에 대한 헌신까지, 이런 행동 모두가 선택의 결과임을 지금-여기에서 알아차린다.

'지금 나는 알아차린다.'를 실제 치료에서 어떻게 사용하는가? 예컨대, 죽은 아버지를 잊지 못하여 슬픔에서 빠져나오지 못하는 신경증 내담자의 미해결 과제를 생각해 보자. 이 사람은 아버지가 아직도 자기 주위에서 떠도는 것처럼 느낀다. 그래서 아버지가 생전에 주입한 명령을 따르며 살고 있다. 그러나 혼자 힘으로 현재를 충분히 살기 위해서는 아버지를 떠나보내야 한다. 아버지에게 '안녕'이라고 말하고 헤어져야 한다. 이것을 하려면 아버지가 죽었던 순간으로 돌아가야 한다. 아버지와 헤어졌던 그 장면으로 되돌아가서 그때의 심정으로 행동해야 한다. 그저 떠올리는 것만으로는 부족하다. 내담자는 그 순간을 다시 살아야 한다. 아버지의 죽음에 대해 혼란스러웠던 죄책감을 깊이 느끼고 소화해야 한다. 단지 과거를 어설프게 회상하지 않고 심리극을 하듯 깊이 몰입해야 한다. 사람들은 체험을 피하려고 말로만 떠들어 대며 저항한다. 단지 말로만 표현하면 그때 기억은 폼페이의 폐허처럼 죽은 장소가 될 뿐이다. 생생하게 체험하지 못하기 때문에 미해결 과제를 지혜롭게 재구성할 기회를 날려 보낸다. 기억을 유적지처럼 파내려고 드는 정신분석학자들을 모방해서는 안 된다. 여전히 살아서 차단을 일으키는 미해결 과제는 동화(assimilate)와 통합(integrate)을 기다리고 있다. 동화를 해야 하는 시기는 현재, 즉 지금-여기다.

정신분석학자들은 자신의 방대한 지식 창고에서 내담자에

게 말해 줄 내용을 찾으려고 한다. "어머니가 돌아가실 때 죄의식을 느꼈다니, 당신은 여전히 어머니에게 붙들려 있습니다. 어린 시절에 어머니가 죽기를 원했지만 그 마음을 억압했어요. 그러나 막상 소망이 이루어지자 자신을 살인자로 느끼고 있습니다." 이 말이 진실일 수 있다. 그러나 이러한 분석은 내담자에게 도움을 주지 못한다. 죄책감이 문제가 아니라 그 당시에 죄책감을 해결하지 못했다는 점이 문제다. 죄책감을 해결했다면 지금까지 힘들어하지 않을 것이다. 그러므로 게슈탈트 치료에서는 심리극 기법으로 내담자가 어머니에게 말하도록 요구한다.

신경증 내담자는 현재를 체험하면서 살아가지 못하므로 지금-여기라는 치료 기법을 받아들이기 상당히 어려워한다. 과거의 기억에 사로잡혀 현재의 삶을 차단하며 살아가는데도 과거의 기억은 잊었으며, 정말 과거에 불과하다는 식으로 주장한다. 자신을 경험하는 과정에 집중하는 것을 힘들어한다. 신체 감각이나 환상 그 어디에 집중하든 간에, 미해결 과제가 끼어들어 집중을 방해한다. 자신의 욕구의 우선순위를 매기지 못하고 모든 욕구를 동등하게 받아들인다. 이것은 말을 타고 여기저기 정신없이 달리는 사람과 같다.

내담자에게 집중을 요구하는 이유는 내담자를 비참하게 하려는 의도가 있기 때문이 아니다. 반드시 에너지를 집중하는 법을 배워야만 현재를 충분히 누리고 창조적인 인생을 향해 내딛을 수 있기 때문이다. 정말로 이 순간과 이 순간 자신의 욕구를 경험한다면, "나는 이것(저것)이 필요해."라고 말할 수 있다.

덧붙여 집중 기법(concentration technique)은 넓게 보기보다는 깊게 볼 수 있도록 해 주는 치료 도구다. 증상에 집중하면 내담자는 자신과 자신의 신경증에 대해 알게 된다. 또한 자신이 실제로 무엇을 어떻게 경험하는지도 안다. 이 사건에서 자신의 감정과 행동이 다른 사건의 그것과 어떻게 연결되는지도 이해한다.

심인증의 증상인 두통을 살펴보자. 내담자는 두통이 가장 성가신 통증이라고 말한다. 그들은 치료를 받을 때 두통이 너무 귀찮은 증상이고 괴롭다고 불평한다. 그들이 자신의 통증으로 치료자를 귀찮게 하는 것은 환영한다. 하지만 이번에는 우리가 그들을 귀찮게 할 차례다. 우리는 그들에게 아스피린을 적게 먹게 하고 책임감을 더 많이 갖도록 요구한다. 내담자들에게 자신이 어떻게 두통을 만들어 내고 있는지 스스로 보게끔 한다("아하!"라고 외치면서 발견하는 일은 치료에 아주 강력한 도움을 준다). 처음에는 그들에게 고통을 느끼는 부위를 찾고 그 부위에 머물게 한다. 이것은 앉아서도 누워서도 할 수 있다. 고통을 피하지 말고 그 부위에 집중하라고 말한다. 내담자는 처음 얼마간은 긴장하고, 설명하려 하며, 생각에 빠지고, 지금 하는 일을 비웃으면서 집중을 피한다. 결론부터 말하자면, 치료자는 이러한 차단 행동을 연결해서 다루어야 한다. 이러한 차단을 '나' 기능으로 바꾸어야 한다. 이것은 두통을 다루기 전에 이미 우리가 중요한 통합을 시도하고 있음을 뜻한다. 예를 들어, 치료자는 내담자에게 두통과 함께 머물러 있으라고 말한다. 그러면 내담자는 자주 이렇게 대답한다. "이것은 바보 같은 짓이에요." 내담자가 그 말 대신에 "당신이 하라는 행동은 모두 바보 같아 보여요."라고 한다면, 그는 작은 성취를 이룬 셈이다. '이것'을 접촉과 자기표현으로 바꾼 것은 작은 한 걸음을 내딛었다는 의미다. 우리는 내담자가 하는 말을 잘 따라가고, '이것'을 상세히 말할 수 있도록 질문해야 한다. 이러한 과정 속에서 내담자는 감춰진 불신과 의심 등을 표현한다. 그리고 이러한 불신과 의심 모두는 현재 삶에 뛰어드는 것을 가로막는 미해결 과제의 한 부분이다.

마침내 내담자는 두통과 통증에 머무르고 집중할 수 있다. 이 머무름은 자신과 더 깊이 접촉할 수 있도록 한다. 고통에 머무른다면, 내담자는 스스로 근육을 긴장하게 만드는 과정을 알 수 있거나 자신의 무감각을 느낄 수도 있다. 통증이 근육 긴장과 연관되어 있다는 점을 내담자가 알았다고 해 보자. 그때 우리는 긴장을 과장되게 해 보라고 주문한다. 그 순간 내담자는 스스로 고통을 키우는 과정을 발견한다. 그때 내담자는 이렇게 말한다. "마치 울고 싶어 얼굴을 찡그리는 것과 비슷하군요." 그때 치료자는 묻는다. "당신은 울고 싶나요?" 이 질문에 내담자의 대답을 요구한다면, 내담자는 감정을 터뜨리면서 눈물을 흘릴지도 모른다. "울고 싶지 않습니다. 빌어먹을! 혼자 내버려 둬요. 나 좀 놔둬요!" 명백히 이때 두통은 울고 싶은 마음을 차단했다고 말할 수 있다. 두통으로 눈물을 참으려 했음이 분명하다. 내담자는 울고 싶은 마음을 잃어버렸는지도 모른다. 오랫동안 치료를 해 왔다면, 과거에 차단했던 마음을 치료하여 지금 울고 싶은 욕구를 되살아나게 할 수도 있다. 그러나 이 단계 이전에도 내담자는 달라지고 있었다. 내담자는 두통(부분적인 만남)을 슬픔(전체적인 만남)으로 바꾸었다. 심인증적 증상을 자기표현으로 바꾼 것이다. 절망감이 폭발하면서 자신과 온전하게 만났다. 내담자는 집중 기법으로 현재 경험과 만나는 법을 배웠다. 동시에 자기-차단 과정(self-interruption)을 알게 되고, 그 과정이 어떻게 나타나는지 배웠다. 내담자는 자신을 다루는 방법을 배운 셈이다.

신경증 내담자는 앞서 말한 대로 스스로 자신과의 만남을 차단해 버린다. 모든 심리치료학파는 이 사실을 고려하고 있다. 실제로 프로이트는 이 현상을 관찰하면서 정신분석 치료를 만들었다. 자기 차단의 여러 형태 중에서 그는 아주 결정적인 것을 선택했으며, 이것을 검열관(censor)이라고 표현했다. 그는 말했다. "자유연상을 차단하지 마세요." 또한 그는 검열관이 내담자를 당황스럽게 만든다고 생각하여 이렇게 말했다. "당황스러워하지 마세요." 그러나 그는 두 가지 금지 명령을 내리면서 내담자가 당황스러움을 경험하고, 당황스러움을 해결하는 기회를 차단해 버렸다. 이렇게 되면 당황스러움을 경험하는 능력이 사라지고 무감각해진다. 심지어 지나치게 태연한 척한다. 라이히 식의 치료를 받는 내담자들은 이런 모습을 너무 많이 보여 준다. 치료를 방해하는 것은 검열을 받아야 하는 상념이 아니라 검열 행위(censoring) 그 자체다. 다시 말해서, 우리는 안에서 밖으로가 아니라 밖에서 안으로만 치료할 수 있다.

치료는 인격에서 분리된 부분을 통합하여 자기를 다시 만들어 가는 과정이다. 치료에서 내담자는 더 이상 자기 자신을 차단하지 않는 곳, 즉 더 이상 신경증적으로 살 필요가 없는 지점까지 도달해야 한다. 내담자가 자신의 차단을 알아차리지 못하도록 치료자가 막아 버리는 실수를 어떻게 예방할 수 있을까? 앞서 프로이트의 "검열하지 마세요."라는 지시는 그 자체가 검열관을 검열하면서, 검열 과정을 알아차리지 못하도록 차단하는 표현이다. 차단의 이유를 설명하기 위해 프로이트의 검열관보다는 어떻게 차단이 일어나는지 알고, 그것을 다루는 일에 집중해야 한다. 차단을 있는 그대로 살핀다면, 우리는 임상적 장면을 직접 다루게 되고 내담자의 지금 그 경험을 탐색하게 된다. 다시 말하자면, 우리는 표면으로 드러난 그 자체를 다룰 뿐 추측하거나 해석할 필요가 전혀 없다. 그저 내담자가 말을 끊거나, 숨을 멈추거나, 누군가를 칠 듯이 주먹을 쥐거나, 차 버릴 듯이 다리를 흔드는 모습을 관찰하면 된다. 치료자는 내담자가 접촉을 차단하는 과정을 멀리서 바라보듯이 살피면 된다.

내담자는 자기 차단을 알아차리고 있는가? 이 물음은 치료자가 가장 먼저 생각해야 할 질문이다. 자신이 무엇을 하고 있는지 알고 있는가? 자신을 차단하는 방식을 더 많이 알수록 무엇을 차단하고 있는지 더 자세히 알게 된다. 두통의 예에서 보았듯이, 슬픔을 차단하기 위해 두통을 이용한다는 사실을 내담자는 스스로 알게 되었다. 이 예는 다음과 같은 사실을 보여 준다. 내담자는 차단의 원인이 아니라 차단 그 자체 또는 차단하는 방식에 집중하여 스스로 자신을 차단한다는 것을 알게 되고, 차단의 대상에 관해서도 깨닫게 된다. 또한 차단을 멈추고 삶에서 미해결된 경험을 완성할 수 있게 된다.

내사, 투사, 반전의 신경증 기제는 내사에서 출발한 기제이며, 종종 외부 세상의 차단에 반응하면서 심화된다. 정상적인 성장 과정에서 우리는 시행착오를 겪고, 자신을 차단하지 않으며, 세상과 인생을 자유롭게 실험하며 배워 나간다.

나무를 타고 오르는 새끼 고양이를 떠올려 보자. 새끼 고양이는 실험에 몰두하고 있다. 균형 감각과 강인함과 민첩함을 기르고 있다. 그런데 어미 고양이는 그 모습이 못마땅하여 끼어든다. "그러다 목이라도 부러질지 몰라. 얌전히 좀 있어." 어미 고양이는 꾸짖는다. 새끼 고양이의 호기심에 찬물을 끼얹고 만다! 이것은 성장 자체를 방해한다. 그러나 물론 고양이들이 그렇게 바보스럽지는 않다. 안전을 구하는 일은 인간에게 맡긴다.

다른 동물이나 현명한 인간처럼 고양이도 외부 세계를 모험함으로써 자기 지지를 키우는 것이 양육의 본질이라고 생각할지 모른다. 갓 태어난 고양이는 알아서 먹이를 챙기지 못하고, 움직이지 못하며, 자신을 지킬 수 없다. 어미가 전부 도와주어야 한다. 그러나 성장하면서 본능과 환경으로부터 배운 지식으로 필요한 행동을 한다. 인간이 외부의 도움을 받다가 자립하기까지의 과정은 훨씬 더 복잡하다. 기저귀를 갈아 주고, 옷을 입혀 주고, 요리를 해 주고, 직업을 선택하고, 또는 뭔가를 가르쳐야하는 여러 가지 필요와 의무를 생각해 보라.

우리는 본능을 이용하는 법을 배우기보다 의무적으로 정형화된 학교 교육을 받으면서, 올바른 과정(right procedure)에 대해 습득할 수 있는 동물적 직관을 잃어버렸다. 그 대신 세대 간으로 전수된 복잡한 환상을 이용해서 '올바른(right)' 과정을 확립했다. 여기에 사용된 환상은 대부분 사회적 접촉을 위한 지지 역할을 한다. 이를테면, 예의범절(윤리), 지향성을 찾는 수단(독서나 세계관), 미의 기준(미적 가치관), 사회적 위치(태도) 등이다. 그러나 이러한 과정은 신체에 바탕을 두지 않았기 때문에 실존의 근원을 혼란스럽게 하고, 우리를 퇴보로 이끈다. 심리치료 사례는 섹스에 대한 경멸적 태도가 어떻게 신경증을 일으키는지 자주 보여 준다. 그러나 이러한 과정이 반생물학적이고 반인격적이며 반사회적이든지 간에, 그것은 자기 지지의 과정을 방해하는 차단에 불과하다.

아동기의 악몽도 그러한 차단이다. 이 시기에는 집 안팎에서 하루 종일 "만지지 마!" "하지 마!"라는 소리를 들으며 **접촉 차단**(interruptions of contact)을 경험하게 된다. 또는 "제발 나 좀 혼자 있게 해 줘! 난 한순간도 편안하게 있을 수가 없구나."라는 어머니의 말은 어머니를 간섭하고 싶은 아이의 소망을 차단한다. 아이의 **물러남**(withdrawal) 역시 차단된다. "딴생각하지 말고 숙제나 하렴!" "저녁 다 먹을 때까지 밖에 놀러 나갈 수 없어."

그렇다면 전혀 차단하지 않는 방침을 따라야 할까? 아이들은 동물처럼 세상을 실험하고, 가능성을 찾고, 경계를 넓히며,

얼마나 멀리 갈 수 있는지 실험해야 한다. 그러나 동시에 다른 사람과 자신에게 피해를 주는 행동은 막아야 한다. 그리고 나름대로 차단을 극복하는 법을 배워야 한다.

부모가 아이의 성장을 간섭할 때 문제가 생긴다. 어떤 부모는 아이가 인내력을 기를 수 있는 기회를 차단하여 아이를 응석받이로 키워 버린다. 또 다른 부모는 과잉보호하여 자기 지지 능력에 대한 아이의 확신을 파괴한다. 부모는 자녀를 지키고 간섭해야 할 소유물로 생각한다. 과잉보호하는 부모는 아이에게 거창한 요구를 하며 일찍부터 잘 해내기를 바라는 경향이 있지만, 아이는 그것을 감당할 만큼 내적인 지지가 충분하지 못하다. 응석받이로 키우는 부모는 아이에게 내적인 지지를 이용할 기회를 주지 않아서 성장을 막아 버린다. 과잉보호를 받은 아이는 의존적으로, 응석받이 아이는 자기중심적으로 성장하면서 둘 다 진정한 자기 지지와는 거리가 멀어진다.

내담자는 그들 부모의 차단 행동을 자기 것으로 만들어 우리에게 찾아올 때가 있다(이것은 '내사'다). 내사를 하는 내담자들은 "다 큰 어른은 울면 안 돼!"라고 말한다. 어린 시절에 차단되었던 자신의 성가신 부분을 자기 것이 아니라고 부정하는 내담자도 있다(이것은 '투사'다). 그들은 이렇게 말한다. "빌어먹을 두통, 이놈 때문에 왜 이런 고생을 해야 하지?" 부모가 나쁘다고 말한 자신의 특성과 차단된 표현을 자신에게 되돌리는 이들도 있다(이것은 '반전'이다). 그들은 "참아야만 해. 절대로 울면 안 돼!"라고 말한다. 부모의 차단 때문에 매우 혼란스러워져 자기 정체성을 완전히 포기하고, 자신의 욕구와 외부의 해결 수단 간의 관계와 차이를 망각하기도 한다(이것은 '융합' 이다). 그들은 "사람들이 나를 비난할 때마다 두통이 생겨."라고 말한다.

지금-여기에 집중하여 무엇을 차단하고 있고, 차단함으로써 어떤 영향을 받고 있는지 알도록 도와준다면, 내담자는 자신을 통합할 수 있다. 그리고 우리는 내담자가 알아차린 내면의 무수한 장애물을 해결할 수 있으며, 내담자에게 본성을 찾을 수 있는 기회를 줄 수 있다. 그가 진실로 자신을 경험할 수 있기 때문이다. 이 경험으로 자신과 타인에 대해 분명하게 알 수 있고, 세상과 조화로운 접촉을 할 수 있을 것이다. 내담자는 세상이 어디에 있는지 알게 된다. 이해란 근본적으로 부분과 전체의 관련성을 아는 것이다. 이것이 내담자에게 갖는 의미는 세상과 자신을 연결하여 세상의 일부분으로서 자신을 보아야 한다는 뜻이다. 이것이 진정한 접촉이다.

CHAPTER 05

# 양파 껍질 벗기기

우리는 지금 기법과 결과에 대해 심도 있게 논의할 수 있는 지점까지 왔다. 무엇보다 치료 과정에서 이론적 근거를 이루는 여러 관찰에 대해 분명하게 설명하고자 한다.

4장에서 말했던 '지금 나는 ……을 알아차린다.'의 실험에서 내담자는 처음에 외부 감각에 매달린다. 그런데 나중에 알아차림이 깊어지면 바깥뿐만 아니라 내면에서 일어나는 여러 현상을 느낄 수 있다. 바꾸어 말하자면, 알아차리고 있다는 것을 알아차린다면 잠재적 능력이 증진되는 것이다. 이것은 선택과 행위를 더 자유롭게 할 수 있도록 만들어 준다.

이것은 신경증 내담자들에게 대단히 중요하다. 앞에서 말했듯이, 신경증 내담자는 환경을 조종하는 능력이 부족한 것이 아니라 지향성(orientation)에서 어려움을 겪고 있을 뿐이다. 자신과 외부 환경을 자각하지 못하고, 새로운 계획을 만들어 볼 여지가 없다. 그러나 알아차림이 깊어지면 지향성과 계획 능력이 발달한다. 그 상태가 될 때 더 나은 접촉을 할 수 있다. 접촉은 그 순간에 지향성이 필요하기 때문이다.

이 점은 신경증 내담자에게 중요하다. 그는 자신을 자각하지 못하고 언제나 스스로를 차단한다. 좀처럼 자신의 마음에 닿지 못한다. 때문에 당연히 자신의 마음을 쉽게 표현하지 못하고, 아주 간단한 표현마저 힘들어한다. 심지어 기본적인 표현을 하는 것조차 그에게 커다란 발전일 수 있다.

알아차림 기법은 치료적으로 가치 있는 결과를 가져올 수 있다. 치료 중에 다음의 세 가지 질문을 하면 무척 심각한 내담자를 제외하고는 성공을 거둘 수 있다. 그 질문은 '지금 나는 ……을 알아차린다.'를 재구성한 물음이다. "당신은 무엇을 하고 있나요?" "당신은 무엇을 느끼나요?" "당신은 무엇을 원하나요?" 우리는 다음과 같이 질문을 추가하여 그 수를 더 늘릴 수 있다. "당신은 무엇을 피하고 있나요?" "당신은 무엇을 기대하나요?" 첫 세 가지 질문은 범위가 명확하다. 이러한 질문만으로도 치료사에게는 충분한 장비가 될 수 있다.

이 다섯 가지 질문은 자신을 지지할 수 있도록 도움을 준다. 내담자는 자신이 알아차린 정도만큼 대답할 수 있지만, 이 질문은 그가 더 많이 알아차리도록 돕는다. 이것은 자신의 자원을 사용할 수 있게 해 주고, 책임감을 갖게 하며, 힘과 자기 지지의 수단을 불러일으킨다. 또한 이 질문은 내담자가 자신을 돌아볼 수 있도록 하기 때문에 자신에 대한 감각을 가지도록 해 준다.

질문에 대한 내담자의 언어적 대답이 단지 생각에서 나올 수도 있다. 그러나 내담자가 완전히 둔감한 사람이 아닌 한, 내담자의 반응은 내담자 자체를 드러내며 인격을 반영한다. 내담자가 언제라도 쓸 수 있도록 준비한 대답은 제쳐 두고 거의 언제나 뒤따르는 반응을 보자. 혼란, 머뭇거림, 찌푸린 눈썹, 어깨 떨림, 약간의 당황, 방해받고 싶지 않은 마음, 몸을 앞으로 기울이기, '참 바보 같은 질문이군.' 또는 '저 양반 또 시작이야.' 등의 감추어진 생각이 있다. 이러한 각 반응은 내담자의 언어적 대답보다 더 중요하다. 그것은 내담자 자신과 삶의 양식을 나타낸다. 내담자의 행동은 치료자에게 훨씬 가치가 있다. 알아차림의 폭이 넓은 치료자는 내담자의 행동을 전체 인격의 기능으로 볼 수 있다. 알아차림의 힘이 약한 내담자는 자신의 언어적인 반응 이외에 다른 것은 알아차리지 못할 수 있다. 또는 만약 그가 알아차리지 못한다면, 그는 자기 반응의 양식에서 중요한 점을 찾아낼 수 없을지 모른다. 그러나 결국 내담자는 뭔가 알아차린다. 그 점이 치료에서 중요한 첫걸음이다.

치료자는 크게 비추어 주는 거울의 역할을 해서 내담자의 자기 탐색을 도와줄 수 있다. 치료자가 내담자 대신 탐색할 수는 없다. 다만 과정을 촉진할 수 있을 뿐이다. 치료자는 질문을 사용하여 내담자가 자신의 행동을 분명하게 볼 수 있도록 하고, 어떤 행동을 해야 할지 결정할 수 있도록 돕는다.

세심한 치료자는 눈앞에서 많은 것을 볼 수 있다. 그는 오직 보기만 하면 된다. 그러나 불행하게도 이것은 쉬운 일이 아니다. 제대로 하려면 치료자가 마음을 비우고 편견 없이 바라보아야 한다. 접촉은 언제나 표면에서 이루어지기 때문에 치료자는 내담자의 표면을 보아야 한다. 이 말을 소홀하게 여겨서는 안 된다. 전통적인 분석가가 생각하는 것보다 표면은 훨씬 의미심장한 영역이다. 분석가들은 그들 자신의 선입견 때문에 표면을 자세히 보지 못한다. 그들은 이것을 생각 없이 받아들이고, '알기 쉽다.'는 투로 얕잡아 말한다. 이 점에서 그들은 큰 실수를 저지른다. 표면을 간과해 버리면, 변화의 동기를 자극하지 못할뿐더러 변화를 유도할 도구마저 잃게 된다.

잠시 이 현상을 생각해 보자. 내담자가 숨기거나 보여 주는 모든 행동은 자기표현이다. 그들은 몸을 앞으로 또는 뒤로 기울이는 행동, 산만한 발놀림, 초조한 모습, 희미한 발음, 단어 사이의 순간적인 머뭇거림, 필체, 비유와 어휘, '당신'과 '나'라는 대명사 대신 '이것'으로 말하기 등의 행동을 한다. 이 모든 것은 표면에서 명확하게 드러나며 의미가 풍부하다. 이것은 치료자가 다루어야 하는 실제적인 재료다. 근거 없는 확신은 내담자에게 전혀 도움이 되지 않는다.

내담자가 무엇인가를 알아차릴 수 있도록 관찰을 바탕으로 하여 치료자는 질문한다. 생각과 활동을 원래 있던 곳에 두기 위해 설명보다는 질문 기법을 이용한다. 질문은 관찰 내용을 바꾼 것이다. 예를 들어, '당신은 지금 자신의 말을 알아차리고 있나요?'와 같은 질문은 다음과 같은 관찰과 의도를 담고 있다. '나는 당신이 너무 빨리 말하고 있는 것을 알아차린다. 또한 계속 숨을 얕게 호흡하고 있음을 알아차린다. 당신이 무엇을 하고 있는지 알아차린다면 분명 당신에게 도움이 될 것이다. 당신은 지금 자신의 흥분에 이러한 방식으로 대처하고 있다.'

전통적인 정신분석가들이 하는 질문은 치료적 가치가 거의 없어 보인다. 이것은 '왜?'라는 질문으로 출발한다. 앞에서 약간 설명했지만, 이 주제는 중요하기 때문에 여기서 다시 설명하겠다.

'왜?'라는 질문은 오직 그럴듯한 대답, 방어, 합리화, 변명을 이끌어 낼 뿐이다. 그 질문은 하나의 원인으로 사건을 설명할 수 있다는 망상에서 나왔다. '왜?'라는 질문은 목적, 근원, 배경을 분간하지 못한다. 탐색을 핑계로 대며, 그 어떤 말보다 인간을 혼란스럽게 만든다. 그러나 '어떻게?'라는 질문은 그렇지 않다. '어떻게'는 사건의 구조를 탐색한다. 구조가 분명해지면 '왜?'에 대한 답은 자동적으로 나온다. 우리가 두통의 구조를 밝혀내면, '왜'라고 묻기 좋아하는 사람들의 모든 질문에 대답할 수 있다. 내담자는 눈물을 참았기에, 자신을 표현하지 않았기에, 근육을 긴장시키기에, 자신을 차단하기에, 울지 말라는 명령을 내사하였기에 등 여러 이유로 두통을 느꼈다고 말할 수 있다. 구조 대신에 원인을 찾는 데 시간을 보낸다면, 치료자는 차라리 치료를 포기하고 고민이나 하는 어머니들의 대열에 들어가는 것이 낫다. 그런 어머니들은 대개 '왜 우리 아이가 감기에 걸렸지?' '넌 왜 그렇게 못됐니?'라고 초점 없는 질문을 한다.

물론 치료자의 질문은 내담자 내면의 흐름을 방해한다. 질문은 내면을 침범하면서 때때로 작은 충격을 주기도 한다. 치료자가 질문을 던지는 행위는 치료를 불공평한 상황으로 몰고 간다. 만약 치료자가 내담자의 요구는 들어주지 않으면서 질문을 자유롭게 한다면, 이것은 불공평한 상황이고 권위적인 관계가 아닌가? 그리고 치료자를 권력의 자리에서 평등한 자리로 옮기려는 우리의 노력과 상반되지 않겠는가? 솔직히 이 모순을 해결하면서 길을 찾기란 쉽지 않다. 그러나 **지지**와 **좌절**의 치료적 모순을 해결한다면, 치료는 올바른 과정에 돌입한다.

물론 치료자만 질문을 하는 것은 아니다. 내담자의 질문은 일일이 열거할 수조차 없을 정도로 많다. 영리하게 치료를 도와주는 질문도 있고, 짜증스럽게 반복하는 질문도 있다. 내담자가 어떤 것의 의미를 이해하지 못했을 때 "뭐라고 말했나요?" "무슨 뜻이죠?"라고 물을 수 있다. 따라서 내담자의 질문이 언제나 혼란에서 나온다고 단정할 수는 없다. 때때로 내담자는 치료자를 믿지 못해서 시험 삼아 질문을 한다. 내담자가 강박적인 의심을 한다면, 똑같은 질문을 반복해서 할지도 모른다.

내담자의 질문은 대부분 지적인 만족감을 얻으려는 경우가 많으며, 이는 언어적 설명이 이해를 대신한다는 생각에서 비롯된다. 내담자가 해석에 의존하는 동안 정서적으로 특별히 차단되어 있다면, 그들은 신경증의 누에고치 안에서 즐겁게 지내면서 기분 좋게 그르렁대며 머물러 있으려고 할 것이다.

내담자의 질문을 좌절시키려는 생각은 심리치료 그 자체만큼이나 오래되었다. "왜 이것을 물어보시는 건가요?" 라는 치료자의 간단한 질문조차도 내담자가 자신의 자원을 볼 수 있게 하려는 의미를 담고 있다. 그러나 앞서 말했듯이 '왜?' 라는 질문은 매우 부적합하다. 우리는 내담자의 질문의 구조, 즉 질문하게 된 배경을 이끌어 내기를 원한다. 이 과정에서 자기(self)에게 접근할 수 있다. 그래서 내담자에게 질문을 주장(proposition)이나 평서문(statement)으로 바꾸도록 요구하는 기법을 사용한다.

처음에 그들은 질문을 다른 단어로 바꾸어 표현하려고 하겠지만, 여전히 '나는 무엇이 궁금하다.' 는 의문에 매달려 있다. 우리는 반복해서 요구한다. 그러면 내담자는 이렇게 말할지 모른다. "나는 이것이나 저것을 생각하는 것 같은데, 당신은 뭐라고 생각해요?" 이것은 최소한 한 걸음 전진했다고 할 수 있다. 그래도 지금 내담자는 확실하게 자신의 의견을 말하지 못하고 치료자의 동의를 요구한다. 우리는 더 깊이 들어갈 수 있으며, 또 다른 형태로 질문할 수 있다. 그러면 내담자는 숨겨 놓았던 많은 이야기를 풀어놓을지 모른다. 그 예는 다음과 같다.

**내담자**: 지지라는 것이 당신에게는 어떤 의미이지요?

**치료자**: 그 말을 평서문으로 바꿔 말해 보실래요?

**내담자**: 나는 알고 싶어요. 당신에게 지지란 말이 무슨 뜻인지요.

**치료자**: 아직도 질문이네요. 한 번 더 평서문으로 바꿔 보실래요?

내담자 : 내가 할 수만 있다면 당신이 정말로 그 질문 좀 안 하게 하고 싶어요.

여기서 내담자는 조금은 직접적인 자기표현을 했다. 이것은 사회적으로 받아들일 수 없는 적대감일 수 있다. 평서문은 내담자에게 알아차림을 향상시킴으로써 자기 지지를 강화한다. 5장 초반에 언급했던 다섯 가지 질문으로 진행할 수 있더라도 이 질문만 사용하지는 않는다. 치료자가 초기에 물어보는 알아차림 질문은 내담자가 자기(self)에 이르도록 돕는 수단이다. 그리고 내담자의 평서문과 치료자를 조종하는 방법은 우리에게 단서를 준다. 그 단서는 신경증 내담자가 실존적인 붕괴에 처할 때 자신을 지켜 주는 신경증 기제를 가리킨다. 내담자의 평서문은 더 깊은 질문을 하기 위한 실마리가 되고, 어쩌면 더 특별한 것이 될지도 모른다.

내담자의 방어기제에는 본질적으로 책임을 피하려는 목적이 숨어 있다. 그에게 책임을 지라고 요구하는 것은 비난으로 들린다. 내담자는 비난을 두려워하는 만큼이나 여차하면 누군가를 비난할 준비가 되어 있다. "내 태도에 대해 나 자신이 책임질 것은 없어. 이것은 신경증 그 녀석 잘못이야." 그러나 책임감이란 진정으로 반응하는 능력이며, 반응을 선택하는 능력이다. 투사, 내사, 융합, 반전으로 자신을 분열했든지 아니든지 간에, 신경증 내담자는 반응과 선택의 자유에 대한 책임을 포기했다.

신경증 내담자의 통합을 돕기 위해서는 어떤 책임이라도 기꺼이 지게 만들어야 한다. 이 점은 치료자 역시 마찬가지다. 치료자는 내담자에 대한 반응에 책임감이 있어야 한다. 치료자는 내담자의 신경증이나 비참함, 오해에 대해 책임질 필요가 없다. 그러나 내담자를 치료할 때 치료자 자신의 동기와 진행, 치료적 상황에 대해서는 책임을 져야 한다.

치료자가 일차적으로 책임질 일은 내담자가 진심이 담겨 있지 않은 공허한 주장이나 행동을 못하도록 하는 것이다. 그렇지 않으면 내담자는 자기 반응에 대해 책임을 지려고 하지 않을 수 있다. 이것은 신경증 기제가 나타나는 대로 치료자가 다루어야 한다는 사실을 뜻한다. 내담자는 기제를 통합해야 하고, 그것을 자기표현으로 바꾸어서 자신을 진실하게 탐색할 수 있어야 한다.

이 신경증 기제를 어떻게 다루어야 하는가? 어떤 내담자는 눈물을 참다가 두통을 느끼고, 어떤 내담자는 갑작스러운 불안감 때문에 호흡 곤란을 겪는다. 두통과 호흡 곤란 둘 다 신체화 증상인데, 이것의 요점은 '문제가 서로 얽혀 버린 상태'라는 것이다. 전자는 눈물을 참으려고 눈 주위 근육을 긴장시키고, 후자는 불안감을 다루기 위해 호흡을 정지시키는 것이다. 눈물-두통, 불안-호흡 곤란의 관계에서, 내담자는 눈물과 불안감을 피하려고 신체를 통제하고 있는 것이다.

반전의 증거는 무엇인가? '나 자신'이라는 표현뿐만 아니라 행동에서 나타날 때도 많다. 예를 들어, 내담자가 이야기 도중 자기 손바닥을 주먹으로 때렸음을 치료자가 보았다고 하자. 이것은 분명히 반전 행동이다. 치료자가 내담자에게 "누구를 때리고 싶나요?"라고 물으면, 내담자는 당황하면서 말한다. "아, 이것은 그저 습관입니다." 내담자는 이 순간에 자신의 행동에 대해서 책임을 지지 않고 있다. 그러나 치료가 계속되고 내담자의 알아차림이 깊어지면 책임감 역시 강해진다. 신경질적인 습관을 계속 유지하다가도 어느 날 치료자의 질문에 내담자는 솔직하게 말할지 모른다. 그 사람은 아마 어머니, 아버지, 직장 상사 또는 자기 자신일 수도 있다. 그 대상이 누구든 간에, 내담자가 여기서 자신의 행동과 대상과 자신을 알아차렸다는 점이 중요하다. 치료자는 그 상황을 지나가지 않겠지만, 나는 그것을 여기서 자세히 말하지 않고 다음 장에서 설명하겠다.

아주 빨리, 아주 분명하게, 아주 부드럽게 내담자의 반응이 변화하는 모습을 본다는 것은 게슈탈트 치료를 잘 모르는 사람들에게 때로는 깜짝 놀랄 만한 일이다. 마치 내담자가 자신을 표현할 기회를 절실하게 기다린 것처럼 느껴질 때도 있다. 이것은 다른 사람뿐만 아니라 내담자 역시 놀라워한다.

내담자가 투사로 짐작되는 말을 할 때는 내담자에게 몇 가지 행동을 지시하여 투사를 다룰 수 있다. 만약 두통이 있는 내담자가 '이것'이란 대명사로 "이것이 나를 힘들게 해요."라고 표현한다면, 먼저 내담자와 두통을 연결한다. 이것은 내담자가 스스로 두통을 어떻게 만들어 내는지 볼 수 있도록 유도한다. 그리하여 내담자는 두통이 더 이상 '이것'이 아니라 자신의 일부분임을 배운다. 내담자가 "저들이 나를 좋아하지 않아요."

"저들은 나를 따돌려요."라고 말한다면, 내담자에게 다음과 같이 말하도록 부탁한다. "나는 저들을 좋아하지 않아요." "나는 언제나 사람들을 따돌려요." 이것을 반복해서 말하게 하여 진실한 자기표현을 할 수 있도록 한다.

내사는 이와 상반된 방식으로 다룰 수 있다. 내담자가 내사한 것에 대해 자신의 태도를 알아차리도록 도와준다. 정서적인 알아차림이 어떤 영향을 미치는지 지켜보는 것은 흥미롭다. 내담자는 통째로 삼켜 버린 내사물에 대해 무척 재빨리 신체적인 혐오감을 느끼고 내던져 버리고 싶어 한다.

내담자에게 실험을 요구할 때가 많다. 내담자가 무엇을 하고, 무엇을 하지 않는지 관찰하면서 내담자에게 알맞은 실험을 생각해 낸다. 실험의 목적은 내담자가 어떻게 자신을 차단하고 가로막고 있는지 알아차리게 하는 것이다. 치료적 실험에서 목표를 달성하기란 쉽지 않다. 내담자가 치료자를 조종하기 위해서 어떤 행동을 하더라도 치료자는 강하게 버티어야 한다. 내담자는 반복해서 시도하지만 언제나 좌절을 겪는다. 마침내 내담자는 자신이 무엇을 하고 있는지 알아차릴 날이 온다.

반대로 내담자가 완전히 차단되어 있다면 그러한 신호를 보여 준다. 내담자는 부끄러워하며 말을 더듬을지 모른다. 지금 내담자는 아직도 환상에만 머물고 현실적인 행동을 하지 못하기 때문에, 우리는 환상 실험을 계속하려고 한다.

**치료자 :** 당신이 그 말을 할 때 제가 어떻게 반응할 것이라

고 생각하나요?

**내담자**: 음. '이런 끔찍한 인간이 다 있다니.' 하고 생각할 것 같아요.

**치료자**: 당신이 제게 '이런 끔찍한 인간이 다 있다니.'라고 생각하게 할 만한 상황을 말해 줄 수 있나요?

**내담자**: (커진 목소리로) 바로 이거예요. 나를 이렇게 곤란한 상황에 빠뜨리는 당신이 참 끔찍해요.

**치료자**: 제가 어떻게 곤란한 상황에 빠뜨리는지 좀 더 자세히 말해 주시겠어요?

내담자는 지금 좀 더 자유로워졌다. 그는 사이코드라마를 할 준비가 되어 있을지 모른다. 누군가가 다른 사람을 곤란하게 만드는 환상으로 심리극을 할 수도 있다. 이로써 내담자는 치료자가 자신을 곤란하게 한다는 투사와 또 다른 투사를 자기 표현으로 바꿀 수 있다. 내담자는 회기가 끝날 무렵 알게 된다. 타인을 곤란에 빠뜨리는 기쁨을 차단하기 위해 자신을 곤란에 빠뜨리고 있다는 사실을 말이다.

내담자는 투사된 갈등을 지금 자기 것으로 받아들이고 있으며, 우리는 이 두 가지 요소(차단하는 행동과 곤란하게 만드는 행동)를 통합할 수 있다. 예를 들어, 내담자가 치료자의 노력을 헛되게 만들어 치료자를 궁지에 빠트리려 한다는 사실을 우리가 알았다고 해 보자. 내담자는 그런 식으로 치료자를 통제하고 무기력하게 만든다. 이 사실을 빨리 밝혀내지 못한다면 치료의 전

과정이 매우 힘들어진다. 치료자는 내담자에게 사람을 통제하고 싶은 욕구에 관해 상상하도록 제안한다. 내담자는 다른 사람들이 자신에게 상처를 줄 수 없도록 그들을 괴롭히고 있는 모습을 상상한다. 그러면 우리는 투사한 미움을 자신의 것으로 받아들일 수 있으며, 상처 주기와 괴롭히기를 통합할 수 있다. 이전에 차단하기와 곤란에 빠트리기를 통합했던 것처럼 말이다.

이때 치료자가 내담자의 신체적 움직임을 보았다고 가정하자. 아마 내담자는 주먹을 쥐거나 갑작스럽게 팔다리를 움직일 것이다. 이러한 표현 속에 내담자의 전반적인 성격이 반영되어 있다. 조금 전까지 내담자는 팔이 경직되어 있었고, 지금은 어깨를 떨고 있다. 평소 하던 대로 괴롭힘을 당하고 있다고 느끼는 것 대신에 지금은 내담자가 타인을 괴롭히고 싶어 한다는 사실을 알게 되었을지 모른다. 그렇다면 이것은 그가 몸으로 공격성을 표현하고, 파괴하고 동화하는 방향으로 첫걸음을 내딛었음을 의미한다.

설명을 지나치게 축약했지만 이것은 중요한 세 가지를 말해 준다. 첫째, 치료자는 환상이나 신체적인 현실 어느 쪽이든지 언제나 현재에 일어난 일을 다루어야 한다. 둘째, 회기에서 일어난 일은 즉각 통합하여 미해결 과제를 남기지 말아야 한다. 마지막으로, 치료자는 기억이나 언어가 아니라 체험을 다루어야 한다. 실제로 내담자들은 정신분석을 받았던 몇 달보다 게슈탈트 치료 몇 회기에서 더 의미 있는 경험을 했다고 말하는 경우가 많다. 심지어 치료자를 기분 좋게 해 주려는 내담자의 욕구를 감안하더라도 이런 평가는 너무나 많아서 무시하기 힘들다.

다른 치료와 마찬가지로 게슈탈트 치료에도 문제점은 있다. 그것은 내담자가 치료 기법에 자신을 맞추는 것이다. 그러면서 인위적으로 만들어 낸 경험으로 치료자를 조종하여 기쁘게 만들고, 동시에 자신의 고통과 싸움에서 도망친다. 이때 치료는 가짜 경험을 만들어 내는 그 행동에 초점을 두어야 하고, 치료자는 내담자의 '…인 척하는' 태도를 다루어야 한다.

우리는 내담자에게 과제를 제안한다. 과제는 치료를 현저하게 촉진할 수 있다. 물론 과제를 내주는 동기에는 좋은 의도가 담겨 있어야 한다. 그리고 과제를 충실하게 하도록 약속을 해야 한다. 그러나 과제 중 대부분은 실패한다. 내담자는 위험한 영역에 접근하자마자 여러 방법으로 피해 버린다.

이론적으로 과제는 상당히 간단해서 내담자가 미루는 이유를 이해할 수 없을 정도다. 과제를 수행하면 시간과 돈을 절약할 수 있다. 그러나 신경증 내담자는 치료받기를 원하면서도 또한 신경증과 함께 사는 것에 안도감을 느낀다. 그러나 사실 그는 두려워한다. 치료가 성공하면 자신이 끝없는 구렁텅이로 빠지지 않을까 무서워한다. 내담자는 자기가 모르는 곳으로 날아가기보다 차라리 질병을 안고 살아가기를 바라는 경우도 있다. 그러나 치료를 하면서 자기 지지의 힘을 더 많이 키우면 결국 내담자는 이 과제를 해낼 수 있다.

과제는 알아차림 기술을 체계적으로 응용하여 치료 회기를 회상하는 활동이다. 회상은 모든 치료에서 거의 하는 일이다. 어떤 내담자는 회기에서 재미난 일을 기억한다. 어떤 이들은 즐겁고 화나고 혼란스럽고 우울한 일을 말한다. 다른 이들은 치료실을 나서자마자 있었던 모든 일을 잊어버린다.

치료자가 내담자에게 질문을 하면, 내담자는 치료 회기의 기억을 떠올린다. 내담자는 무엇을 경험하는가? 어려움 없이 회기를 보낼 수 있는가? 자신의 맹점을 볼 수 있는가? 그렇다면 이 맹점을 알아차리는가? 다시 말해, 설명할 수 없을 만큼 희미하고 혼란스러운 어떤 것을 느끼는가? 자신이 느끼는 모든 것을 치료자에게 표현하는가? 지금 내담자가 자기표현을 진심으로 할 수 있는가? 내담자는 자신이 피하거나 차단하고 있는 표현을 알아차리는가? 다른 말로 내담자는 정서, 움직임, 감각, 시각화, 언어화 중 어디에 더 비중을 두고 있는가? 그는 느낀 것을 말하고, 무엇을 말하고 있는지 알고 아는가?

내가 소개한 예와 기법은 평범하고 단조롭다. 정신분석학자들의 고고학 탐사와 차이가 난다. 어느 날 그들은 거세 콤플렉스를 발견하고, 다음 날 오이디푸스 콤플렉스를 파헤칠 것이다. 그리고 그다음 날 외상적 사건의 초기 기억을 회상한다. 그러나 게슈탈트 치료는 주제가 단조로워 보여도 각 회기에 흐르는 정서의 강도는 매우 강하다. 정서는 행위를 일으키는 근본적인 힘이다. 현대인의 가장 심각한 문제는 극단적인 정서 이외에 자신에게 완전히 무감각하다는 사실이다. 정서에 둔감해지면 자유롭게 선택할 수 없어 효과적인 행동을 하기 어려워진다.

문제를 파악하는 우리의 방법은 꽤 쓸모가 많다. 치료의 목적은 내담자에게 도구를 주는 것이고, 그 도구란 자신의 문제를 풀어 갈 수 있도록 만드는 자기 지지다. 자기 지지를 갖추게 되었을 때, 우리는 상황에 맞추어 효과적으로 대처할 수 있다. 한 번에 하나의 문만 열 수 있듯이, 한 번에 한 겹의 양파 껍질만을 벗길 수 있다. 각 껍질은 신경증의 한 부분이다. 그 껍질을 하나씩 다루어 나갈 때, 문제가 해결될 수 있다. 그 문제가 해결될 때마다, 내담자는 점점 좋아진다. 문제가 달라지면, 그 특성도 달라진다. 한 단계 한 단계 밟아 나가는 것처럼, 각 회기에서 내담자의 자기 지지가 조금씩 증가되기 때문에 다음 단계는 훨씬 더 수월해진다.

CHAPTER 06

# 셔틀링, 사이코드라마 그리고 혼란

알아차림 기법만으로는 한계가 있다. 알아차림에 능숙해지기 위해 몇 년이 걸릴지도 모른다. 정신분석처럼 오랜 시간이 걸릴 수 있다. 마음의 고통을 느끼는 이들과 자신의 잠재력을 살리지 못하는 사람들이 빠르게 늘어나고 있지만, 정신의학은 그들을 쫓아가서 도와주지 못한다. 정신분석 치료에서 사회적 위기를 다룰 만한 도구를 찾지 못했는데, 우리가 알아차림 기법에만 매달린다면 역시나 달라질 바는 없을 것이다.

그러나 환상과 현실의 관계를 이해하면서, 우리는 치료에 상상하기와 상상의 강도를 높이는 여러 방법—상상의 언어화, 글쓰기, 사이코드라마와 같은 행동 표현—을 이용할 수 있다. 우리는 내담자와 함께 사이코드라마를 하거나 내담자에게 모노테라피(Monotherapy)처럼 혼자 해 보도록 요구할 수 있다.

모노테라피에서 내담자는 스스로 무대, 배우, 소품, 연출,

표현을 창조한다. 이것은 내담자에게 환상 속에 있는 모든 존재가 자신의 것임을 알게 하고, 내면에 있는 갈등을 들여다볼 수 있는 기회를 준다. 모노테라피는 흔히 일반적인 사이코드라마에서 볼 수 있는 다른 이들의 충고와 오염의 문제를 피할 수 있다.

우리는 몇 가지 기법을 자주 사용한다. 우선 셔틀링 기법(shuttle technique)에 관해 설명하겠다. 이것은 새로운 기법이 아니다. 꿈과 자유연상 사이를 오가는 방식으로, 이것을 사용하여 정신분석은 꿈을 분석한다. 그러나 게슈탈트 치료에서는 이 기법을 보다 체계적이고 특별한 방식으로 사용하기 때문에 새롭다고 말할 수 있다. 나는 이것을 급성 불안을 겪는 내담자에게 사용했음을 이전에 설명했다. 내담자에게 주의를 호흡에서 근육으로, 근육에서 다시 호흡으로 오가게 했다. 이 둘의 관계가 명확해지고 내담자가 자유롭게 숨을 쉴 수 있을 때까지 이 방법을 계속한다. 셔틀링 기법은 울고 싶은 욕구와 두통의 융합 패턴을 멈추게 할 수 있다.

나의 첫 번째 기적적인 치료는 이 기법을 직관적으로 활용했기 때문에 가능했다. 한 청년이 나에게 발기불능의 문제를 호소했다. 청년은 나에게 가족 상황, 사회적 행동, 자신의 배경 등에 관해 자세하게 말했다. 그중에 흥미로운 점이 하나 있었다. 이 청년은 몸이 건강했는데도 만성 비염 때문에 이비인후과 전문의에게서 치료를 받고 있었다. 이 사실은 그의 문제를 풀 수 있는 분명한 단서로 느껴졌다. 생식기 영역의 문제가 코

점막의 팽창으로 전치될 수 있다는 플라이스와 프로이트(Fleiss-Freud)의 관찰을 생각하면서, 나는 내담자에게 병원 치료를 한동안 그만둘 수 있는지 물었다. 그는 동의했다. 다음 회기에서 코의 느낌과 생식기의 느낌에 번갈아 주의를 기울이도록 그에게 지시했다. 그러자 신기한 일이 일어났다. 팽창된 코 점막이 가라앉았고 음경이 발기하였다. 지금 내담자는 편안하게 숨을 쉬고 섹스를 할 수 있을지 모른다. 내담자는 음경 발기를 차단하고, 콧속의 느낌과 팽창으로 바꾸어 버렸으며, 심지어 통증을 달리 느껴 각각의 전문의를 찾았다. 이비인후과 의사는 분열된 통증만을 다루었고, 지엽적인 '원인'만을 찾으려 했다. 반면에 나는 게슈탈트 접근으로 전체 상황을 관찰하고, 장의 구조를 탐색하며, 전반적인 맥락에서 문제를 생각하고, 통합적인 방식으로 다루었다.

통합적인 관점으로 전치(displacement)를 생각한다면, 전치가 발생한 그 장소에서 이것을 다룰 수 없다는 것은 분명하다. 왜냐하면, 그 장소에서 전치는 기능적인 의미가 없기 때문이다. 전치는 반드시 그것이 속해 있던 원래 장소로 되돌아가야 한다. 전치가 의미 있는 그 장소에서만 이것을 해결할 수 있다. 눈물을 참아서 고통스러워하는 내담자는 오직 눈물로서 고통을 떠나보낼 수 있다. 정액이 들어 있는 고환으로부터 눈동자로 전치가 발생한 내담자를 몇 번 만난 적이 있었다. 그의 고통을 원래 장소로 돌려보내야만 치료를 할 수 있다. 그때서야 그는 오르가슴을 충분히 느끼고 증상에서 자유로워진다.

또 다른 예를 보자. 이는 놀랍지는 않지만 생각해 볼 만하다. 기억과 연상 사이에 정신분석가들이 했던 것과 달리, 우리는 '기억의 재현'과 '지금-여기 사이'에 셔틀링 기법을 쓴다. 이전에 말했듯이, 우리는 치료 회기에서 모든 시간을 마치 지금-여기인 것처럼 다룬다. 알아차림과 경험은 오직 현재에서만 이루어진다. 가장 생생하게 눈앞에 재현한 기억이라 하더라도 우리는 이것이 과거의 기억임을 알고 있다. 흔히 알고 있는 자기 수용 감각(proprioception, 관절과 근육에서 오는 반응을 이용하여 몸의 위치와 자세를 알 수 있는 감각-역주)은 과거의 기억이 아니다. 이것은 오직 지금-여기에서 경험할 수 있다. 따라서 시각화와 자기 수용 감각 사이에 셔틀링 기법을 쓴다면, 우리는 맹점을 밝히고 미해결 과제를 완성할 수 있다. 훈련받은 치료자는 내담자의 어깨 떨림이나 발의 움직임과 같은 무의식적인 행동을 볼 것이며, 내담자가 그것을 볼 수 있도록 안내한다.

최근에 힘들었던 일을 내담자가 떠올린다고 해 보자. 그가 첫 회기에 말한 내용은 자신이 직장에서 예민해진다는 것이었다. 아무도 자신을 제대로 대우해 주지 않았다. 기분 좋을 만한 일은 전혀 없으며, 사무실 분위기는 짜증스럽기만 했다. 사소한 일에도 화가 났다. 그날도 구내식당에서 일어난 일은 사소했다. 그러나 그는 고통스러웠으며, 왜 그렇게 자신의 마음이 혼란스러웠는지 이해할 수 없었다.

우리는 그때 사건을 지금-여기에서 일어난 일처럼 생각하며 대화를 나눈다.

내담자 : 저는 식당에 앉아 있습니다. 사장님은 몇 테이블 건너 앉아 있어요.

치료자 : 당신은 무엇을 느끼나요?

내담자 : 아무것도 없어요. 사장님은 누군가와 이야기를 나누고 있습니다.

치료자 : 지금 무엇을 느끼나요?

내담자 : 가슴이 두근거려요. 사장님이 제 쪽으로 오고 있어요. 심장이 뛰어요. 사장님은 제 옆을 지나가고 있어요.

치료자 : 지금은 무엇을 느끼나요?

내담자 : 아무것도, 별 느낌이 없어요.

치료자 : 당신이 지금 주먹을 쥐고 있다는 것을 알고 있나요?

내담자 : 아뇨, 몰랐어요. 지금 말해 주니까 알았어요. 사실…… 전 화나 있어요. 사장님과 이야기를 나눈 사람은 제가 제일 싫어하는 인간입니다. 이렇게 예민하게 구는 나 자신에게도 화가 나요.

치료자 : 당신은 또 누구에게 화가 납니까?

내담자 : 있어요. 사장님이 그 녀석과 이야기를 하려고 걸음을 멈췄어요. 그는 뭐가 잘났다고 사장을 귀찮게 할까요? 보세요. 내 팔이 다 떨려요. 지금 당장이라도 그 더러운 아첨꾼을 때려 주고 싶어요.

우리는 다음 단계로 들어가서 내담자의 느낌과 투사 간에 셔틀링 기법을 쓸 수 있다. 그 장면으로 다시 되돌아가 보자. 여기서 '아첨꾼'이란 말이 의심스럽다. 내담자가 불안을 느꼈을 때, 그가 사장에게 화가 났던 것은 아니었다. 그는 예민하게 구는 자신과 아첨꾼처럼 행동하는 직원에게 분노를 느낀 것이다.

치료자 : 사장이 테이블에서 일어났을 때의 상황으로 돌아가 봅시다. 그 장면을 떠올렸을 때 무엇을 느낍니까?

내담자 : 음…… 사장님이 일어나고 있어요. 저를 향해 걸어오고 있어요. 가슴이 뛰어요. 저에게 말을 걸어 주었으면 좋겠어요. 얼굴이 화끈거리네요. 지금 저를 그냥 지나쳐 버렸어요. 매우 실망스럽네요.

이것은 내담자에게 작은 상처를 주었던 상황이다. 사장이 가까이 오고 있을 때 느꼈던 흥분은 적절하게 표현되지 못했다. 그리고 사장이 자신에게 말을 걸어 주기 바랐던 그의 긍정적인 카섹시스는 경쟁자를 향한 부정적인 카섹시스로 바뀌었다. 부정적 카섹시스는 나중에 밝혀지겠지만 실제로 내담자가 자신의 필요와 욕망을 채우기 위해 시도된 투사다.

생략된 내용을 찾기 위해 셔틀링 기법을 내담자에게 사용할 때, 처음에 그는 매우 힘들어한다. 그러나 시간이 지나면서 점차 쉬워지고 좋은 결과를 이끌어 낸다. 예컨대, 어떤 내담자는 전혀 듣지 않는다. 다른 이들은 표현할 감정이 없다. 또 다른 이들은 말로 표현하지 못한다. 자기표현을 할 수 있는 힘이 부족한 내담자도 있다. 이론적으로 가장 단순한 문제인 자기표현의 어려움을 살펴보자.

꽤 성공한 중년 남자가 있다. 이 남자를 통곡의 벽 앞에라도 데리고 가야 할 듯했다. 그는 자신의 아내, 자녀들, 직원, 경쟁자들에 대해 끝없는 불평을 쏟아 냈다. 그러나 우리는 내담자의 간접적인 표현을 방관하지 않는다. 치료자를 성가신 아내, 자녀, 그 밖의 다른 사람으로 생각하게 하여 심리극을 하듯이 말하게 만든다. 일반적인 연습이나 훈련처럼 내담자에게 완벽하게 할 필요는 없다고 말해 준다. 그는 자신을 차단하지 않아야 한다. 이 실험의 목적은 내담자가 자신의 에너지를 어떻게 차단하고 있는지 알아차리는 것이며, 내담자가 할 일은 차단된 영역이나 억압을 표현하는 것이라고 설명해 준다.

그런 상황에서 주의를 이동할 세 가지 대상을 찾아낸다. 내담자의 불평(치료자의 지지를 받기 위한 조종), 부적절한 자기표현(좋은 접촉과 자기 지지가 부족한 상태) 그리고 억제(inhibition, 내담자의 자기 차단)가 있다. 그러면 다음과 같은 상황을 가정해 보자.

내담자 : 아내는 저에게 전혀 신경을 쓰지 않습니다. (이것은 불평이며, 지지를 받기 위해 외부 세상을 조종하는 수단이다.)

치료자 : 그것을 아내에게 말하는 장면을 상상해 볼 수 있나요? (내담자에게 치료자의 지지를 바라지 않고 직접 자신의 의견을 표현하도록 유도한다.)

내담자 : 아니요, 할 수 없어요. 제가 말을 꺼내자마자 아내

는 가로막을 겁니다. (내담자는 또 불평을 한다.)

치료자: 그것을 아내에게 말해 보겠습니까? (내담자가 직접 말하도록 다시 요구한다.)

내담자: 아니요, 아무리 그래도 저는 말하지 않을 겁니다. (이것 역시 여전히 불평이다. 그러나 이것은 최소한 직접적인 표현이다. 치료자는 내담자의 작은 목소리와 내용이 일치하지 않음을 알아차린다.)

치료자: 당신이 방금 말한 목소리를 들을 수 있나요? (불평에서 부적절한 자기표현으로 주의를 보내게 한다.)

내담자: 네. 목소리가 조금 작았죠. (자기 차단이다.)

치료자: '당신은 무엇을 해야만 해.' 라는 문장으로 명령을 해 볼 수 있겠습니까? (달리 표현하자면, 이것은 내담자에게 자신을 단순하고, 직접적이며, 적절하게 표현하도록 요구하는 실험이다.)

내담자: 할 수 없어요.

치료자: 지금 기분이 어떠세요? (여기서 우리는 내담자의 행동에 따르는 감각에 주의를 기울이게 한다.)

내담자: 가슴이 쿵쾅거립니다. 불안해요.

치료자: 아내에게 그렇다고 말할 수 있나요?

내담자: 아니요. 전 정말 화가 나요. '당장 입 닥쳐!' 라고 말할 것 같아요. (불평, 자기 차단, 무표정한 반응을 넘어서서 새로운 반응이 나타나고 있다. 이것은 간접적인 자기표현이다.)

치료자: 아내에게 말해 보세요.

내담자 : (고함을 지르며) 닥쳐! 닥치란 말이야. 입 닥쳐!
아…… 나도 말 좀 하잔 말이야. (자기표현이 터져 나왔다.)

치료자는 어떤 설명도 하지 않았다. 내담자는 지금 이 순간 혼자서 작업하고 있다. 그리고 곧이어 그가 말한다. "아내에게 입 닥치라고 말할 수 없었어요. 그러나 지금 나는 아내의 말을 차단하는 상상을 할 수 있어요." 그리고 내담자는 그 차단을 '나도 말 좀 하자.' 라고 표현하기 시작한다.

내담자의 이러한 행동을 어느 선까지 우리가 허용할 수 있을까? 신경질적인 행동화는 내담자에게 해로울 때가 많다. 프로이트는 치료실을 벗어난 일상생활에서 행동화의 위험을 경고했다. 프로이트는 내담자가 신경질적인 경향을 마음속으로 품고 있기를 원했다. 그러나 우리의 강조점은 다르다. 우리는 내담자가 치료실에서 자신이 하고 있는 행동의 의미를 알아차리기를 원한다. 내담자는 치료실에서 환상 속의 행동화로 그 의미를 알 수 있다. 실제로 이것은 게슈탈트 치료의 핵심이다. 일상에서 내담자는 만족스러운 결론을 이끌어 낼 수 없는 행동을 반복하고 있다. 이러한 반복은 그의 미해결된 과제다. 그러나 그는 반복과 행동화로 차단하기 때문에 이런 방식으로 창조적인 해결책에 이를 수 없다. 내담자가 치료실 밖에서 신경질적으로 행동한다면, 내담자에게 실제로 하고 싶은 행동을 환상 속에서 여유 있게 반복해 보라고 요구한다. 이 방식으로 내담자는 자신의 경험을 차단하지 않고 창조적인 해결책을 찾을 수 있다.

우리가 방금 전에 말했던 예와 반대인 경우를 보자. 내담자는 일상에서 신경질적인 경향을 행동으로 나타내 아내와 어려운 관계에 처했다. 치료가 진행되면서, 아내에게 하고 싶었지만 그동안 하지 못했던 말이 꽤 많다는 것을 내담자는 알게 되었다. 그 말은 아내에게 상처를 줄지도 모른다. 내담자는 여전히 창조적인 해결책을 찾지 못했다. 그는 간접적인 가학성에 빠져들어 직접적인 표현을 차단했다. 저녁에 계속 늦거나 아내를 무시하고 짜증 나는 행동을 한다. 이럴 때 내담자에게 현실에서 할 수 없는 것을 치료실에서 해 보도록 제안할 수 있다. 차단을 제거하기 위해 아내가 없는 상태에서 표현하는 장면을 상상해 보도록 지시한다. 그러면 그의 두려움이 줄어들 것이다. 처음에 내담자는 현실과 마찬가지로 환상 속의 아내에게 말하기를 주저할지 모른다. 그러나 익숙해지면 내담자는 치료자를 마치 아내인 것처럼 생각하면서 표현할 것이다. 그는 분노를 한껏 쏟아 낼 것이다. 그러면서 내담자는 분노를 다룰 수 있는 방법을 배우고, 간접적인 가학적 성향으로 돌아가지 않아도 된다.

듣지 못하는 내담자들이 있다. 그들은 치료자를 끊임없는 말로 숨통을 조이며 치료자를 방해한다. 그들은 주의를 기울이는 것처럼 보인다. 그러나 치료자의 이야기는 한 귀로 듣고 한 귀로 흘릴 뿐이다. 이들은 정말로 치료자의 이야기를 듣지 않는다. 이들은 치료자의 요구와 말을 잘못 해석한다. 우리는 이 내담자에게 셔틀링 기법을 적용하여 지금 어떻게 말하고 있는지, 어떻게 듣고 있는지 주의를 기울이게 한다. "당신이 이 말을 하고 있다는 것을 알아차리고 있나요?" 그들은 대개 기억한다고 말하지만 알아차리지 못할 때가 더 많다. 입에 대해 무감각하다면 이런 경우는 자주 생긴다. 그러면 말할 때 입술과 혀의 움직임을 알아차리게끔 내담자에게 요구한다. 내담자가 듣는 것을 배우고 말하는 것을 느꼈다면, 내담자는 중요한 단계를 통과한 셈이다.

이 단계를 통과했다면, 다른 사람에게 귀를 기울이고 비언어적인 대화도 잘 이해할 수 있다. 강박적인 대화의 경우에는 환경과 자기 자신 모두를 쫓아내 버린다. 이것은 자기 차단 기술이다. 그들은 무엇을 차단하고 있는가? 더 깊이 탐색하고 실험하면서 알 수 있다.

쉴 새 없이 떠들지 않으면 흥분을 해소하지 못하여 심한 불안에 휩싸이는 내담자들을 자주 만났다. 그들은 강박적으로 대화를 하고, 다른 모든 강박처럼 대화를 차단하면서 심한 스트레스를 느낀다.

셔틀링 기법 외에도 알아차림을 돕는 방법이 있다. 셔틀링은 자신의 행동의 관계를 선명하게 바라봄으로써 알아차림을 섬세하게 한다. 자기표현을 격려하는 다른 기법으로 알아차림과 자기 지지의 힘을 키워 줄 수 있다. 우리 이외에도 재동일시(reidentification)를 자기표현의 방법으로 이용하는 몇몇 학파가 있다. 모두 본질적으로 통합적 접근이지만, 나는 모레노(Moreno)의 사이코드라마를 선택할 것이다. 이것은 가장 생생한 기법 중

하나이며, 셔틀링 기법이 어떻게 응용될 수 있는지 보여 준다.

모레노의 사이코드라마의 본질은 한 내담자에게 여러 역할을 하도록 요구하는 것이다. 예를 들어, 고통받는 아이의 역할을 하다가 괴롭히는 아이로 역할을 바꾸어 본다. 이 방법으로 내담자는 스스로 자신을 괴롭히고 있음을 알아차리고, 괴롭히는 초자아(superego)가 '상상 속의 어머니(또는 내사)'라는 사실도 배운다. 그리고 동시에 자기 자신이 괴롭히는 자와 괴롭힘을 당하는 자가 되고 있음을 알게 된다. 상전(topdog, 내사된 가치관이나 도덕적 명령)과 하인(underdog, 억압되고 희생당하는 인격의 측면)의 끝없는 싸움으로부터 벗어나도록 도와줘야 한다. 이 싸움에 순응하지 않고 싸움을 통합시킬 수 있는 방향으로 치료하는 일이 중요하다.

사이코드라마는 앞서 예로 들었던 두통 문제에 유용하다. 당신은 심인증적 표현인 두통이 최종적으로 '울면 안 돼.'와 '나를 울게 내버려 둬.'라는 상반된 명령문으로 나타난다는 사실을 알고 있다. 지금 사이코드라마의 무대에 그 내담자가 올라가 있다고 상상해 보자. 자기 인격의 분열을 이해한 후에 내담자는 '울면 안 돼.'의 입장과 '나를 울게 내버려 둬.'의 입장으로 나누어 연기를 한다. '울면 안 돼.'의 입장을 연기하는 동안 내담자는 '내가 울고 싶을 때 울 거야.' 또는 '계집애 같아도 신경 쓰지 않을 거야.'라는 자신의 목소리를 들을 수 있고, 실제로 자신의 완강한 저항을 느끼기도 한다. 내담자는 그 역할을 하는 동안 소녀같이 나약하게 행동하는 남자에게 경멸을 느낄

지도 모른다. 그리고 잠시 후 내담자는 자신에게 연민을 느끼며 '울면 안 돼.'라고 흐느낀다. 그 순간 부정적인 카섹시스('우는 사람들은 어리석고 소녀 같다.')가 긍정적인 카섹시스('우는 사람들을 이해할 수 있다.')로 변화하면서 통합의 길이 열린다. 내담자는 '나를 울게 내버려 둬.'라는 생각을 '잘못된 생각으로 울음을 참지 마. 소녀 같다는 이유로 그러지 마. 차라리 내가 불쌍하니까 울음을 참는 거야.'라고 경험할 수 있다. 그러면 이 회기는 융합의 욕구로 끝이 난다. '나는 울고 있어. 당신이 날 떠날 것 같기 때문이야. 당신이 이런 날 보지 않았으면 좋겠어. 내가 당신을 얼마나 원하는지 그 마음을 당신에게 들키고 싶지 않아.'

우리는 지금 처음 출발했던 곳, 내담자의 자기 지지가 부족했던 처음의 상태로 돌아왔다. 그러나 여기에는 커다란 차이가 있다. 지금 내담자는 프로이트가 말한 신경증으로 비참한 것이 아니라 인간으로서 비참하다. 그는 분열과 두통에서 벗어나 자신과 관계를 맺고 있다. 이 순간에 충분히 통합되었지만 고독으로 불행할 뿐이다. 내담자는 이 불행감을 알아차리고 표현한다. 그리고 책임감을 느끼며 다음 단계로 넘어갈 준비가 되어 있다.

두통을 느끼면서 치료실에 처음 들어올 때 내담자는 치료자와 접촉하지 못했다. 내담자는 자신의 두통과, 치료자는 내담자의 그 두통과 접촉하고 있을 뿐이었다. 다른 사람들의 가면이나 허울처럼 내담자는 두통과의 접촉을 전면으로 내세운다.

그는 가면을 벗지 않으려고 한다. 가면을 쓰고 있으면 갑갑하겠지만 그 가면 뒤에서 느끼는 안전감이 더 중요하기 때문이다. 따라서 내담자는 가면을 벗기를 거부한다. 내담자가 치료실에 와서 두통을 호소한다는 것은 그가 미해결 과제를 받아들일 준비가 되었다는 뜻이다. 이러한 점에서 내담자와 치료자의 생각은 같다. 그가 '나를 편하게 해 주세요. 더 이상 가면이나 증상, 페르소나, 갑옷이 필요 없게 해 주세요.' 라고 말한다고 볼 수 있다. 그러나 치료자는 내담자를 편안하게 해 줄 수 없다. 내담자가 치료자와 접촉하지 않고 두통과 증상에 접촉하고 있기 때문이다.

이 예는 우리가 일반적으로 심인증 증상을 어떻게 다루고 있는지를 보여 준다. 차단이 신체적 수준에서 발생하더라도, 우리는 차단을 일으키는 환상을 탐색하여 게슈탈트를 완성할 수 있다. 우리가 변함없이 발견하는 사실은, 내담자가 자신의 욕구와 상반되는 명령을 상상하고 있다는 점이다. 이 내담자의 욕구는 '날 울게 내버려 둬.' 이고, 그 욕구에 상반되는 명령은 '울지 마!' '어른은 울면 안 돼.' '소녀같이 굴지 마!' 였다. 심지어 '울음을 참지 않으면 슬퍼할 만한 일을 또 안겨 주겠어!' 라는 위협적인 명령도 있다. 바꾸어 말하자면, 울지 말라는 누군가의 명령에 따라 내담자는 행동하고 있다. 어렸을 때 들었던 명령이더라도 지금은 내담자의 것이 되고 말았고, 지금 내담자는 그것에 복종하고 있다.

무의식에 접근하지 않고서도 이 명령을 다룰 수 있는 두 가지 방법이 있다. 일반적으로 내담자는 자신의 욕구를 억제하고 있다는 사실을 스스로 알아차리는 편이다. 그렇지 않은 경우도 있다. 후자의 사례에서 내담자는 자신의 원함을 알아차리지만, 치료자가 울음을 막는다며 투사한다. 내담자가 상반된 명령을 자신의 내사로 보거나, 터질 듯한 감정을 치료자가 억압하고 있다고 생각하든 그렇지 않든 간에, 힘을 충분히 모아서 "날 울게 내버려 둬!"라고 소리 지를 수 있으면, 그 명령에 대항할 수 있다. 내담자가 그 명령을 치료자의 것으로 돌린다면, 다음 단계(역시 무의식과 전혀 상관없는)에서 내담자는 모순적인 행동을 한다. 그것은 치료자가 울지 못하게 말려 주기 바라면서도 한편으로는 울 수 있도록 지지해 주기를 원하는 것이다. 치료자가 이 모순에서 빠져나온다면 그것은 내담자의 모순이 된다. 내담자는 치료자가 울지 못하게 방해한다는 불합리한 자신의 생각을 보게 되며, 자신의 증상에 대해 책임을 진다. 회기가 끝날 무렵 내담자는 자신과 접촉하고, 이것은 타인과 접촉하는 첫걸음이 된다.

두통을 다루기 위해 우리가 라이히의 발견을 빌려 왔다는 사실을 당신은 눈치챘을지 모른다. 나는 라이히에 대해 논쟁하고 싶지도 않고 허버드(Hubbard)에 대해 비판하고 싶지도 않다. 다만 나는 그들의 연구가 알아차림에 도움을 준다는 말을 하고 싶을 뿐이다. 그들이 길을 잃었을지라도, 라이히의 운동계 차단(예: 두통), 허버드의 감각 경험 회귀(구내식당에서 아침 꾼 같은 직원에게 화가 났던 내담자)와 언어적 차단 연구는 자아

기능의 회복을 위해 매우 유용한 치료 도구가 된다.

감각 경험의 회귀는 수십 년 전에 나온 방법이다. 이 방법은 내담자에게 매우 세심하게 상황을 시각화해서 설명하도록 요구한다. 그러면 환상 수준에서 이것을 재경험한다. 언어적 차단에 대해 살펴본다면, 생각을 반복하는 방법 또한 폭넓게 사용할 수 있다. 과거의 중요한 명령을 반복해 보는 방법—실제로 내사이지만—은 치료적 효과를 낼 수 있다. '두통' 사례에서 보다시피, 이 명령은 내담자를 매우 강하게 좌우한다. 그러나 이 명령이 외상적 경험이 아니라 내담자의 생활에 매일 침투하여 영향을 미친다고 생각하는 점에서 허버드와 나는 차이가 있다.

이 기법의 단점은 다음과 같다. 내담자는 어느 정도 자신을 표현할 준비가 되어 있어야 한다. 사이코드라마를 하려면 자신이 싫어하는 역할과 동일시할 수 있어야 한다. 그러나 내담자가 이 기법을 꺼려 하는 모습을 보는 것만으로도 매우 유용하다.

중요한 기법이 또 하나 있다. 이것은 의식에 나타난 차단을 통과해서 혼란을 향해 접근하는 방법이다. 혼란은 접촉을 위한 지지가 약화된 상태다. 내담자의 문제는 혼란의 영역에서 나타날 때가 많다. 이 기법을 논하기 전에, 먼저 혼란은 불쾌하고, 불안하고, 수치스럽고, 혐오스럽게 느껴진다는 점을 말해야겠다. 우리는 이것을 회피, 언어화, 여타 다른 차단 방법으로 강력하게 없애고 싶어 한다. 단순히 내담자가 이 혼란을 알아차리고, 받아들이고, 머무를 수 있도록 도와주는 것만으로도 그는 신경증을 이겨 낼 수 있다. 혼란이 불쾌하다는 이유로 차단하려 들면 오히려 행동이 혼란스러워지면서 위험한 결과가 생길 수 있다. 다른 정서와 마찬가지로 이것을 차단하지 않을 때 혼란은 진정된다. 혼란을 긍정적으로 느끼고 적절한 행동을 찾게 된다.

대개 욕구를 제대로 이해하지 못할 때 혼란이 생긴다. 이해하려고 애쓰지 않는다면 혼란스럽지 않을 것이다. 수준 높은 수학 토론 집단에 당신이 속해 있다고 생각해 보자. 그것에 흥미를 느끼지 못한다면 '내가 상관할 일이 아니군.' 하고 생각하면서 물러난다. 그러나 다른 이유로 관심을 갖고 있어도 수학 용어를 잘 모르고 있다면 혼란스럽다. 바꾸어 말하면, 몇 가지 어려움 때문에 접촉할 수 없는 영역에 접촉하려 할 때 혼란스러워진다. 접촉을 하기 위해 충분한 이해력을 갖추고 있지 못할 수도 있다. 충분한 관심이 필요한 것이 아니라 관심을 가질 필요가 없기 때문에 혼란스러워질지도 모른다. 사람들은 혼란이 불쾌하기 때문에 그것을 해결하려고 노력한다. 분석, 해석, 설명, 합리화로써 혼란을 해결한다. 이것은 신경증 내담자의 패턴이며, 특별히 지적인 사람들에게 심하게 나타난다. 그런데 치료자들이 이런 행동을 부추길 때가 있다. 예를 들어, 정신분석은 지적인 앎을 이해와 동격으로 보는 실수를 저지르곤 한다. 그러나 그러한 앎은 대개 차단 그 자체이며, 너무 빨리 발달을 막아 버리고 실존적 혼란을 그대로 남겨 놓는다. 동시에 지적인 앎은 자기 지지의 힘을 약화시키고, 외부 지지에 의지하게 만들며, 지향성의 폭을 좁혀 버린다. 지향성은 지적인 앎이 아니라 환경으로부터 출발해야 한다.

정신병과 달리 신경증에서 나타나는 혼란은 거의 관심을 받지 못하고 있다. 치료실에 오는 내담자는 한 편의 혼란스러운 그림이다. 치료자가 코앞에서 무엇이 일어나는지 관찰한다면, 혼란을 볼 수 있다. '어…….' '아…….'와 같이 끊어지는 문장은 크고 작은 혼란을 반영한다. 이 끊어진 문장은 접촉하고 유지하려고 시도하지만, 내담자의 실제 욕구는 물러나고 싶어 함을 의미한다.

일단 내담자가 자신에게 혼란스러운 부분이 있다는 사실을 받아들이는 것을 배우게 되면, 그는 기꺼이 치료자와 협력할 수 있을 것이다. 내담자가 자신의 말의 간격에 주의를 기울인다면, 그동안 차단해서 보지 않으려고 했거나 볼 수 없었던 자료를 발견할 수 있다. 이 자료들이 때때로 서로 연관이 없을 때도 있지만, 이것들은 내담자가 환상 수준에서 무엇을 하고 있는지 알려주는 유익한 단서가 되기도 한다. 이러한 혼란을 겪는 동안 내담자의 신체적 활동은 희미해지며(모두 '사고'라는 총체적 이름 아래 숨어서), 그의 일상생활에서 생략된다. 이러한 생략된 활동은 신경증의 미해결 과제가 되며, 지금-여기에서 발견된다.

실제로 이 기법을 어떻게 사용하는지 몇 가지 사례를 살펴보자. 전에 말했던 맹점은 혼란과 관계가 있다. 맹점이란 혼란을 차단하여 이것을 완전히 없애려고 하는 노력이다. 우리는 내담자들에게 시각화 또는 시각적 상상을 요구하거나 그들의 맹점을 다루면서 이 사실을 자주 확인한다.

내담자에게 어떤 것을 시각적으로 말해 달라고 요구한다면, 눈앞에 보이는 영상이 모호하다고 말할 수 있다. 좀 더 설명을 요구하면 내담자는 이 영상이 구름이나 안개 속에 있는 것 같다고 말할지 모른다. 이 안개나 구름을 내담자의 자아상, 성격 구조, 언어체계로 생각해 볼 수 있다. 내담자는 연기를 피워 장막을 치고 구름 속에 영상을 숨긴다. 내담자가 시각화할 수 없다고 불평하더라도 치료자는 속으면 안 된다. 그 말이 진실일 수는 있지만 전부는 아니다. 내담자는 보고 싶어 하지 않는 자신의 어떤 영역을 최소한 갖고 있고, 또는 자신을 전혀 못 보는 맹점을 지니고 있을 수도 있다. 내담자가 자신의 안개에 오랫동안 충분하게 머물러 본다면 안개가 사라지는 경험을 할 것이다.

한 내담자는 안개가 차츰 열어지면서 담장이 보인다고 말했다. 치료자는 내담자에게 그 담장을 넘어가는 상상을 해 보라고 요구했다. 그러자 그는 담장 너머 푸른 목초지를 발견하였다. 담장은 내담자의 감옥을 이루는 벽이고, 그는 죄수였던 것이다.

반대로 내담자는 완전한 맹점과 접할 수 있다. 암흑만을 보는 것이다. 검정 벨벳 커튼을 보는 것 같다고 표현한다면, 그에게 상상으로 커튼을 걷어 보라고 한다. 그러면 내담자는 그 뒤에 숨어 있는 자신을 발견한다. 어쩌면 그 암흑이 말 그대로 아무것도 없거나 보이지 않는 상태일 수도 있다. 그때는 내담자에게 맹인처럼 어둠 속을 더듬어 가라고 지시하여 지향성을 찾을 수 있다.

혼란을 다루는 마지막 단계는 매우 생소한 경험이라서 때때로 처음 작업할 때는 신비감마저 들 수 있다. 물론 결국에는 이러한 경험이 익숙해져서 당연하게 여겨진다. 우리는 이러한 경험을 **'텅 빈 충만함'으로 '물러남'**이라고 부른다.

'텅 빈 충만함'으로 물러나려면 두 가지 조건을 갖추어야 한다. 그것은 차단을 제거하는 기술과 제거된 상태에서 머무르는 것이다. 그러면 텅 빈 충만함으로 들어갈 수 있다. 그것은 무아지경과 비슷하다. 그러나 알아차린다는 점에서 무아지경과 다르다. 많은 사람들이 잠에 빠지기 전에 이런 경험을 하며, 최면 환각과 비슷하다고 느낀다.

혼란에서 모두 빠져나온 이는 '텅 빈 충만함'에 머무르게 되고, 여기서부터는 자신의 내면에서 일어나는 현상을 모두 알아차릴 수 있다. 착각, 문장의 단절, 모호한 느낌, 낯선 느낌, 특정한 감각 등 현상을 선명하게 느끼고 이해하는 일이 무척 놀랍게 여겨진다. 어쩌면 "아하!"라는 통찰이 일어날 수도 있다. 갑작스럽게 새로운 해결책도 생각난다. 이전에는 그렇게 번쩍이는 이해와 깨우침이 없었다.

'텅 빈 충만함'은 정신분열증과 약간 비슷하다. 물론 이것을 참아 낼 만한 사람은 아주 적다. 그런데 자신감 있고, 혼란이 어느 정도 정리되고, 흐름을 분석하지 않는 이들은 용기를 내어 낯선 그곳으로 들어갈 수 있다. 그리고 처음 들어갔을 때보다 정신이 더욱 맑은 상태로 되돌아 나온다. 치료를 진행할 때

가장 힘든 점은 진행 과정에 대한 언어화와 분석화를 막는 일이다. 이것은 차단될 수 있으며, 경험하는 자를 관찰자와 실행자로 나누어 버린다. '텅 빈 충만함'은 주관과 객관이 사라진 상태다. 이것은 반성하는 행위가 아니다. 이것은 단순하다. 알아차리고 있는 대상을 분석하지 않으면서 알아차리는 것이다.

'텅 빈 충만함'에 대한 사람들의 반응은 극단적이다. 이성적인 사람은 말한다. "완전히 미쳤군. 말도 안 돼." 예술가들은 이 상태를 적극 환영하여 이렇게 말한다. "모두 미치는 게 어때? 나는 거의 이런 상태로 시간을 보내고 있어. 일하고 몰입하는 동안 나는 이완되어 있거나 깜박 졸거나 하지. 그러다 보면 어느새 장애물은 떠나 버리고 없어."

'텅 빈 충만함'의 치료 목적은 기본적으로 혼란에서 벗어나는 것이다. '텅 빈 충만함'에 이르면 혼란은 확실함으로 변화한다. 그리고 위기감은 연속성으로, 해석은 경험으로 바뀐다. '텅 빈 충만함'의 상태에서는 평소 자신에 대해 생각해 왔던 것보다 자신이 훨씬 가치 있다는 사실을 명확하게 경험할 수 있도록 해 준다. 그리하여 내담자의 자기 지지를 강화한다.

잠시, 차단을 통과하여 혼란으로 들어가는 접근으로 되돌아오자. 한정된 시간 내에서도 우리는 이 작업을 성공적으로 할 수 있다. 정신적 현미경을 이용한다면 짧은 시간 안에 모든 영역을 감추거나 캐낼 수 있다. 분석이라는 목표 때문에 삶 전체를 탐색하기를 요구하는 것은 정신분석가에게 어울리는 일이다. 그러지 말고 당신이 몇 분 전에 했던 말과 행동을 정확하게 다시 생각해 낼 수 있는지 시험해 보라. 물론 이것을 해내는 사람들이 있다. 옌슈(Jaensch)가 직관적인 사람이라고 표현했던 유형으로서 괴테(Goethe)가 그런 인물이다. 이런 사람들은 자신이 지각하는 것을 사진을 찍듯 선명하게 시각적으로 기억해 둔다. 그들은 의미가 있든 없든 간에 자신이 지각하는 것을 모두 기억하고, 필요할 때 이 기억을 꺼내어 쓸 수 있다.

차단과 맹점을 제거하고 '텅 빈 충만함'에 머무른다면, 우리는 잃어버렸던 직관 능력을 되찾을 수 있다. 우리 각자가 자신의 스타일과 성격을 만들어 왔다는 점을 생각해야만 한다. 내담자의 차단과 분열은 로르샤흐 검사, 필체, 행동에서 나타난다. 내담자는 최소한의 생각과 감정으로 자신을 표현한다. 치료실에서 내담자가 보여 주는 차단 행동을 바꾼다면, 달라진 태도는 결국 그 사람의 스타일, 성격, 인생을 좌우할 것이다. '지금-여기'서 내담자의 행동은 그 사람의 세밀한 단면이다. 내담자가 치료실에서 어떻게 자신의 행동을 구성하는지 보게 되면, 그의 일상생활에서도 자신이 어떻게 하는지 보게 될 것이다.

CHAPTER 07

# 누가 듣고 있는가

첫 번째 회기든 스무 번째 회기든지 간에, 내담자는 매번 과거의 미해결된 문제를 가지고 치료실에 들어온다. 여러 사건 중에서 내담자는 한 번에 하나의 사건을 전경으로 떠올린다. 게슈탈트가 선명하지 않더라도 그 나름대로 형태와 체계화를 지니고 있다. 만약 게슈탈트가 완전히 산산조각 났다면, 그는 뭔가를 할 수조차 없을지 모른다. 내담자가 전경으로 떠올리는 기억은 언제나 생존 욕구와 연결되어 있다. 전경과 생존 욕구의 관계가 멀리 떨어져 있어 보여도, 치료실에서 우리의 일은 이 연결 관계를 추적하는 것이다. 내담자의 중요한 욕구는 치료자의 인정을 받거나 또는 안전함을 느끼는 것임을 우리는 알고 있다. 우리는 게슈탈트 치료의 특정 관점을 상세하게 설명했다. 다시 말하자면, 내담자는 스스로 일어설 힘이 없기 때문에 외부로부터 도움을 바란다.

이러한 설명은 다른 어떤 것보다 핵심에 가깝다. 그러나 내담자가 솔직하게 표현하기 전에는 확인하기 어려운 경우도 있다. 치료 목표는 자신의 욕구를 경험하는 것이지만, 내담자가 이 욕구를 경험하지 못했을 수 있다. 어쩌면 우리는 더 일반적인 목표를 세우고 대화를 나누어야 한다. 모든 심리치료 학파가 동의하는 것이 있다. 치료가 성공하려면 내담자가 자유롭게 생각하고, 그 생각을 통합할 수 있도록 해 주어야 한다는 사실이다.

이 목표를 위해 내담자는 자신의 '감각'에 깨어 있어야 한다. 내담자가 그곳에 있을 것이라고 기대한 것 말고, 그곳에 진정 있는 것을 보는 법을 배워야 한다. 내담자는 착각하거나 전이하거나 투사하는 행동을 멈추어야 한다. 그리고 반전과 차단을 멈추어야 한다. 또한 자유롭게 표현해야 한다. 왜곡되고 비틀린 내사의 안경을 벗고 자신을 진정으로 이해해야 한다. 그러면 내담자는 성격의 한계를 넘어서고 새로운 상황을 새로운 방식으로 다루며 모든 잠재력을 이끌어 내어 자유롭게 행동할 수 있다.

치료자의 생각은 자신의 차단과 관찰 내용에 따라 영향을 받는다. 그렇다면 치료자는 어떻게 시작해야 할까? 이상적인 경지는 동양의 성자들이 하는 말을 치료자가 따르는 것이다. "당신이 채워지기 위해서 자신을 비워라." 또는 이와 더불어 프로이트의 말도 생각해 볼 만하다. "치료자는 자신의 주의를 어느 한곳에만 두지 말고 자유롭게 관찰할 수 있어야 하고, 또한 자신의 콤플렉스에서 벗어나야 한다.”

그러나 그런 이상적인 치료자는 이 세상에 없다. 그리고 설령 그런 치료자가 있다 하더라도 그가 얼마나 도움이 될지는 모르겠다. 치료자는 컴퓨터처럼 정확하게 계산하고 기록하는 기계가 아니다. 컴퓨터 같은 치료자들은 자신의 내적인 고통이나 한계, 취향에서 자유로울 것이다. 간단히 말해, 그는 자신으로부터 자유로운 사람이다. 치아가 쑤시거나 아파도 전혀 개의치 않고 내담자에게 관심을 기울일 수 있다.

그러나 치료자는 현실적으로 치료 상황에서 자신의 성격과 선입관을 드러낼 수 밖에 없다. 연상주의자(associationist)는 연상에 주의를 기울여서 말과 그림의 내용에 주목할 것이다. 행동주의자(behaviorist)는 말과 행동에 주목할 것이다. 그리고 도덕주의자(moralist)는 선과 악에 대한 태도를 본다. 게슈탈트 치료자는 해결과 미해결의 상황에 주목할 것이다.

치료자가 자신의 확신과 선입견에 매달릴수록 내담자를 이해하기 위해 추론하려고 든다. 정신분석적 추론은 거의 공식화된 논리를 따른다. 예컨대, 길게 늘어난 신체 부위는 남근기 상징을 감추고 있다는 식이다. 이것은 신경증의 고정관념과도 같은 것이며 추론에 불과하다. 하지만 그들은 그 사실을 바꾸려고 하지 않는다. 그러한 추론 때문에 치료자는 내담자의 다른 점을 보지 못한다.

달리 말하면, 내담자의 차단과 경직된 사고방식이 치료자에게는 정도가 약하게 나타난다는 차이만 있을 뿐이다. 이 둘 사이에 질적 차이는 없지만 같다고 말할 수는 없다. 신경증으로부터 자유로운 정도에서 차이가 난다. 집단치료에서 우리는 공유 정신증적 장애(folie a deux, 가족 등 밀접한 두 사람이 동일하거나 유사한 정신장애를 가지는 증상-역주) 환자 역할을 하는 두 사람을 볼 때가 많다. 그중 한 사람은 환경적 지지를 많이 요구하지 않는 사람으로서 신경증이 덜한 사람라고 할 수 있다. 이런 사람은 치료자가 되어 다른 집단원을 도우려고 한다. 심지어 도움받는 사람이 치료자 역할을 하고 싶은 생각이 더 많은데도 말이다.

그러나 치료자가 강하게 주도하면, 내담자의 자기 지지를 키워 주지 못하고, 심지어 자기 지지를 하려는 행동조차 막으려고 들 수 있다. 치료자가 자신감을 가지려고 이론적으로 단단하게 무장하는 경우를 생각해 보자. 이때 내담자가 치료자와 조금이라도 입장을 달리한다면, 치료자는 그 차이를 저항으로만 간주하고 내담자를 이기려고 들 것이다. 치료자가 잔뜩 움츠리고 있다면, 사람과의 관계에 대한 설명을 하더라도 내담자에게 진정으로 다가가지는 못할 것이다.

대개 치료자는 내담자의 조종에 빠져들고 만다. 치료자의 조언과 해석을 내담자가 피상적으로 받아들이면, 행동 변화가 진정으로 일어나지 못한다는 사실을 치료자가 알지 못하기 때문이다.

자신의 이론적 접근과 상관없이 치료자에게 열린 길은 대개 세 가지다. 첫 번째는 동정(sympathy) 또는 관여(involvement)하는 접근이다. 두 번째는 공감(empathy)인데, 이것은 내담자와의 동일시다. 결과적으로 치료자는 치료의 장에서 사라지고, 따라서 장(場)의 절반이 제외된다. 공감을 할 때 치료자는 내담자의 반응에 집중적으로 관심을 갖는다. 이상적인 치료자는 공감을 하는 사람이다. 마지막은 무감동(apathy)이다. 이것은 심리치료에서 오래된 농담으로 "누가 듣고 있는 거지?"라고 말하는 무관심한 상태다. 무감동은 우리를 어디로도 데려가지 못한다.

이상적인 치료를 추구하는 대부분의 심리치료 학파는 치료자의 공감을 기대한다. 이것은 부분적으로는 그들의 이원론적 접근에서 발달한다. 하지만 그렇다 하더라도 동정을 공감으로 바꾸어야 할 충분한 이유가 있다. 치료자가 내담자를 동정하는 상태라면, 내담자가 원하는 환경적 지지를 제공하려고 노력하거나 그렇지 못할 경우 죄책감과 방어적 태도에 빠질 수 있다. 종종 치료자가 내담자를 도와주려고 깊이 빠져들 때가 있다. 그럴 경우 내담자가 얼마나 교묘하게 조종하는지 알아차리지 못한다. 이런 경우에 치료는 성공하지 못한다. 외적인 지지에서 자기 지지로 변화하려면 환경적 지지를 바라는 내담자의 요구가 좌절되어야 한다. 동정하다 보면 내담자의 조종을 못 보기 때문에 치료자가 좌절을 주지 못한다.

그러나 치료자가 공감만 한다면, 내담자의 진행 상태를 살펴볼 수 있는 민감성과 직관이라는 중요한 도구를 놓치고 만다. 따라서 치료자는 공감을 하면서도 좌절을 주는 법을 배워야 한다. 이 두 가지는 공존할 수 없는 것처럼 보인다. 그러나 치료자가 그 두 가지 도구를 효과적으로 병용할 때 치료는 예술이 된다. 치료자는 부드러워지기 위해 냉정해야 한다. 치료자는 전체 상황의 관계를 알아차리고 전체 장과 접촉해야 한다. 치료자의 욕구와 내담자의 조종에 대한 자신의 반응, 내담자의 욕구와 치료자에 대한 그의 반응을 알고 있어야 한다. 그러면서 내담자는 자신을 자유롭게 표현해야 한다.

사실상 당신이 이러한 제안을 잠시 검토해 본다면, 게슈탈트 접근이 다른 접근보다 더 능숙하게 치료실을 인생의 소우주로 만든다는 것을 알 수 있을 것이다. 일상에서 적대감이나 미해결 과제로 고통을 겪지 않는 인간관계란 거저 얻어지는 것이 아니다. 두 사람 간에 만족스럽고 건강한 관계를 위해서는 공감과 좌절을 번갈아 사용하는 능력이 필요하다. 건강한 사람은 다른 사람의 욕구를 짓밟지 않으며, 자신의 욕구가 무시당하도록 내버려 두지 않을뿐더러 파트너가 자신의 권리를 주장하더라도 화내지 않는다.

물론 공감의 다른 치료적 과정도 현실의 상황과 유사하다. 하지만 공감의 약점은 신경증을 일으키고 강화하는 상황과 매우 유사하다는 점이다. 공감만으로 제대로 된 치료를 할 수는 없다. 최악의 상황에서는 융합이 일어난다. 치료자가 지속적으로 좌절을 주는 접근을 취한다면 어떻게 되겠는가? 내담자에게 신경증으로 보이는 차단 행동이 몸에 배어 있는데, 그 차단 행동을 일으키는 상황을 치료자가 똑같이 만들어 낼 뿐이다.

또한 그저 동정만 한다면 치료자는 내담자가 되고 만다. 케케묵은 표현을 빌려 쓴다면 치료자가 내담자를 응석받이로 만든다고 할 수 있다. 그저 좌절만 겪게 한다면 치료자는 적대적인 환경이 된다. 그러면 내담자는 신경증적인 방식으로 대처할 것이다. 두 가지 접근 중 어느 한쪽의 접근만으로는 내담자에게 도움이 되지 못한다.

모든 융합의 형태처럼 동정에서도 접촉 경계가 빠져 있다. 치료자는 완전히 내담자가 되어서 내담자의 문제를 거의 보지 못하게 된다. 치료자는 관계에 함몰되어 있어서 볼 수가 없다. 내담자는 어머니가 되어서 도움을 주려고 안달이 난 치료자를 마주하게 된다. 치료자는 거의 만성적으로 내담자와 융합되어 있다. 그들이 서로 닮았다는 사실은 놀랍지도 않다. 그들의 내담자는 치료자에게 완전히 매달리고 있어 정교한 변화는 전혀 일어나지 않는다. 치료자가 내담자와 너무 깊게 동일시되어 있다면, 내담자에게 주는 좌절은 그가 견딜 수 있는 강도보다도 한참 약할 것이다. 그리고 신경증을 일으키는 혼란과 위기를 해결하는 데 필요한 좌절의 경험은 거의 찾아볼 수 없다.

예외가 하나 있다. 좌절을 주지 않는 공감은 정신병을 다루는 초기 단계에 도움이 된다. 치료자인 프롬-라이히만(Fromm-Reichmann), 로젠(Rosen)과 스테인펠드(Steinfeld) 등은 그러한 접근을 취했다. 내담자의 욕구에 대한 그들의 직관과 접촉 능력은 뛰어났다. 정신병 내담자의 경우, 치료자가 주지 않아도 이미 엄청난 좌절을 겪은 상태다. 내담자와 치료자의 접촉 그 자체가 변화를 이끌 수 있는 지지를 제공한다. 그러나 맨 먼저 내담자는 알아차릴 수 있어야 하고, 가능하다면 충분하게 자기 지지를 기반으로 하여 자신의 욕구를 표현하게끔 해야 한다. 비록 우리가 알아들을 수 없는 말로 표현하더라도 말이다. 정신병을 다룰 때, 우리는 좌절이라는 도구를 너무 많이 쓰지 않도록 무척 조심해야 한다. 또한 정신병에 대한 치료자의 환상과 이론이 아니라 내담자의 흐름을 따라가도록 주의해야 한다.

대규모 정신치료학회에서 게슈탈트 치료 시연이 있었다. 몇 년 동안 긴장 상태에 있던 여성 내담자였다. 그 누구도, 그 어떤 치료도 이 여성에게 도움이 되지 못했다. 그녀와 이야기를 나눌 때 그녀는 아무것도 느끼지 못한다고 말했다. 치료를 시작할 무렵 나는 그녀의 눈에 희미하게 맺혀 있는 눈물을 알아차렸다. 울고 싶어 한다는 생각이 들었다. 그녀에게 '나는 울고 싶지 않다.'는 말을 몇 번 반복하도록 요구했다(이 반복 기법은 이전에 설명하였다). 그녀는 여전히 불평만 늘어놓았다. 그녀는 단조롭고 무표정하고 무감각한 얼굴로 이 말을 되풀이했다. 기계적으로 반복하는 동안 그녀는 자기 엉덩이를 손바닥으로 때렸다. 그녀에게 그 동작이 무엇을 떠오르게 하는지 물었다. 그때 그녀는 눈물을 터트리며 말했다.

"엄마가 아이를 때리는 것 같아요. 우리 엄마가 할 수 있었던 것은 날 위해 기도하는 것뿐이었어요." 나는 여자에게 물었다. "당신은 자신을 위해서 기도할 수 있나요?"

회기 초반에 살아나는 듯했으나 여전히 그녀는 무감각하였다. 그녀는 기도를 되풀이하기 시작했다. 이것은 한동안 계속되었다. 기도는 알아들을 수 없는 소리로 변해 갔다. 그러다 그녀는 갑자기 간청하듯 소리쳤다. "신이시여, 나를 돌보소서!" 그리고 그녀의 슬픔은 폭발하였다.

그녀가 처음으로 자신의 감정을 드러낸 순간이었다. 그런데 그 기도가 자기표현의 형태라는 점이 의미가 있다. 그녀는 처음으로 자신의 욕구를 표현하고 자신을 개방했다. 신경증 내담자가 억압이나 저항을 자기표현으로 바꿀 수 있다는 것은 자기 지지의 힘이 내부에 있다는 사실을 증명한다. 이 신경증 내담자도 울음 속에서 자신의 욕구를 느끼고 자기 지지의 힘을 발견하기 시작했다.

심하게 좌절을 주면서 가학적인 태도로 임하는 치료자들이 있다. 그런 치료자들은 역전이를 두려워하고 자신의 감정을 무서워하여 무표정한 얼굴로 내담자를 상대한다. 그들은 무감동으로 내담자에게 좌절감을 안겨 준다. 그들은 화를 내며 이러한 사실을 부정할지도 모른다.

그들을 사디스트(sadist)라고 할 것인가? 사디즘(sadism, 가학증)은 불필요한 잔인성이라고 정의할 수 있다. 그러나 이 정의는 막연한 감이 있다. 모든 잔인성이 불필요한가? 분명하지 않다. 동물은 서로 죽인다. 그리고 우리는 고기를 먹기 위해 소와 돼지를 죽인다. 캔을 따서 먹는 도시인들은 원초적인 잔인성을 벗어난 생활을 한다. 그러나 이들은 도살장과 밀림의 공포를 공포영화와 미키 스필레인(Mickey Spillan, 미국의 베스트셀러 추리소설가-역주)의 책으로 대신하였다. 무턱대고 상처를 입히는 것은 사디즘(sadism)에 불과하지만, 교육적인 수단으로 상처를 주는 것은 유익할 수도 있다. 부모가 자녀의 무리한 요구를 거절할 때 상처를 줄 수 있다. 하지만 이것은 사디즘이 아니다. 우리는 친절하기 위해서 잔인해야 한다. 이것은 본질적으로 다음의 격언과 유사하다. "매를 아끼면 아이를 망친다." 매질의 쾌감을 감추기 위한 핑계로 이 격언이 얼마나 쓰이고 있는지 알 수는 없다. 자기만족을 위해서라면 그것은 확실히 사디즘이라고 할 수 있다.

치료에서 불필요한 고통을 주는 행위는 합당치 않은 좌절이기에 사디즘이라 표현할 수 있다. 너무나 많은 치료자들이 내담자에게 '하면 안 되는 긴 목록'을 강조한다. 치료자들은 내담자에게 금기 사항을 강조하면서 저항을 비난한다. 주도권을 강하게 잡는 치료자라면, 치료자의 요구는 가학적으로 비친다. 그러나 대개는 그렇지 않다. 대부분 치료자들은 치료실 밖에서 내담자의 행동을 제한하여 내담자의 고통스러운 좌절을 줄일 수 있다고 믿는다. 여기서 치료자가 실수를 한다. 이런 좌절은 어떻게든 통제할 수 없다. 만약 통제할 수 있었다면 내담자는 치료를 받으러 오지도 않았을 것이다. 일상에서 내담자가 좌절감을 많이 느낀다고 해서 환경으로부터 지지를 받고 싶어 하는 마음이 자신을 지지하려는 마음으로 바뀌는 것은 아니다. 치료자가 좌절시켜야 할 표적은 신경증적 조종으로 치료자를 통제하려는 내담자의 노력이다. 내담자는 좌절을 겪으면서 자신의 자원을 확인하고, 자기 지지를 키워 나간다. 그러면 내담자는 자신의 조종 능력을 현실적인 욕구의 만족을 위해 이용할 수 있다.

극심한 좌절감으로 압도당한 내담자는 성장하기 어렵다. 내담자는 예민한 직관과 왜곡된 시선으로 모든 방법을 동원하여 치료자가 주는 좌절을 피하려 할 것이다.

좌절은 사용해야만 한다. 오직 3개월 동안 치료해야 했던 내담자가 있었다. 회기가 끝날 무렵 내담자는 도시를 떠났다. 이 사례가 다른 치료자의 기초 연구가 되든지, 시간의 압박에 따른 결과에 불과하든지, 놀라운 향상을 일으킨 게슈탈트 접근과 기법이 되든지 간에, 내담자는 부정할 수 없을 만큼 향상되었다. 너무나 명백해서 내담자는 내가 기적을 만드는 사람이라고 생각하며 떠났다.

내담자가 처음 여기에 왔을 때는 거의 말이 없었다. 그는 나약하고 무기력했다. 그는 사람들로부터 도망쳐야만 한다고 생각했다. 그는 대화를 나누기 어려워 사람들과 만날 때면 고통스러워했다. 덧붙여 내담자는 정교한 투사 기제를 쓰고 있었다. 그래서 자신이 박해받는다고 느끼고 다른 사람들이 자신을 동성애자로서 비난한다고 생각했다.

치료를 시작한 후로 6주간은 무엇을 해야 할지 알려 달라며 나를 조종하려는 그의 필사적인 시도를 멈추게 하는 일에 시간을 보냈다. 그는 푸념하고, 공격적으로 나오고, 침묵하고, 절망하는 모습을 번갈아 보였다. 내담자는 책에 나와 있는 속임수를 모두 썼다. 내담자는 나에게 장막을 치는 데 시간을 써 버렸다. 그리고 전혀 나아질 기미가 보이지 않자 나에게 은근히 책임을 떠넘기려고 했다. 내담자의 요구에 굴복했다면, 분명히 내담자는 나를 화나게 만들고, 한 걸음도 나아가지 않으면서 나의 노력을 수포로 만들었을 것이다.

어느 날 내담자는 자신이 아기처럼 군다고 불평하였다. 그때 내담자에게 아기처럼 행동해 보라고 말했다. 아기가 되어서 상상할 수 있는 만족은 모두 느껴 보라고 했다. 그때부터 놀라운 변화가 일어났다. 내담자는 유아기부터 성인기까지 발달의 모든 국면에서 굉장한 만족감을 느끼면서 연기를 마쳤다. 환상 속에서 내담자는 힘들었던 사건과 미해결 과제를 표현했다. 3개월이 지날 무렵 내담자는 좌절하고 차단되었던 영역에서 만족감을 느꼈다. 내담자는 새로운 만족과 자기 지지에 이를 수 있었다.

여기서 나의 설명의 요점은 이렇다. 혼란을 느끼고, 채워지지 않고, 집착하고 있는 영역에서 만족감을 느끼지 못한다면, 내담자의 성장은 이루어지지 않는다. 충분한 만족을 위한 선결 조건은 차단을 포함한 여러 행동과 자신을 동일시하여 감각적으로나 정서적으로 깊이 있게 느끼는 것이다. 내담자가 상황에 전체적으로 몰입한다면 상황은 완성될 수 있다. 이것은 충분한 만족을 얻었다는 뜻이다. 신경증 조종은 전체적인 몰입을 피하는 방법이기 때문에 그 조종은 반드시 중단되어야 한다.

이러한 이유 때문에 분석적 정화 과정(the analytic and cathartic procedure)은 통합적 해석을 시도하는 치료 과정만큼 충분하지 못하다. 전자의 경우, 단순히 정화적 표출이 있다고 하여 정서가 행동으로, 자기표현이 통합으로 변화하지는 않는다. 반면에 접촉 기능을 지지하는 에너지가 고갈되어 현상 유지만 될 뿐이다. 후자의 경우, 행동의 의미를 찾아내는 개입이 내담자의 혼란을 줄일 수는 있겠지만, 증상과 혼란을 없애려는 치료는 실존적 선택을 하기 위해 필요한 자기 지지의 힘을 키우지는 못한다. 내담자는 자신을 완전하게 이해할지 모르지만 어떤 것은 스스로 할 수가 없다.

게슈탈트 치료는 다음과 같이 가정한다. 내담자는 자기 지지가 부족하며, 치료자는 내담자의 불완전한 자기를 탐색한다. 첫 번째 단계에서 내담자가 원하는 것을 발견한다. 만약 그가 정신증이 아니라면(이전에 설명했던 사례와 마찬가지로 만약 그렇다 하더라도), 내담자는 어느 정도 자신의 욕구를 알 수 있고 최소한 표현할 수 있다. 그러나 내담자가 자신의 특별한 욕구를 알아차리지 못하고 원하는 것의 요구를 차단하는 영역이 있다. 내담자가 요구할 때 부끄러워하는 모습을 치료자는 자주 보게 된다. 동시에 자신은 딱히 하는 것 없이 주어지는 도움을 받는 게 전부라고 믿는 내담자도 많다. 때때로 내담자는 질문하는 법을 모르거나 자신의 욕구에 대해 혼란스러워한다. 그러나 그가 자신의 욕구를 표현할 수 있다면, 요구, 명령, 부탁은 그가 말한 내용 그대로를 뜻한다. 그러면서 치료에서 가장 중요한 진척을 보인다. 자신을 신경증 조종 기술로 숨기지 않고, 욕구를 표현하고, 그것에 전념한다. 자기 자신과 도움을 주는 타인(치료자)을 확실하게 구별하며, 자신의 문제에 직면한다.

명령은 의사소통의 기본적인 형태다. 명령은 기본적인 표현부터 그 자체로는 알아듣기 힘든 가장 객관적이고 추상화된 진술까지 범위가 다양하다. 마치 그 진술들이 간단명료한 신호, 명령, 요구인 것처럼 우리는 반응한다. 지금은 당연하게 받아들이지만, 한때는 많은 과학자들이 아인슈타인의 공식에 도전했다. 마치 아인슈타인이 과학자들에게 이렇게 말하는 것 같다. "제가 발견한 것을 보시오. 그리고 이것을 받아들이거나 반박해 보시오."

신경증 내담자의 세상은 그가 치료자를 대하는 방식에 따라 달라진다. 치료자에게 은폐적인 암시를 하는지, 솔직하고 분명하게 요구하는지에 따라 그들의 세상은 다를 것이다. 전자의 경우에 내담자는 자신의 신경증을 강화하기 위해 우리를 조종하려고 노력한다. 그러나 우리는 그 속임수에 넘어갈 수 없다. 후자의 경우에 내담자가 분명하게 요구했을 때, 그는 이미 자기 존재의 부족한 부분을 확인하고 발견한 것이다. 내담자 스스로 채워야 하는 욕구를 우리가 해결해 주어서는 안 된다. 내담자는 자신의 욕구를 알기에 스스로 해결하는 방법을 배울 것이다.

그러나 순수한 표현(expression)과 관심을 끌려는 표현(impression) 간에는 분별이 필요하다. 즉, 감정과 요구를 나타내는 표현과 다른 사람의 관심을 끌려는 표현은 서로 다르다. 순수한 표현과 관심을 끌려는 표현은 의사소통 척도의 양극단에 위치하고 있다. 예를 들어, 그저 기쁨을 표현하기 위해서라면 감동받을 사람을 자신의 옆에 둘 필요는 없다. 그러나 관심을 끌려면 우리는 관객을 찾아야 하고 반드시 관객이 있어야만 한다. 관심을 불러일으키기 위해 우리는 주의를 끌 만한 행동을 한다. 심지어 이야깃거리가 없으면 어떤 것을 마음속에 그려내거나 기억을 갈아엎어서라도 적당한 대화 소재를 찾아낸다.

진정한 대화는 극단적이지 않고 장(場)과 조화를 이룬다. 다시 말해, 이것은 배려하는 대화이고 말하는 이와 듣는 이에게 진실한 대화다. 기본적인 요구의 표현 방식—순수한 의사소통—에서는 순수한 표현과 관심 끌기의 차이를 분간해 낼 수 없다. 그러나 아기의 울음소리에 대한 어머니의 반응에는 차이가 있다. 어머니는 아기가 괴로워하는 소리에는 자동적으로 반응한다. 떼를 쓰는 울음에도 그렇게 할지 모른다. 하지만 이때는 관심이 아니라 노여움으로 반응할 것이다.

주의를 끌려는 행동에 무슨 잘못이 있는가? "들으시오, 들으시오." 새로운 포고 사항을 전하려는 관원의 외침이다. "들어라, 이스라엘아!"는 경건한 유대인의 말이다. '법정에서의 침묵'은 도움을 바라는 피고인이 풀이 죽어 있는 모습이다. 그들 모두 주의를 충분히 끌지 않는가?

고통을 느끼는 아기와 성질을 부리는 아기는 차이가 있다. 그 차이란 순수한 표현과 '그런 척하는' 표현의 다름에 있다. 성질을 부리는 아기는 울부짖다가 어느 순간에는 짜증을 부리거나 어머니가 하는 일을 방해한다. 아기는 조종하고 있지만 현실적인 욕구를 말하고 있지 않다. 그 욕구는 주의를 끌려는 것이 아니라 지루함에서 탈출하려는 것일 수 있다. 자기 지지를 획득하지 못한 아기는 물에 빠진 사람처럼 애타게 울면서 필요한 것을 요구한다. 그러나 응석받이 아기는 자신을 지지해 줄 수 있는 조건이 갖추어진 상태에서도 절규한다.

순수한 명령은 형성되는 본래의 전경과 일치한다. 명령은 직접적으로 긍정적 · 부정적 카섹시스를 나타낸다. 쿠르트 레빈(Krut Lewin)은 카섹시스를 느끼게 하는 대상이 '요구 특성(aufforderungs character)'을 보인다고 말했다. 즉, 이것은 주의를 불러일으키고 요구하는 특성이 있다. 긍정적 카섹시스의 대상은 관심을 요구하고, 부정적 카섹시스의 대상은 제거를 요구한다. 제거하기 위해서 파괴할 것까지는 없다. 당신을 화나게 하고 불안하게 하는 사람이 있다고 해서 그 사람을 쏘아 죽여서는 안 되며, 방 밖으로 집어 던져서도 안 되고, 테이프로 입을 봉해서도 안 된다. 당신은 단지 "지금 당장 가세요." 또는 "조용히 하세요."라고 요구하면 그뿐이다.

이러한 특징 때문에 사회가 바라는 인간을 양성하기 위해 명령은 가장 강력한 도구로 쓰인다. 기본적인 금기와 십계명부터 어머니의 허락과 금지 명령까지, 명령의 가치가 과소평가된 적은 일찍이 없었다. 명령 그 자체는 문제가 없다. 생리적 또는 심리적 이유로 명령을 따를 수 없거나 하기 싫을 때 고통이 시작된다. 이것은 신경증의 기원을 다른 식으로 볼 수 있게 한다. 다시 말해, 신경증은 사회적 또는 개인적 명령이 서로 일치할 수 없을 때 발생한다.

요구를 하고 요구를 받아들이면 게슈탈트는 완성된다. 어머니를 향한 아기의 요구, 안내를 바라는 사람의 부탁, 명령을 경감해 주기를 바라는 군인의 요청이 있다. 그것은 모두 한 단위이며 함께 움직인다. 그것은 적절하게 받아들여진다. 그러나 하고 싶지 않은데도 명령이 실행된다면, 우리는 분노를 느끼고 신경증에 걸린다. 반대로 '네 부모를 존경하라.'처럼 당연한 원칙으로 생각하는 명령을 거부하면, 우리는 죄책감을 느끼고 신경증적 죄의식에 빠진다.

어린 시절 자신의 기질에 맞지 않는 명령을 유익한 신념으로 수용하면서 신경증 내담자의 고통은 시작된다. 그러면 여러 혼란이 생겨나면서 그 무엇을 결정하더라도 절망으로 끝이 난다.

예컨대, "울지 마!"라는 명령은 순수한 슬픔을 표현할 때 혼란을 일으킨다. 여기에 의미의 혼란이 더해지면 이것은 뒤엉켜 버린다. "나이에 맞게 행동해." "알아서 행동해."와 같은 모호한 명령은 아이를 완전히 혼란스럽게 만든다. "나이에 맞게 행동하는 게 뭐지?" "알아서 행동한다는 건 뭐지?" 세세한 부분까지 신경 쓰는 사람들은 어린 시절에 모호한 요구를 많이 받았다는 사실을 우리는 임상 경험에서 확인했다.

매번 내담자는 신경증의 증상인 분열된 인격을 통합하고, "날 좀 내버려 둬!"와 같은 절실한 명령을 훌륭하게 다루고, 혼란의 영역을 걷어 냈다. 이것은 과장이 아니다. 내담자는 몇 년 동안이나 말하기 위해 마음을 먹었지만, 내사 때문에 어쩔 수 없이 표현을 차단했다.

그러나 내담자의 욕구는 순수한 명령이다. 명령은 욕구를 표현한다. 이것은 내담자와 치료자에게 의미가 있다. 치료자는 내담자의 절실한 욕구와 요구를 해결해 주기 위해 필요한 일을 해야 하고, 또 할 수 있어야 한다. 마치 어머니가 괴로워하는 아기를 보살피듯이 말이다. 이제 좌절과 만족의 치료적 접근에 대해 정리하고자 한다. 내담자가 자아상, 신경증적 조종 기술과 패턴을 표현하는 경우에 치료자는 그것을 좌절시켜야 한다. 내담자의 자기실현을 돕고자 한다면, 이 목적을 방해하는 행동 패턴에 대한 만족감은 줄이고, 내담자가 발견하고자 하는 본질적인 자기(self)의 표출은 격려해야 한다.

치료가 진행되면서 치료 회기는 이상적인 일상과 같아진다. 내담자가 자신을 더 많이 체험할수록 더 자기 지지적인 사람이 되고, 다른 사람들과 접촉이 원숙해진다. 내담자가 신경증적 조종을 포기하는 동안 치료자는 내담자의 좌절 수준을 낮추어 가면서 더 깊이 만족을 느낄 수 있도록 도와야 한다. 이전에 말했듯이 자기 지지와 자급자족은 다르다. 내담자가 치료를 종료했을 때 그는 다른 사람을 향한 자신의 욕구를 잃지 않는다. 처음으로 내담자는 사람들과 접촉하면서 진정한 만족감을 느끼게 될 것이다.

PART 02

# 펄스의 치료 실제

Eye Witness to Therapy

## | 편집자 서문 |

펄스(Perls)는 이 장에 대해 이렇게 소개를 시작할지 모른다. "게슈탈트 치료는 권태를 향한 도전이다." 우리는 펄스의 워크숍에서 놀라운 치료를 자주 목격했다. 뜨거운 의자 위에 앉아 작업하던 중 자기 고문 게임(self-imposed turture game)에서 갑작스럽게 탈출하는 사람들의 성공적인 장면은 지루하기조차 했다. 말년에 펄스는 영혼을 치유하는 이 기술에 싫증을 느꼈다. 어떤 점에서 이것은 너무 평범해지고 있었다.

펄스는 진지한 학생들을 만났다. 그들이 펄스의 치료 실제에서 소개한 영상으로 공부를 시작하기 원했다. 그리고 이 영상과 축어록을 꼼꼼하게 살펴보기를 기대했다. 그는 자신의 치료를 기적이나 신비로 보지 않았다. 학생들이 게슈탈트 과정을 제대로 이해한다면 기적이라는 거품이 빠지리라 믿었다. 이 영상과 책으로 자신에 대한 맹목적인 추종이 사라지기를 바랐다.

이 책의 목적은 공부의 신중한 출발을 돕는 것이다. 리처드 벤들러(Richard Bandler)는 유익한 축어록을 선택했다. 다음 책에서 그는 더 뛰어난 게슈탈트 치료의 예를 소개할 것이며, 거기에는 펄스와 함께 작업했던 칼 휴미스턴(Karl Humiston), 버지나아 사티어(Virginia Satir) 그리고 다른 치료자들의 설명도 덧붙일 예정이다.

영상을 보지 않고 축어록만으로 공부하는 것은 문제가 있다. 펄스는 목소리 톤과 억양 조절, 비언어적인 의사소통을 강조했다. 영상은 이 점을 알기 위해 필요하다. 또한 시간 왜곡이라는 문제점이 있다. '침묵'이라는 단어는 2초이거나 2분일 수 있다. 우리는 말하는 것보다 더 빨리 읽는다. 반 시간짜리 회기를 5분 안에 읽는다. 이 점은 게슈탈트 치료가 순간적으로 진행된다는 착각을 일으켜서 공부에 지장을 줄 수 있다.

Robert S. Spitzer M. D.

Science and Behavior Books 편집장

CHAPTER 08

# 게슈탈트 접근의 실제

## 게슈탈트란 무엇인가

게슈탈트 치료의 목표는 나약한 인간이 현실적인 인간으로 변화하는 것입니다. 이것은 어려운 일입니다. 이 시대에 통합적인 인간이 된다는 것은 인생을 활기차게 살아간다는 뜻입니다. 자신의 잠재된 힘을 이용하도록 가르치는 것은 불평꾼이 아니라 지도자가 되게 하고, 치우친 생활이 아니라 균형 잡힌 생활을 하기 위함입니다. 이 생각은 지나친 요구처럼 들립니다. 그러나 우리에게 의지가 있다면 얼마든지 해낼 수 있습니다. 우리는 본질적인 변화도 없이 수 세기에 걸쳐 정신분석을 고수할 필요가 없습니다. 이것이 성취될 수 있는 조건은 이러합니다. 잠깐, 나는 예전의 사회적 환경에 관해 말하겠습니다. 수십 년 전에 사람들은 정해진 목표를 향해 살았습니다. 그리고 자기 직분에 순응하였습니다. 자신이 그 일을 정말로 바라든 바라지 않든지 간에 직업에 자신을 맞추었습니다. 그 당시 사회 전체를 지배하는 기조는 '당위주의'와 '청교도주의'였습니다. 좋아하든 싫어하든 간에 자신의 일을 했습니다. 지금은 사회가 변했습니다. 청교도주의는 쾌락주의로 바뀌었습니다. 우리는 기쁨, 즐거움, 자극을 좇아 살기 시작했습니다. 즐거운 일은 무엇이든지 합니다. 좋습니다. 도덕주의보다 한결 낫습니다. 그런데 이것은 매우 심각하게 퇴보하였습니다. 우리는 괴로움과 아픔을 두려워합니다. 다시 말해 봅시다. 우리는 괴로움과 아픔을 두려워합니다. 즐겁거나 유쾌하지 않은 일은 피합니다. 그래서 우리는 아픔을 주는 좌절로부터 도망치고 지름길을 찾으려고 합니다. 결과적으로 성장은 느려집니다. 불쾌한 상태와 직면할 준비가 되어 있어야 한다는 뜻이지, 자기 학대를 하라는 말은 결코 아닙니다. 반대로 자기 학대를 하는 이들은 아픔을 두려워하고 참으려고 애씁니다. 성장에는 반드시 아픔이 따릅니다. 정직하게 불쾌한 상황과 맞닥뜨려야 합니다. 이것이 게슈탈트 접근의 핵심입니다. 나는 게슈탈트 현상을 간단하게 설명하고 싶습니다. 게슈탈트의 중요한 개념은 게슈탈트가 그 자체로서 완전한 전체라는 점입니다. 게슈탈트를 나누자마자 부분만이 남으며 전체는 사라집니다. 막대기 세 개를 여기에 하나, 저기에 하나, 또 이곳에 하나씩 내려놓았다면, 이 세 막대기는 부정확한 게슈탈트가 됩니다. 당신이 그것을 연결하면 삼각형처럼 보입니다. 그러나 막대기 하나를 치우자마자 삼각형은 사라지고 게슈탈트도 사라집니다. 신체에서 게슈탈트가 만들어질 때 이 게슈탈트는 유기체를 조정하는 역동적인 특징이 있습니다.

게슈탈트는 완성을 원합니다. 게슈탈트를 완성하지 못한다면, 우리는 미해결 과제와 함께 살게 되고 이 미해결 과제는 우리를 압박하며 완성을 요구합니다. 당신이 한 남자와 싸웠다고 해 봅시다. 정말로 그 남자에게 화가 났습니다. 당신이 그와 대등해질 때까지 당신은 복수하고, 복수하고, 또 복수하고 싶어집니다. 그때마다 완결되지 못했던 복수는 수천 개의 미해결 과제로 남고 맙니다. 이러한 게슈탈트를 제거하는 일은 매우 간단합니다. 게슈탈트가 표면으로 떠오를 때가 있습니다. 가장 중요한 게슈탈트가 떠오릅니다. 프로이트처럼 무의식 깊이 파헤치려 하지 않아도 됩니다. 우리는 명확하게 알아차려야 합니다. 명확하게 알아차리면 모든 것이 그곳에 있습니다. 신경증 내담자는 명확하게 보려고 하지 않는 사람입니다. 게슈탈트 치료에서 우리가 해야 할 일은 '지금' '현재' '알아차림'이라는 이 말을 이해하고, 지금 무엇이 일어나는지 보는 것입니다. '지금'을 이해하려 할 때, 당신은 4주 전이나 20년 전의 시간을 여행할지도 모릅니다.

'지금'은 흥미로우면서도 참으로 어려운 개념입니다. 왜냐하면, 당신이 지금 현재에 있을 때만 무엇인가를 하거나 이룰 수 있기 때문입니다. 다른 한편으로, 당신이 지금 이 순간을 벗어나라는 요구를 받는다면, 그 즉시 그것이 불가능하다는 것을 알게 될 것입니다. 당신이 '지금'을 잡으려 하면 '지금'은 벌써 떠나 버립니다. 우리가 '지금' 일을 하면서도 '지금'을 붙잡거나 집중할 수 없다는 것은 모순입니다.

게슈탈트 치료의 또 다른 요점은 '어떻게(how)' 입니다. 이전에 우리는 '왜?(why)' 라는 질문을 했습니다. 원인, 이유, 변명, 그럴듯한 설명을 찾으려고 해 왔습니다. 원인을 바꾸면 결과도 바뀔 것이라고 생각했습니다. 전자 시대(electronic age)에 우리는 더 이상 '왜' 를 묻지 않고 '어떻게' 를 묻습니다. 우리는 구조를 조사합니다. 그리고 구조를 이해할 때 구조를 바꾸어 나갈 수 있습니다. 우리가 관심을 가지고 살펴볼 구조는 바로 인생 대본입니다. 이것을 '업보' 나 '운명' 이라고 말하곤 합니다. 우리는 대체로 인생 대본을 출세와 성공을 향해 자신을 몰아붙이는 내용으로 쓰고 있습니다. 두 사람이 만납니다. 그들은 서로 다른 인생 대본을 갖고 있습니다. 그때 그들은 싸웁니다. 다른 사람에게 자신의 인생 대본을 강요합니다. 또는 상대를 만족시켜 주기 위해 상대방의 인생 대본에 맞추려고 합니다. 그렇게 휘말려 들고 혼란스러워하며 갈등합니다. 그러면 그들은 서로 집착하고 인생 대본은 신경증에 걸려 완성에 이르지 못합니다.

때문에 자신의 인생 대본을 이해하는 것이 우선입니다. 방법은 이것을 최대한 이해하는 것입니다. 지금, 나는 누군가를 만나고 싶습니다. 그런데 내가 이름을 잘 기억하지 못한다는 점을 고백합니다. 자세히 알 필요가 있을 때나 충격이나 희열을 느끼게 하는 사람들을 만나면 이름을 기억합니다. 작업에 들어가기 위해 나에게 필요한 여섯 가지를 말하고 싶습니다. 나의 치료 기술이 필요합니다. 그리고 뜨거운 의자가 필요합니다. 그것은 아주 아름다운 (웃음) 빈 의자로 사람들이 버렸던 역할에 다시 집중하게 만듭니다. 인생 대본을 이해하기 위해 참여할 이들입니다. 여기에 없는 다른 것도 필요합니다. 오늘은 우리가 그것을 필요로 하지 않아도 되기를 바랍니다. 크리넥스 화장지, 담배, 재떨이 등입니다. 그렇게 여섯 가지가 있으면 나는 일을 할 수 있습니다. (웃음) 이제 뜨거운 의자에 앉을 사람을 초대하고 싶습니다.

(돈이 올라온다. 그는 턱수염을 기른 40대 남성으로, 직업은 미술 교사다.)

펄스 : 이름이?

돈 : 돈입니다.

펄스 : 네, 당신에게 부탁을 하겠습니다. 말할 때마다 최대한 '지금'이라는 말을 사용해 주세요.

돈 : 네, 지금 나는 심장이 뛰는 것을 느낍니다. 지금 이 의자에 왜 앉아 있는지 궁금합니다. (웃음) 왜 빈자리를 채우고 싶었을까요? 지금 여기서 무엇을 할지 궁금합니다.

펄스 : 잠시 프로이트와 정신분석에 관해 설명하겠습니다. 프로이트는 말했습니다. 죄책감과 불안으로부터 자유로

운 사람이 건강하다고요. 불안과 죄의식에 대해 나는 이렇게 설명합니다. 죄의식은 표현하지 않은 분노입니다. 불안은 지금과 미래의 간격입니다. 당신은 '지금'이라는 안전한 터전을 떠나자마자 불안을 느낍니다. 지금처럼 무대에서 떨게 되지요. 흥분하고 심장은 날뛰면서 무대 공포증 같은 증상을 느낍니다. 우리가 만성적인 불안을 알아채지 못하는 이유는 지금과 미래의 간격을 여러 안전장치, 단단한 방어적 성격, 백일몽으로 채우고 있기 때문입니다. 우리가 미래를 지금으로 바꾼다면, 불안은 사라질 수밖에 없습니다. 그렇다면 해 봅시다. 눈을 감아 보세요. 그리고 자세하게 말해 주세요. 당신은 지금 무엇을 느끼나요?

돈 : 손의 온기를 느끼고, 지금 음…… 내 몸 전체에서 긴장을 느끼고, 특히 이곳이 그래요. (가슴을 가리킨다.)

펄스 : 좋습니다. 긴장으로 들어갈 수 있겠습니까?

돈 : 이것은 마치 나를 이렇게 잡아서 당기는 것 같아요. (두 팔을 가슴 위로 엇갈리게 해서 양쪽 어깨를 잡아당겨 몸을 조이는 동작을 한다.)

펄스 : 그것을 저에게 해 보실래요? 저에게 해 보세요.

돈 : (일어나서 펄스의 어깨를 잡는다.) 마치 이런 식으로 내가 당겨진 것 같아요.

펄스 : 더 힘껏 해 보세요. 좋습니다. 앉으세요.

돈 : 지금 긴장이 사라졌습니다. (웃음)

펄스: 당신이 자신에게 하는 것을 다른 사람에게 한다면, 자신을 억압하지 않고 행동을 스스로 막지 않게 됩니다. 나를 옥죄었던 당신의 마음을 저는 잘 알지 못합니다. 그런데 여기서 당신의 눈을 뜨게 해 줄 게슈탈트 치료 용어를 하나 소개하려 합니다. 그것은 심리적 기만(mind-fucking)입니다. 매 순간 우리는 머리를 굴립니다. 집단치료에서 하는 것처럼요. 서로 의견을 주고받고, 설명도 하고, 그럴듯한 해석도 해 줍니다. 하지만 서로 똑똑한 척 말장난하는 것 말고는 의미 있는 일이란 조금도 일어나지 않습니다. 돈, 지금 무엇을 느끼나요?

돈: 나의 심리적 기만입니다. (웃음) 당신을 긴장하게 만들고 싶은 이유를 나 자신에게 설명하고 있어요.

펄스: 좋습니다. 빈 의자를 소개하지요. 이 질문을 돈에게 해 보세요.

돈: 돈, 너는 왜 네 자신이나 다른 사람을 긴장하게 만들지?

펄스: 잠깐, 자리를 바꾸죠. 지금 중요한 말이 나왔습니다. 두 가지 대립 사이에서 당신은 대본을 쓰기 시작했습니다.

돈: 음. 돈, 지금 네 모습은 충분하지 않아. 좀 더 열심히 해야 해.

돈: 음…… 그럴지도 모르지. 혹사해 보지 않고서는 사람들은 자신의 잠재력이 어느 정도인지 결코 알 수 없어. 그 생각에 동의해. 열심히 해야만 해.

돈 : 음, 너는 말귀를 알아듣는구나. 넌 그렇게 해야만 해.

돈 : 응, 그러려고 애써. 음…… 때때로 말이야. 그래야 한다고 언제나 알고 있어. 늘 그러지는 못하지만 말이야. 가끔 그러지.

펄스 : 아! 우리는 성격에서 가장 자주 나타나는 분열과 첫 대면을 하고 있습니다. 그것은 상전-하인(topdog-underdog)의 분열입니다. 상전은 정신분석에서 초자아입니다. 안타깝게도 프로이트는 하인을 빼 버렸습니다. 프로이트는 상전과 하인 사이에 일어나는 싸움에서 대개 하인이 이긴다는 것을 알지 못했습니다. 나는 당신에게 흔하게 일어나는 특성을 말하고 있습니다. 상전은 올바르고, 자주 올바르고, 언제나 올바릅니다. 상전은 돈에게 긴장해야 한다고 늘 강요하고, 돈은 그것을 당연하게 받아들입니다. 상전은 늘 당신에게 해야만 한다고 말합니다. 그렇지 않으면 상전은 위협을 가합니다. 그때…… 상전은 꽤나 직설적으로 말합니다. 하인은 다른 방법을 씁니다. 하인은 이렇게 말합니다. '응' 또는 '약속할게' '네 말이 맞아.' (웃음) '언젠가 …… 할 수만 있다면.' 하인은 매우 훌륭한 훼방꾼입니다. 물론 상전이 가만히 있을 리 없죠. 매를 들라고 합니다. 그러면 자기 고문 게임이나 자기 향상 게임을 시작하게 되지요. 이것에 어떤 이름을 붙여도 해마다 반복되며, 해마다 아무런 변화도 일어나지 않습니다. 그렇죠?

돈 : 그 정도까지는 아니고요. 그러나 상전은 계속 짓누르고 있고…….

펄스 : 상전에게 말해 보세요.

돈 : 너는 계속 압박을 주기만 해. 나도 너에게 뭔가를 줄 때도 있어. 그러나 너는 성이 차지 않는다고 느낄 때가 많지. 너의 요구를 모두 들어주기는 힘들어.

펄스 : 상전이 되어서 요구해 보세요. 당신의 요구는 무엇입니까? 당신은 무엇을 해야만 한다고 말해 보세요.

돈 : 너는 정리를 훨씬 더 능숙하게 해야 해. 그러면 네가 하고 있는 일에서 무척 유능해질 수 있어. 지금보다 훨씬 더 말이야.

펄스 : 좋습니다. 지금 다시 당신은 자신에게 하는 행동을 다른 사람에게 해 보세요. 그들에게 똑같이 말해 보세요. 당신은 지금보다 정리를 더욱더 능숙하게 해야 해.

돈 : (한숨) 빌, 당신이 나아지기를 원한다면, 정리를 능숙하게 하고 에너지와 시간을 더 많이 써야만 해. 앤, 당신은 정리를 좀 더 능숙하게 하세요. 그러면 더 유능해질 수 있습니다. 출세할 수 있어요. 게일, 당신 역시 똑같이 그렇게 해야만 합니다.

펄스 : 말하고 나서 어떤 느낌이 드나요?

돈 : 이들이 나에게 지옥에나 떨어지라고 말할 것 같습니다.

펄스 : (집단원에게) 돈에게 지옥에나 가라고 말해 보세요. 당신은 계속 괴롭히세요. 그런데 아무도 당신에게 지옥

에나 가라고 말하지 않는군요.

게일 : 지옥에나 가요.

돈 : 더 열심히 일해야 한다고 당신에게 자주 말했던 것 같은데? (웃음)

게일 : 그렇긴 해. 당신이 그런 말은 했어.

돈 : 앤, 더 열심히 할 수 없습니까? 능숙하게 정리할 수 없냐고요?

앤 : 미안하지만 그러고 싶지 않아요, 돈. (웃음)

돈 : 빌은 어때요? 정리를 잘하면 성공할 수 있어요. 당신은 지금쯤 부자가 되었을 겁니다. (웃음) 정리를 잘하고 더 열심히 일했다면 눈부시게 성공했겠지요.

펄스 : 좋습니다. 지금 어떻게 느끼나요?

돈 : 내가 매우 독선적인 것 같습니다……. (웃음)

펄스 : 무대 공포증은 어때요?

돈 : 아, 약간 사라졌어요.

펄스 : 당신에게 독선은 인생 대본의 일부입니다. 그래서 당신은 많은 사람들을 독선적으로 대하게 됩니다.

## 알아차림

이 워크숍은 일반적인 워크숍과는 다릅니다. 자세히 말하자면, 워크숍마다 공통적으로 학습을 다루지만 우리가 말하는 학습은 의미가 다릅니다. 대부분 학습의 의미를 오해하고 있습니다. 나는 학습이란 무엇이 일어날지 발견하는 과정이라고 정의합니다. 이것은 단순히 정보를 받아들이는 과정이 아닙니다. 그것을 당신에게 보여 주고 싶습니다. 인생의 난관을 극복하고 잠재력을 키우며 성장하는 수단과 방법을 말입니다. 물론 단기간에 이루기란 어렵습니다. 그러나 씨앗을 뿌린다면 꽃이 피어날 것이라 봅니다. 다시 말하겠습니다. **학습이란 무엇이 일어날지 발견하는 과정**입니다. 우리는 자기 파괴 게임과 자기 차단 게임에 막대한 에너지를 쓰고 있습니다. 그래서 스스로 성장을 가로막고 있습니다. 불쾌한 순간에 고통스러운 일이 일어나면 우리는 공포를 느끼고 도망을 칩니다. 우리는 자신을 무감각하게 만듭니다. 우리는 자신의 성장을 막기 위해 온갖 수단과 방법을 가리지 않습니다.

자신에게 무슨 일이 일어나는지 알아차리고자 한다면, 당신은 '지금'이라는 안전지대를 떠나서 공포에 빠져 있는 자신을 봅니다. 당신은 과거로 도피하고, 환상에 빠지고, 미래로 훌쩍 뛰어 끔찍한 일이 당신에게 일어날 것이라고 예상합니다. 갑자기 당신은 집단의 시간을 너무 많이 빼앗았다는 것을 알게 됩니다. 이것은 치료자의 임무입니다. 경험에 집중하고, 매 순간을 이해하고, 무엇이 우리를 도망치게 만드는지 알기 위해 누군가와 작업한다면, 그 일은 파트너의 임무입니다. 여기에는 매우 복잡한 자기기만(self-deception)이 끼어듭니다. 이전에 말했듯이, 조금만 정직해져도 도움이 됩니다. 우리는 자신에게 정직해지고 자기기만을 멈추기를 두려워합니다. 엘리엇(T. S.

Eliot)은 "사람들은 자기기만에 빠져 있으며, 끝없는 고통을 느끼고, 좀처럼 성공하지 못한다."라고 말했습니다. 그리고 "당신은 쓸데없는 짓을 할 뿐이다."라고 덧붙였습니다. 현재에 머물지 못한다면 삶을 창조할 수 없습니다. 다시 말하자면, 신경증적 고통은 환상 속의 고통입니다. 누가 당신에게 욕을 했다고 합시다. 당신은 고통스러워합니다. 당신은 상처받습니다. 그러나 당신은 정말로 상처받지 않았습니다. 상처는 없습니다. 실제로 다친 자국을 보여 줄 만한 상처는 없습니다. 상처받은 부위는 당신의 자아이고, 허영심입니다. 상처를 받으면 당신은 복수하고 싶어집니다. 이제 당신을 만나서 뜨거운 의자에 앉도록 부탁하고 현상학적 접근을 하려고 합니다. 이 방법은 과정을 알아차리는 것입니다. 당신이 진정 현재에 있다면, 무엇이든지 하게 될 것입니다. 당신이 컴퓨터처럼 기계적으로 반응하고 경직된 방식으로 살아간다면, 교착상태에 머무르는 것입니다. 그러면 이제 만나 보겠습니다. 무대 공포증이 더 심할수록 좋습니다. (침묵. 마렉이 나와서 뜨거운 의자에 앉는다.)

펄스 : 아주 기본적으로 해 봅시다. 이렇게 시작해 주세요. "지금 나는 무엇을 알아차리고 있다."

마렉 : 지금 나는 음…… 내 오른팔의 긴장을 알아차립니다. 지금 나를 보는 얼굴을 알아차립니다. (웃음) 지금 나는 펄스를 알아차립니다. 지금 나는 내 손을 알아차립니다. 지금 나는 더 편안하게 앉기 위해 자세를 바꾸고 있음을

알아차립니다. 지금 나는 내 앞에 있는 상자를 알아차립니다. 지금 나는 긴장이 사라지기를 기다리고 있습니다. (웃음)

펄스 : 보시다시피, 이 순간에 마렉은 미래로 뛰어들었습니다. 기다린다는 말은 알아차림이 멈추었다는 것을 뜻합니다. 진행 과정에 대한 그의 기대를 지금 줄여야겠죠. '어떻게' 라는 질문으로 합니다. 어떻게 행동을 감추고 있나요? 기다림을 어떻게 경험하고 있나요?

마렉 : 이 순간 심하게 긴장을 느낍니다. 몸 전체가 긴장됩니다. 뭔지 모를 두려움. 머리가 백지장처럼 하얘지면서 생각을 제대로 할 수가 없어요.

펄스 : 내가 알아차린 것을 말해 주겠습니다. 당신이 너무 많이 웃고 있음을 나는 알아차렸습니다. 심지어 당신이 불쾌한 긴장처럼 불쾌한 기분을 말할 때 당신은 웃고 있습니다. 나에게 이것은 모순으로 느껴집니다.

마렉 : (웃음) 그것은 사실입니다. 아, 이것은 무기인 듯합니다.

펄스 : 지금 무엇을 하고 있습니까?

마렉 : 생각?

펄스 : 네. 당신은 자신을 지키려고 합니다. 그것을 알아차립니까?

마렉 : 네. 지금은요.

펄스 : 아마 내 말이 당신에게 불쾌했겠죠?

마렉 : 뭐, 조금. (입술을 깨물고 웃는다.)

펄스 : 지금 웃고 있는데 알고 있나요?

마렉 : 내가 웃는 게 싫으신가요?

펄스 : 그 말로 당신이 어떤 의미를 전하려는지 알고 있습니까?

마렉 : 적대감을 표현했던 것 같네요.

펄스 : 날 공격했어요.

마렉 : 공격한 게 아니라…….

펄스 : 또다시 당신이 방어하고 있음을 알아차리나요?

마렉 : 네. 나에게 매우 방어적인 성향이 있어요.

펄스 : 좋습니다. 이제 다른 분이 나오세요. 나는 알아차림을 키우는 연습을 간단하게 해 보길 바랍니다. 당신도 알다시피 지금 우리가 하고 있는 일은 시험 삼아 살펴보는 것입니다. 과정에 대한 알아차림에 익숙해지는 과정과 더불어 사람들이 상황에 대한 참여를 피하는 방식을 보고자 합니다. 우리는 다음 단계로 가서 당신이 무엇과 접촉하는지 보겠습니다. 세 가지가 있습니다. 당신은 세상과 자신 그리고 환상과 접촉합니다. 환상은 중간 지대라고 말할 수 있고, 프로이트는 그것을 콤플렉스라고 표현했습니다. 이 중간 지대는 우리의 건강하지 못한 부분입니다. 현실이 만족스럽지 못할 때 환상에 빠져듭니다. 제정신이 아닌 사람은 자신이 나폴레옹이라고 말하고 다닙니다. 그는 실제로 자신이 나폴레옹이라고 믿습니다. 내가

나폴레옹이 되고 싶다고 말한다면, 당신은 날 보고 미쳤다고 할 겁니다. "난 나폴레옹이다. 자, 아우스터리츠로 가자." 당신은 그러겠죠. "도대체 저놈 뭐야?" 완벽하게 미쳐 버리는 영역이 있습니다. 바로 꿈입니다. 나중에 보겠지만 이 꿈은 아주 중요한 중간 지대로서 세상의 현실과 진실한 자신과의 접촉에 도움을 줍니다. 좋습니다. (뜨거운 의자에 앉아 있는 돈을 향해서) 실험을 해 보겠습니까? 지금 나는 무엇을 알아차리고 있다고.

돈 : 당신이 나를 보고 있음을 알아차립니다. 제 목소리가 떨리는 것을 알아차립니다. 음…… 마음이 나누어지는 것 같은데요. 환상을 보는 마음과 몸을 알아차리는 마음으로요.

펄스 : 지금, 마음이 환상과 몸으로 나누어진다고 했습니다. 나에게 마음은 환상입니다. (침묵) 그리고 자신의 마음이 나누어진다고 했을 때, 그것은 주의가 나누어진다는 말입니다.

돈 : 맞아요, 정확해요. 몸이 내 마음속에서 존재한다면 내 마음은 몸과 밀착되어 있어요. 나는 그곳에 집중하고 있어요. 가슴이 나뭇잎처럼 떨리는 것을 느껴요. 손도 조금 떨리고요. 나는 가슴이 떨리는 것을 느끼는데, 이 떨림이 목을 타고 올라와요. 카펫을 보고 있음을 알아차립니다. 사람들의 발이 움직입니다.

펄스 : 당신은 저와 다른 사람을 바라보지 않고 피하고 있다

는 것을 압니까?

돈 : 그렇군요. 방금 전만 해도 나는 보지 않았어요. 사람들이 매우 긴장하고 약간은 멈춰 버린 것처럼 느껴졌어요. 정말로 그런 듯했어요.

펄스 : 자신과 세상에 대한 알아차림을 셔틀링 기법으로 시작해 봅시다. 나를 알아차리는 것은 '나' 라는 말로, 세상을 알아차리는 것은 '너' 라는 말로 표현합니다. 나와 너. 당신에게 '나' 라는 말이 너무 많다면, 당신은 자기중심적이고 자신에게 빠져 있습니다. 당신에게 '너' 라는 말이 너무 많다면, 당신은 편집적이거나 공격적이거나 사업가이거나 그런 것과 비슷한 그 무엇입니다.

돈 : (집단원을 향해) 나는 당신들을 보고 있습니다. 지금 당신을 보고 있고, 당신을 보면 볼수록 떨림이 잦아드는 것을 느낍니다. 어, 당신들 중 몇 사람은 나를 똑바로 보는 듯합니다. 몇 명은 옆으로 보거나 고개를 들고 봅니다. 셜리, 당신은 날 아래위로 훑어보는군요. 던, 당신은 날 옆으로 보네요. 그리고 다른 사람들은…….

펄스 : 지금, 자신을 알아차려 보세요.

돈 : (헛기침) 긴장이 무척 심해요. 입이 마르네요.

펄스 : 세상을 알아차려 보세요.

돈 : 음, 한곳만 보기를 원하는 것 같아요.

펄스 : 당신은 여전히 '나' 에게 빠져 있어요.

돈 : 고든, 당신은 매우 신념에 차 보입니다. 그러나 약간 거

칠어요. (웃음)

펄스 : 지금 당신은 그를 보았습니다. 지금 자신에게로 주의를 돌리세요.

돈 : 당신의 자신만만함이 저에게 힘을 줍니다. (조용히 웃음)

펄스 : 지금 당신에게 통합이 이루어지고 있습니다. 세상과 나는 하나입니다. 보지 못해도, 세상은 그곳에 있습니다. 그리고 내가 보려고 하자마자 나는 긴장하고 뚫고 들어가려고 합니다. 그래서 세상을 가지는 것만 제외하고 모든 행동을 하게 됩니다. 네, 고맙습니다. (침묵. 페니가 뜨거운 의자로 다가온다.) 이름이……?

페니 : 페니.

펄스 : 페니.

페니 : 음, 내 심장이 뛰는 것을 알아차립니다. 내 손이 차갑습니다. 보는 것이 두렵고, 가슴이 두근거립니다.

펄스 : 당신이 나를 어떻게 피하는지 알아차렸나요? 나를 보면서도 재빠르게 딴 곳을 봅니다. 당신은 무엇을 피하나요? 당신은 나를 볼 때 웃는다는 것을 아나요?

페니 : 음…… 음…….

펄스 : 당신이 나를 볼 때, 그 웃음은 무엇인가요?

페니 : 두려워요. 제 두려움을 숨기려고 했어요. (눈물을 참고 입술을 깨문다.)

펄스 : 당신의 두려움은 즐겁나요? 불쾌하나요? 당신은 두려움을 편안하게 느끼나요?

페니 : 네, 심장이 그렇게 많이 두근거리지 않아요. 더 이상.

펄스 : 음……. 지금 접촉과 물러남을 경험해 보죠. 대처하는 것과 물러남은 삶의 리듬입니다. 그것은 가장 기본적인 삶의 리듬입니다. 겨울에 우리는 실내에 머물려고 하지요. 여름에는 밖으로 나가려고 하고요. 밤에는 잠으로 깊이 물러나고, 낮에는 활동하느라 바쁩니다. 내가 단어를 모른다면 나는 사전으로 물러납니다. 문장의 빈 곳을 채울 단어를 찾아냈을 때 되돌아 나옵니다. 그래서 이 리듬은 나와 네가 하나가 되어 계속해서 진행됩니다. 그런데 당신이 중간 지대에 빠진다면, 이 지대는 당신과 세상 사이에 끼어들어서 당신의 조화로운 기능을 방해합니다. 이 중간 지대에 비관적인 기대가 있습니다. 또는 세상을 왜곡하는 콤플렉스 등이 있지요. 지금 나는 당신에게 접촉과 물러남을 느끼게 하고 싶습니다. 힘껏 깊이 물러나 보세요. 이 방에서조차 멀리, 그리고 되돌아와서 우리를 보세요. 당신이 이 리듬을 시도했을 때 무엇이 일어나는지 지켜보세요.

페니 : 돌아오는 것이 더 편안합니다.

펄스 : 이 리듬으로 진행하세요. 다시 눈을 감으세요. 물러나세요. 그리고 매번 가는 곳을 말로 표현해 보세요. 해변으로 갑니까? 생각으로 빠집니까? 근육의 긴장으로 들어갑니까? 그러면 다시 나오세요. 당신이 알아차린 것을 말해 주세요.

페니 : 더 많이 편안해졌습니다. 이것은, 어…… 나 자신 안으로 들어가는 것 같습니다. (침묵) 그런데 머무르기를 바라지 않습니다. (침묵) 이것은 지루해요.

펄스 : 우리의 기본적인 접촉이 무엇인지 기억하나요? 늘 말했지만, '지금 나는 알아차린다.' 입니다. 당신은 나를 볼 때 무엇을 알아차렸나요?

페니 : (침묵) 대답을 찾으려 했어요.

펄스 : 네, 알아차림이 즐겁지만은 않습니다. 그래서 당신은 알아차리는 것을 멈춥니다. 탐문하고 관찰하고 생각하는 소일거리를 즐깁니다. 달리 말하면 컴퓨터 안으로 틀어박히려 합니다. 저와 함께 있지 않습니다. 당신은 아직까지 세상에 없습니다. 눈을 감으세요. 떠나 보세요. (페니는 한숨을 쉰다.) 당신은 방금 전에 지루함을 느꼈습니다. 지루함을 즐겁게 느끼나요? 불편하게 느끼나요?

페니 : 불편해요.

펄스 : 불편함에 머무르세요. 그리고 지루할 때 느끼는 불편함이 무엇인지 우리에게 말하세요.

페니 : (침묵) 좌절감을 느낍니다. 뭐라도 하고 싶어요.

펄스 : 다시 말해 보세요.

페니 : 뭐라도 하고 싶어요. (침묵. 눈을 감고 있다.)

펄스 : 지금 돌아오세요. 지금 여기서 무엇을 느끼나요?

페니 : (주위를 둘러보면서) 색깔이 선명합니다.

펄스 : 다시 말씀해 주실래요?

페니 : 색깔이 선명합니다.

펄스 : 색깔이 선명하다. 그것은 좋은 신호입니다. 우리가 게슈탈트 치료에서 '작은 깨달음(mini-satori)' 이라고 부르는 것입니다. 페니는 깨어나기 시작합니다. 세상이 현실감 있고 색깔이 선명하다고 당신은 알아차렸습니다. 무척 진실하고 자연스럽게 들립니다. (침묵) 당신이 앞으로 나오겠습니까? 이름이?

앤 : 앤이에요.

펄스 : 앤. (침묵)

앤 : 나는 머리에서 긴장을 알아차립니다. 내 머리가 온통 욱신거리고 조이는 것 같습니다. 머리가 멍해지고 팔다리가 무감각해집니다. 차라리 흥분하는 게 좋겠는데…….

펄스 : 지금 세상으로 가세요. 당신은 주변에서 무엇을 알아차립니까?

앤 : (침묵. 앤은 주위를 둘러보다가 울기 시작한다.) 나는 알아차립니다. 한 남자가 나를 아주 친절하게 보고 있어요. 그 남자는 아주 친절하고 이해심이 많아 보입니다.

펄스 : 게슈탈트 치료에는 또 다른 조건이 있습니다. 우리는 언제나 접촉을 하려고 합니다. 그 사람에 대해 간접적으로 말하지 않고, 그에게 직접 똑같이 말할 수 있나요? 그것을 그에게 말해 보세요.

앤 : 난 느껴요. 당신이…… 당신이 매우 친절하고 이해심이

많다는걸요.

펄스 : 지금 물러나 보세요. (침묵) 당신이 울었다는 걸 아나요?

앤 : 음…….

펄스 : 그렇게 한번 말해 보는 게 어떻습니까?

앤 : 나는 알아차립니다. 내가 울고 있는 것을 알아차립니다. 음…… 조금 무너지는 기분이 들어요. (한숨) 무너지고, 음…… 부서지고…….

펄스 : 우리에게 돌아오세요. 지금 당신은 나에게 옵니다. 당신은 나를 어떻게 느끼나요?

앤 : 당신을 아주, 아주, 아…… 현실적이고, 뚜렷하고, 아주 가깝고, 나와 여기에 함께 있다고 느낍니다. 그런데 나와 함께 있는 것이 아니라 모든 사람과 함께…….

펄스 : 지금 다시 나에게서 물러나세요. 헤어짐은 달콤한 슬픔입니다. (웃음)

앤 : 난 느껴요. 내 머리의 긴장을 알아차려요. 눈언저리가 더 많이 긴장하고 있어요.

펄스 : 눈을 감을 수 있나요?

앤 : 음…….

펄스 : 어떻게 하고 있는지 보세요. 무엇이 긴장하고 있나요? 당신은 어떻게 긴장을 만들어 내나요?

앤 : (침묵) 나는 느껴요. 그 불안을 안으로 끌어들이고 있어요. 함께 끌어당기고 있어요.

펄스 : 음…… 좀 더 돌아오세요.

앤 : (주위를 둘러보며) 나는 느껴요. 여기 집단이, 음…… 약간 열린 것 같아요.

펄스 : 네, 좋습니다. 고마워요. (앤과 악수를 한다.) 이것은 알아차림을 키우기 위한 기초입니다. LSD(환각제) 또는 흥분을 위한 인위적인 것은 필요 없습니다. 우리가 알아차림을 더 깊게 하고 인위적인 것에 의지하지 않는다면, 성장을 위한 토대를 쌓을 수 있습니다. 이제 쉬도록 하지요.

## 결 혼

어제 한 인간의 인생 대본에 대해 말했습니다. 인생 대본에는 여러 사람들이 함께합니다. 우리는 자긍심을 높이기 위해 다른 사람들의 지지가 필요합니다. 식량을 얻거나 성적인 욕구를 위해서 다른 이들이 있어야 합니다. 인생 대본에는 대부분 결혼이 있습니다. 결혼하고 나서 배우자끼리 인생 대본을 맞추지 않으면 결혼 생활은 고통스러워집니다. 달리 말하면, 배우자를 사랑하지 않기 때문이 아니라 배우자가 이렇게 해야 한다는 이미지를 강요하기 때문입니다. 지금 배우자의 이미지와 실제 모습은 거의 일치하지 않습니다. 그래서 좌절과 어려움이 따릅니다. 특히 완벽주의자들은 고통을 더 크게 느낍니다. 그럴 경우 정말로 힘들어집니다. 완벽주의는 모든 사람에게 생길 수 있는 가장 최악의 불행입니다. 완벽주의자가 되면 이룰 수 없는 기준을 요구하여 자신과 다른 사람을 힘들게 합니다. 배우자에게 불가능한 일을 요구하면서부터 분노가 생겨납니다. 비난 게임을 하고 짜증스러워지는 등 힘들어집니다.

그래서 결혼 게임에서, 우리는 편안하게 지내기가 어렵고 서로 있어야 할 자리를 찾기가 어렵습니다. 우리가 알아차리기 위해 사용했던 대화 방법으로 똑같이 시작해 봅시다. 그것은 '나'와 '너'입니다. 먼저 두 사람을 데려옵시다. (돈과 클레르가 뜨거운 의자에 앉는다.) 자, 당신은 적을 만날 것입니다. (웃음) 당신의 이름은?

**클레르** : 클레르예요.

**돈** : 돈입니다.

**펄스** : 클레르, 돈, 나는 당신들이 이렇게 대화를 주고받기를 바랍니다. 클레르, '나'라는 말로 당신 자신으로 물러나고, 그리고 돈에게 돌아와서 '당신'이라고 말합니다. 다시 되돌아갑니다. 나와 너로. 그리고 돈 역시 똑같이 합니다. 셔틀링입니다. 그리고 어느 정도 대화가 되는지 봅시다. 물론 우리의 가장 큰 관심은 당신이 피하고 있는 그 무엇입니다. 내가 당신에 관한 생각을 그대로 말해 버리면, 당신은 나를 좋아하지 않거나 나를 떠나고 싶은 생각이 들 수 있습니다. 또는 어떠한 비관적인 기대가 있겠지요.

**클레르** : 아! 나는 내 안으로 들어가는 것이 어렵다는 것을 알

아요. (침묵) 당신에게 가기를 원해요. 그래서 음…… 당신과 함께 있다는 것을 당신에게 확인시켜 주고 싶어요.

펄스 : 다시 되돌아가세요.

클레르 : 나 자신에게 돌아갑니다. 나는 역시 나 자신이 되기를 원합니다. (웃음)

펄스 : 당신에게 바람이 많다는 것을 알아차립니까? 나는 원한다. 나는 원한다. 나는 그것을 원한다. 당신은 알아차린 것을 말하지 않았습니다. 당신이 원하는 것만 말하고 있습니다. 다시 말하면, 당신은 지금-여기에 머물러 있지 않습니다. 당신이 원하는 것 외에는 무엇을 하는지 말하지 않습니다. 좋습니다, 돈.

돈 : 음, 나 자신의 불쾌한 곳으로 가고 있습니다. 여기서 나 자신 안으로 들어가는 것은 쉽지만, 음…… 당신에게 가는 게 퍽 어렵다는 것을 느낍니다. 그리고 음…… 나는 지금 기억해 냅니다. 내가 사람들을 볼 때, 당신만은 보지 않았다는 것을 말입니다.

펄스 : 분명한 회피입니다. 상대방을 보는 것을 피한다면, 당신이 열려 있지 않음을 뜻합니다. 당신 차례입니다, 클레르.

클레르 : (침묵) 내 안의 긴장을 알아차립니다. 심장이 고동치는 것 같아요. (침묵) 뭔가 기대 같은 떨림이에요. 당신의 차분함을 알아차립니다. (웃음) 음…… 당신의 확신, 뭔가 있는 것 같은데. 나 자신을 제대로 표현하지 못함

을 알아차립니다. 엄지손가락을 감싸 쥡니다. 확신이 없어요.

펄스 : 목소리를 알아차립니까?

클레르 : 목소리가 작네요.

펄스 : 당신의 목소리에 대해 돈에게 말할 수 있나요? 그리고 그 작은 목소리로 돈에게 뭘 말하려고 하는지도 말이에요.

클레르 : 음…… 목소리가 작아서 당신이 내 말을 듣기 위해 귀를 곤두세울 필요가 없으면 좋겠군요.

펄스 : 당신의 바람이군요. 당신은 무엇을 하고 있나요?

클레르 : 조용하게 말하고 있습니다. 머뭇거리면서요. (침묵) 확신 없이.

펄스 : 작은 목소리는 숨겨진 적대감입니다. 이것은 다른 사람을 괴롭히는 수단입니다.

클레르 : 늘 그렇게 작지는 않아요. (웃음)

펄스 : 돈.

돈 : 저는 지금 더 차분해지고 있음을 알아차립니다. 그리고 음…… 제 생각에는 차분함이 흐트러지고 있어요. 왜냐하면, 당신의 의심과 두려움을 느꼈기 때문입니다. 내가 여기에 있고 현재에 머물러야 할 것 같은데…… 음, 내 안에서 긴장을 느껴요. 어, 당신에게 말하려고 애쓴다고 생각해요.

펄스 : 나는 생각한다, 나는 애쓰고 있다고 말하는 당신을

알아차리나요? 당신이 알아차린 것을 우리에게 이야기 해 주실래요?

돈 : (한숨) 나는 긴장하는 것 같아요. 콘크리트처럼 딱딱하게요. 약간은 굳어지는 것 같아요.

펄스 : 약간.

돈 : 굳어지는 것 같아요. 단단하게 말입니다. 모든 것이 멈춘 것처럼 보여요. (침묵. 클레르는 펄스를 보고 있다.)

펄스 : 당신은 나에게 무엇을 원합니까?

클레르 : (돈을 향해 몸을 돌리며) 음, 느껴요…….

펄스 : 당신은 나에게 무엇을 원합니까?

클레르 : 음…… 돈에게 말하려고 했습니다. 음…… 당신을 살펴보고 있었다고요.

펄스 : 당신은 나를 살펴보고 있습니다.

클레르 : 아뇨, 그렇게 느끼지 않아요.

펄스 : 음…….

클레르 : 안내자라고 생각한 것 같아요. 내가 적절하게 행동했는지…….

펄스 : 돈에게 똑같이 말할 수 있나요?

클레르 : 똑같은 말을, 그를 안내자로 본다는 말을 돈에게 하고 싶지 않아요. 그러나 내 태도에 그런 점이 있다는 것을 알아요. 나는 말하려 했어요. 화가 났다고요. 내가 내 감정을 다루기를 무서워한다는 것을 당신이 알고 나서 긴장해서 말이죠. 매우 화가 나요.

펄스 : 좋습니다. 다른 사람을 만나 보죠. 나는 더 깊이 들어가고 싶은 게 아니에요. 의사소통이 어느 정도 되는지 알고 싶을 뿐입니다. 이름이?

러스 : 러스.

페니 : 페니. (침묵)

펄스 : 자, 한 번 더 하죠. 실험은 간단합니다. 당신이 싫어하더라도 나는 개의치 않습니다. 자신에 대한 알아차림, 당신에 대한 알아차림. 만약 이것이 너무 큰 과제라면, 그렇다고 말하세요. 그러면 이렇게 간단한 요구를 이해하지 못하는 그 어려움을 다루어야 합니다.

러스 : 나는 당신이 말하려는 것을 두려워하고 있음을 알아차립니다. (침묵) 나는 들을 수 있어요.

펄스 : 당신 차례입니다, 페니.

페니 : 나는 가슴의 긴장을 알아차립니다. 나는 당신이 나를 꽤 집중해서 보는 걸 알아차립니다. 내가 공이라도 던져 주기를 기다리고 있는 것처럼 보입니다. (웃음)

펄스 : 이것은 당신이 알아차린 것입니까? 당신이 생각한 것입니까?

페니 : 내가 생각한 것입니다.

러스 : 당신이 그것을 원한다고 나는 알아차립니다. 당신이 나에게 미리 알려 주기를 원합니다. 그리고 나는 알아차립니다. 내가…….

펄스 : 당신 손이 무엇을 하고 있는지 알아차립니까? 지금

대단히 어려운 과제를 해 보세요. 분명한 것을 보려고 하세요. 당신이 머리를 움직이고 있는 것은 분명합니다. 당신이 손을 이렇게 잡고 있다는 것도 분명합니다. 당신이 고개를 끄덕이는 것도 분명합니다. 단순하지만 어려운 이 과제에 집중해 보세요.

러스 : 내가 너무 열심히 노력하고 있음을 알아차립니다. 나는 편안해지려고 노력하면서 동시에 붙잡으려고 합니다.

펄스 : 어떻게 노력하고 있나요?

러스 : 내 손으로. 내 몸은 굳어져요. 나는 굳어집니다.

펄스 : (페니에게) 지금 당신은 그곳에서 무엇을 알아차리나요?

러스 : 페니, 당신 손은 무엇인가를 말하고 있습니다. 조용하게, 부드럽게 당신은 나로부터 멀리 떨어지려고 합니다.

펄스 : 지금 그가 처음으로 손을 본 거죠? 지금 자신에게 돌아갑시다. 다시, 그동안 무슨 일이 있었나요? 당신은 연습을 했나요?

러스 : 그래요.

펄스 : 그러면 당신이 어떻게 연습했는지 페니에게 이야기해 주세요.

러스 : 사실대로 말하고 싶어. 내가 당신과 함께 있다고 확신할 수 없어, 언제나. 내가 정말로 당신의 이야기를 듣고 있다고 생각하지 않아. 내가 투사를 하는지 어떤지도

확실하지 않아.

펄스 : 당신이 말해 보세요, 페니.

페니 : 나는 오른손에 묵직함을 느낍니다. 나는 당신에게서 멀리 떨어지려 함을 알아차립니다. 나는 당신에게서 뒤로 물러나려고 하는 것을 느낍니다. 나는 삼켜지는 것을 두려워합니다.

펄스 : 당신 차례입니다, 러스.

러스 : (침묵) 나는 당신을 속이고 싶습니다.

펄스 : 당신은 알아차립니까? 음…… 힘든 일입니다. 우리는 마음의 속임수에 너무 많이 빠져 있습니다. 말하세요. 단지 당신의 반응을 우리에게 말하세요. 당신이 실제로 느끼는 것만. 당신은 의자에 앉아 있다고 느낍니다. 당신은 고개를 끄덕이는 자신을 느낍니다. 그렇게 단순하게만.

러스 : 네, 나는 오른팔의 무거움을 느낍니다.

펄스 : 그거예요. 좋습니다.

러스 : 내가 왼팔로 나를 물러서게 하고 있어요.

펄스 : 지금 우리는 현실로 돌아옵니다. 지금 당신의 눈을 다시 떠 보세요. 당신은 무엇을 봅니까? 무엇을 듣나요?

러스 : 나는 더 말할 수 없을 것 같아요.

펄스 : 좋아요. 고맙습니다. 다음 커플 나오세요. (침묵) 함께 사는 사람들이 대화가 거의 없다는 것은 믿기 힘들 정도입니다. 현실적인 문제, 그 정도만 이야기를 나눌

뿐이지요.

앤 : 나는 알아차립니다…….

펄스 : 당신 이름은?

앤 : 앤.

빌 : 빌.

펄스 : 앤 그리고 빌.

앤 : 나는 심장이 두근거리는 것을 알아차립니다. 그리고 나는 알아차립니다. 의자 등판이 약간 딱딱합니다. 두 팔을 의자 팔걸이에 올려놓고 있습니다. 그리고 당신이 집중해서 내 눈을 보고 있음을 알아차립니다. (침묵) 그리고 더 빠르게 숨 쉬고 있는 것을, 나는 당신의 숨결을 알아차립니다.

펄스 : 빌.

빌 : 심장이 고동칩니다. 그리고 왼팔로 기댑니다. 전체적으로 가라앉고 진정하면서 중심으로 들어가는 것 같습니다. (침묵) 당신을 봅니다, 앤. 당신의 얼굴은 부드럽지만 조금 긴장하고 있습니다. 당신의 오른쪽 어깨를 봅니다. 약간 떨립니다. 그리고…….

펄스 : 당신의 눈이 무엇을 하는지 알아차립니까?

빌 : 주위를 둘러보고 있습니다.

펄스 : 앤을 볼 때 당신은 무엇을 피하고 있습니까?

빌 : 나는 지금 나 자신을 알기 위해 노력합니다. 그리고 나는 뭔가를 할 준비가 되어 있지 않습니다. 이곳으로 돌아

올 때까지.

펄스 : 아주 좋습니다. 눈을 감고 들어가 보겠습니다. 이것은 아주 좋은 예입니다. 빌은 준비되어 있지 않았습니다. 그래서 그는 자기 안으로 들어갈 시간이 더 많이 필요합니다. 안으로부터 지지를 얻을 시간이 필요합니다. 자, 당신은 무엇을 느낍니까?

빌 : 나는 마음을…… 내 위치로 다시 돌아오고 싶은 마음을……. 그리고 중심으로 들어가고 싶은……. 되돌아와서…… 음…….

펄스 : 여유를 가지세요. 준비가 될 때 돌아오세요.

빌 : 무릎에 긴장을 느낍니다. 다리가 떨립니다.

펄스 : 지금 두 가지를 통합합시다. 당신 안에 있는 느낌을 앤에게 말하세요.

빌 : 나는 지금 심하게 떨고 있음을 느낍니다. 불안하고, 짜증스럽고, 몸이 떨립니다. (침묵) 이것이 지금 변하고 있습니다.

펄스 : 당신은 무엇이 일어났는지 알아차렸습니다. 생각에서 빠져나와, 주의를 기울여 체험을 의사소통의 수단으로 이용하고 있습니다. 지금 빌은 더 이상 떨리는 것을 숨기지 않고 앤에게 말합니다. 그리고 당신이 자신을 순수하게 표현하자마자 불편함이 사라집니다. 불편함을 느낀다면, 정직한 대화를 하고 있지 않다는 뜻입니다. 좋습니다. 고맙습니다.

## 게슈탈트 기도문

이번 시간은 길의 종착지에서 출발하고 싶습니다. 그것은 게슈탈트 기도문입니다. 제가 먼저 말한 후에 여러분이 따라 하시면 됩니다. 그리고 커플 몇 쌍이 이 기도문으로 무엇을 하는지 함께 보도록 합시다. 게슈탈트 기도문은 이렇게 시작합니다. 나는 나입니다…….

집단원 : 나는 나입니다.

펄스 : 당신은 당신입니다.

집단원 : 당신은 당신입니다.

펄스 : 나는 당신의 기대대로 살기 위해 이 세상에 오지 않았습니다.

집단원 : 나는 당신의 기대대로 살기 위해 이 세상에 오지 않았습니다.

펄스 : 당신은 나의 기대대로 살기 위해 이 세상에 오지 않았습니다.

집단원 : 당신은 나의 기대대로 살기 위해 이 세상에 오지 않았습니다.

펄스 : 나는 나입니다.

집단원 : 나는 나입니다.

펄스 : 당신은 당신입니다.

집단원 : 당신은 당신입니다.

펄스: 아멘. (웃음) 부부가 나와서 이 기도문을 함께 작업해 봅시다. (돈과 클레르가 앞으로 나온다.)

돈: 음, 당신은 내가 매일 새벽 3시에 집에 있기를 바라지만 그 시간에 나는 없을 거야. (웃음)

클레르: 내가 그것을 바라는지 모르겠어요. (웃음)

돈: 음…… 그럴 것 같은데.

클레르: 당신과 함께하는 것을 좋아하기는 해요. 당신은 나와 함께하고 싶은 마음이 별로 없는 것 같아요. (침묵) 나는 정말 나 자신이고 싶어요. 어쩌면, 당신이 충분히 당신으로 있을 수 있도록 놓아두지 못한 듯해요. (헛기침) 내가 나 자신이 되려고 할수록 언제나 뭔가 충분한 것 같지가 않아요. 노력을 훨씬 더 많이 해야 할지 모르겠어요. 나 자신을 결코 되찾을 수 없을 것 같아요.

돈: (침묵) 음, 그렇다면…… 당신이 자신에 관해 조금 불쾌하고 불만족을 느낀다고 해서 그것은 내 문제가 아니지.

클레르: 어쩌면…… 내가 어디에 있는지 너무 많이 고민할 뿐만 아니라 당신까지 어떤지 고민하는 것 같아요.

돈: 당신이 내가 어디에 있고, 무엇을 하는지 고민한다면…….

펄스: 네, 여러분은 지금 무엇이 일어나고 있는지 봅니다. 그들에게 게슈탈트 과제를 하나 주었는데, 바로 창밖으로 내던져 버렸습니다. 현재의 경험을 더 이상 말하지도 않고, 지금 무엇이 일어나는지에 대해서도 말하지 않는

군요. 그들이 있는 곳에서 대화를 나누는 대신 그 유명한 지적 기만 게임에 빠졌군요. 그리고 마침내 서로 비난하는 게임으로 끝났습니다. 다시 해 봅시다. 지금 여기에 머무르세요. 언제나 상대방에게 당신의 반응과 생각을 말하세요. 가장 간단한 방법은 큰 소리로 생각하는 겁니다. 실제로 6주 안에 여러분은 소설가가 될 수 있다고 확신합니다. 타자기 앞에 앉아서 생각나는 단어를 정확하게 쳐 나간다면, 마치 이런 것입니다. '펄스는 나에게 6주 만에 소설가가 될 수 있다고 했지. 믿기 어려워. 말도 안 돼. 지금 뭘 써야 하는 거야? 모르겠어. 아무것도 생각나지 않아. 지옥에나 가시오, 펄스!' (웃음) 당신도 알다시피, 당신이 솔직하고 정직하다면, 각 단어는 당신이 생각하는 대로 나타납니다. 왜냐하면, 생각이란 단지 마음으로 하는 대화일 뿐이니까요. 생각으로 우리가 하는 일은 연습입니다. 예를 들어, 우리는 어떤 말을 할지 떠올리고 검열을 합니다. 그러면 다른 사람을 조종하기에 적당한 문장만 밖으로 나옵니다. 대개 다른 사람에게 최면을 걸 만한 말을 하지요. 설득하고 속이고 확신을 주려는 말입니다. 우리는 자신을 표현하고, 우리 자신을 앞으로 나아가게 하는 말은 거의 하지 못합니다. 결과는 우리의 만남을 메마르게 할 뿐이지요. 대개 지적 기만이나 조종이지요. 그래서 다시 해 봅시다. 이것을 기초로 해서 말이지요. 기대의 밑바닥에 무엇이 숨어 있는지 말해 봅시다. 시간을 아끼기 위해 지금 내가 느끼는 것을 말하세요. 머릿속에서 연습하지 마세요. 치료는 안전한 상태에서 위기를 겪어 보는 것입니다. 당신이 화내거나 솔직해진다고 해서 세상이 무너지지 않는다는 것을 실제로 행동하면서 이해하세요. 그러면 당신은 자신감을 갖고 세상으로 들어갈 수 있습니다. 당신은 알게 됩니다. 사람들은 당신이 꾸며서 말하는 것보다 솔직하게 말할 때 훨씬 더 고마워합니다. 물론 성질을 부리고, 말이 안 통하는 사람들이 많습니다. 그런 사람들은 친구로서 사귈 만한 가치가 없는 이들입니다.

클레르 : 당신은 고민하고 있는 것처럼 보여요. 손가락을 불안하게 꼼지락거리는 게 마치 할 말을 찾고 있는 듯해요.

돈 : 음…… 나 역시 그것을 느꼈어요. 나 자신을 괴롭히고 있군요. 내가 왜 이렇게 손가락을 만지고 있는지 나도 궁금해요.

펄스 : 네. 여느 때와 마찬가지로 비언어적 행동에는 의도가 담겨 있는 경우가 많지요. 자신을 괴롭힌다면, 그것은 돈이 클레르를 괴롭히기를 원한다는 것을 의미해요. (침묵) 우리는 대개 다른 사람에게 하고 싶은 것을 자신에게 합니다. 그래요. 클레르를 괴롭혀 보세요.

돈 : (웃음. 몸을 기울여서 클레르의 다리를 꼬집는다.) 살짝 꼬집었어요. (웃음) 어쩌면 그 말이 맞는지도 몰라. 여기 오기 전에 내가 당신에게 말했지. 당신이 그 꿈을 말해야

한다고.

클레르 : 꿈에서 당신이 나를 밀고 있었어요.

돈 : 나는 당신을 밀고 있었지. 그런데 당신이 무슨 꿈을 꾸었든 간에 나와 상관없어. 나도 꿈을 꾸었으니까.

클레르 : 음…….

펄스 : 사람들은 본심을 숨기기 위해 비언어적 표현을 가면처럼 사용합니다. 클레르가 계속 얼굴을 찌푸리고 있다는 것을 당신은 지금 알았지요. 그리고 돈은 항상 심각한 교수님 얼굴을 하고 있고요. 서로의 얼굴에 대해 말해 보세요. 당신을 무엇을 보나요? 무엇을 느끼나요?

돈 : 음…… 당신 얼굴이 좋아요. 그러나 너무 많이 웃어요. 음, 웃음 뒤에는 불편함이 있는 것 같고, 사람들에게 웃음으로 뭔가를 주려고 하는 것 같아요.

펄스 : 돈은 클레르를 해석하고 있습니다.

클레르 : 그게…… 맞아요…….

펄스 : 해석은 모두 차단입니다. 당신은 다른 사람이 생각하고 느끼는 것을 말해 주면서, 그들이 스스로 자신을 발견하지 못하게 하고 있습니다.

클레르 : 돈의 말이 맞아요. 나는 웃음으로 내가 느끼는 것을 숨깁니다. 나는 사람들에게 상처를 주고 싶지도 않고, 그렇게 정직하게 살고 싶지도 않아요. (웃음) 어쩌면 그게 맞을지도 몰라요. 음…… 당신은 매우 착실하고 정직해 보여요. 약간 우스꽝스럽기도 하지만요.

펄스 : 왜 당신은 그에게 상처를 주고 싶지 않나요? 돈에게 말해 보세요. 나는 당신에게 이러저러한 이유로 상처를 주고 싶지 않다고.

클레르 : 음……, 아마 솔직해지면 (웃음) 내가 너무 의존한다는 것을 보여 주게 되고, 음…… 당신이 주고 싶지 않은 것을 자꾸 바라게 되니까요.

펄스 : 당신도 알겠지만, 당신은 얼굴을 찌푸리지 않을 때 아름답습니다.

돈 : (침묵) 당신은 아름다워요.

클레르 : (웃음) 정말로……. (한숨) 할 말을 잃게 하는군요. (웃음)

펄스 : 여러분이 이렇게 말했으면 하는 표현 방식이 있습니다. 그것을 당분간 '표현 장치'라고 부릅시다. 두 가지 표현 장치를 말하고 싶습니다. 하나는 당신이 있는 곳에서 솔직하게 말하는 겁니다. 나는 의존하고 있고, 지금 무슨 말을 해야 할지 모르겠고, 당신이 나를 난처하게 하고 있다고 솔직하게 표현합니다. 당신이 자신을 알아차린다면 이것은 간단하게 할 수 있습니다. 느껴지는 대로 그 말을 하면 됩니다. 그러면 곧바로 반응과 대화를 이끌어 낼 수 있습니다. 다른 하나는 무척 유명한 투사로서 쓰이는 '이것'이란 단어를 '나' 또는 '당신'으로 바꾸는 겁니다. '이것'이 전부 책임을 안고 있습니다. (침묵) 좋습니다. 다음 커플을 만나 봅시다. 두 번째 커플은 누

구입니까? (러스와 페니가 뜨거운 의자로 나온다.) 이번에도 게슈탈트 기도문으로 시작해 봅시다. 이들에게 무슨 일이 일어나는지 봅시다. 페니는 기도문을 러스에게 말해 보고, 러스는 페니에게 말해 봅시다.

페니 : 나는 당신이 그렇게 하기를 바랍니다. 당신은 내가 그렇게 하기를 바랍니다. (웃음) 내가 관심 있는 일에 당신이 관심을 보여 주기를 원합니다. 당신은 내가 내 관심사를 잊기 바랍니다.

펄스 : 당신은 페니가 능글맞게 웃고 있다는 것을 알아차렸습니까? 당신의 눈과 귀를 열어 놓으세요.

러스 : (침묵) 내가 관심을 갖는 일에 당신도 관심을 보이기 바랍니다. (침묵) 머리가 멍해지네요. (침묵) 당신이 나와 대화하기를 나는 바랍니다. 그러나 나 자신이 당신과 대화하기를 바라지 않습니다. (침묵) 그 같은 일을. (한숨)

페니 : 당신이 대답을 갖고 있기를 나는 바랍니다. 그리고 당신은 내가 대답을 전부 갖고 있기를 바랍니다.

러스 : 나는 당신이 아이를 갖기 바랍니다. 나는 당신이 좋은 어머니가 되기를 바랍니다.

펄스 : 여기서 당신이 페니의 얼굴을 보았는지 모르겠습니다. 페니를 보면서 다시 말해 보세요.

러스 : 나는 당신이 좋은 어머니가 되기를 바랍니다…… 나에게도. (웃음. 실내가 웃음바다가 된다.) 당신은 나에게 좋은 어머니가 되려고 하지 않아요.

페니 : 나에게 무엇을 바라는지 알고 있어요.

러스 : 그걸 바라는 나를 자주 혼내 주세요. 어머니가 되어 달라고 더 이상 바라지 않을 때까지 말입니다. 그렇게 하려면 당신이 어머니처럼 나를 대해 줘야겠죠.

펄스 : 지금 그 부분을 조금 더 살펴봅시다. 러스, 당신이 바라는 어머니를, 그러니까 아내이면서 어머니 역할을 해 주는 여자를 의자에 앉혀 놓고 이야기를 나누어 보세요.

러스 : 나는 당신의 지지를 원합니다. 당신의 사랑을 원합니다. 당신의 안내를 원합니다.

펄스 : 좋습니다. 의자를 바꾸어서 러스가 원하는 걸 해 주세요. 러스에게 지지와 안내와 사랑을 주세요. 가슴으로 안아 주세요. 원하는 것을 다 해 주세요.

러스 : (웃음. 고개를 흔들며) 그것은 제 역할이 아닙니다.

펄스 : 그것을 당신 자신에게 말해 주세요.

러스 : 그것은 내 역할이 아닙니다. 나는 그렇게 할 수 없습니다. 나는…….

펄스 : 그런 척하세요. (웃음) 적어도 당신이 무엇을 바라는지 알았으면 합니다. 중요한 것은 사람들은 여전히 부모에게 매달리고 있다는 것입니다. 어머니가 필요합니다. 쉰이 되고 예순이 되어도 아이로 남으려고 합니다. 성장하지 않겠다는 것입니다. 어머니가 되어 주세요. 원하는 것을 해 주세요. 그는…….

러스 : 어떻게 해야 할지 모르겠습니다.

펄스: 좋습니다. 의자를 바꾸세요. 어머니에게 어떻게 해야 하는지 말하세요. 어머니와 아내에게 당신이 원하는 걸 말하세요.

러스: (침묵. 잠시 후 의자를 발로 차 버린다. 그리고 그것을 들고 와서 앉는다. 한숨을 쉬면서 빈 의자를 바라본다.)

펄스: 당신은 지금 무엇을 느끼나요?

러스: 미움과 분노를 느껴요.

펄스: 목소리는 화난 것 같지 않습니다. 당신은 유대인들을 보지 않는군요. (웃음) 이것을 어머니에게 말해 보세요.

러스: 당신에게 화가 나요. 난 당신의 사랑과 관심을 원해요. 하지만 난 그것을 받지 못했어요.

펄스: 좋습니다. 지금 다시 해 보죠. 그 의자에 가서 그에게 사랑과 관심을 주도록 하지요.

러스: 나는 널 사랑해. 나는 네가 원하는 사랑과 관심을 모두 줄 거야.

러스: (침묵) 내가 너를 사랑한다는 것을 너는 알고 있니? 아들아, 그러나 넌 어른이 되어야만 해. 너는 그것을 바라서는 안 돼. 너는 네 힘으로 서야 해. 너는 가장이 되어야 해. (의자를 바꾸어서) 엄마, 나는 어른이 아니야. 나는 그저 작은 꼬마일 뿐이라고. 그 작은 아이가 바라는 것을 해 달란 말이야.

펄스: 지금은, 당신도 알겠지만 꿈 작업을 할 때입니다. 같은 문제가 그의 꿈에서도 나타났습니다. 그를 지지해 주

어야 하는 그 길. 이것을…… 음…… 이것을 '개인적인 치료' 라고 합시다. 개인적인 성장과 관련이 있습니다. 그는 이것을 페니와 함께 작업할 수 있을 것입니다. 좋습니다. 돌아가세요. 페니, 지금 게슈탈트 기도문을 기억할 수 있나요? 다시 말해 보세요.

페니 : (한숨) 나는 당신의 지지를 바랍니다.

펄스 : 아닙니다. 당신은 귀를 열어 둘 필요가 있네요. 듣지 못하고 있어요. 어쩌면 말을 하려고만 하겠지요. 말을 많이 하는 사람들은 대부분 귀가 없지요. 그들은 사람들이 들어 주기만 바라고 자신은 귀머거리가 되지요. (러스에게) 당신은 게슈탈트 기도문을 기억할 수 있나요?

러스 : 처음을 기억합니다.

펄스 : 페니에게 말해 보세요.

러스 : 나는 나입니다, 당신은 당신입니다. 더 이상 기억나지 않아요.

펄스 : 더 이상 기억하기를 원하지 않는다고 말씀해 줄 수 있나요?

러스 : 네, 나는 기억하기를 원하지 않아요. 음……. (침묵)

펄스 : 지금 무엇을 느끼나요?

러스 : 아…… 말문이 막히네요.

펄스 : 페니가 기도문을 기억하지 못하니까 어떤 느낌이 드나요?

러스 : 페니는 말문이 막힌 것 같지 않은데요.

펄스 : 당신이 기억하지 못하면 말문이 막힌 거고, 페니가 기억하지 못하면 말문이 막힌 게 아니란 말이죠?

러스 : (웃음) 페니는 지금 긴장한 듯 보이네요.

펄스 : 음…….

러스 : 그렇게 긴장하면 기억을 잘 못하죠. (한숨. 긴 침묵)

펄스 : 페니가 기억을 잘할 수 있도록 도와줘 보세요. (웃음)

러스 : (헛기침. 침묵) 음…… 어렵네요. 뭐라고 말을 못하겠어요.

펄스 : (페니에게) 당신은 나를 보고 있군요. 저에게 뭘 바라나요? 그렇게 묻자마자 당신은 시선을 피하는군요. 무슨 일이 일어나고 있나요?

페니 : (웃음) 괜찮아요. 아무것도 보지 않아요.

펄스 : 러스와 페니는 지금 교착상태에 빠져 있습니다. 이 교착상태에서 당신은 혼란스러워하고, 말하지 못하고, 회전목마처럼 제자리를 맴돌면서 똑같은 것을 반복하고 있습니다. 빠져나오려고 하지만 붙들려 있습니다. 두 사람은 정말로 자신의 기대에 집착하고 있습니다. 그런데 이들이 자신의 대본을 고집하고 교착상태를 극복하지 못한다면, 이런 과정은 끝이 없습니다. 이것은 게슈탈트 치료의 자랑거리입니다. 우리가 교착상태를 극복하려 한다는 것을 처음으로 알렸다고 생각합니다. 교착상태를 극복할 수 없다면, 당신은 현상 유지에만 관심을 쏟을 것입니다. 치료를 하든 말든, 결혼 생활에서 갈등을 느끼

든 말든 당신은 오직 현상만을 유지할 뿐입니다. 기껏해야 치료자가 바뀌거나, 배우자가 바뀌거나, 갈등의 내용이 바뀔 뿐입니다. 여전히 고통스러운 인생 대본을 씁니다. 대본은 그대로인 채 배우만 바꾸어 놓습니다. 고마워요. 그러면 세 번째 부부를 만나 보죠. (빌을 보면서) 게슈탈트 기도문을 앤에게 말해 보세요.

빌 : 나는 나입니다, 당신은 당신입니다. 나는 당신에게 아무것도 바라지 않겠습니다. 그리고 나에 대한 당신의 어떤 기대도 받아들이지 않을 겁니다. (침묵) 나는 나입니다, 당신은 당신입니다, 아멘.

펄스 : 이번에는 앤이 빌에게 말해 보세요.

앤 : 나는 나, 당신은 당신입니다. 나는 당신에게 아무것도 바라지 않을 겁니다. 당신은 나에게 아무것도 바랄 수 없습니다. 나는 나입니다, 당신은 당신입니다.

빌 : 정말 대단해. (한숨) 세상은 다 그런 거야. 그런 식으로 세상은 멋지게 돌아가지.

앤 : 그런 방식이 나에게는 정말로 맞지 않는 것 같아요. (웃음) 당신도 그것을 알 것 같은데…… 음…….

빌 : 그 방식이 당신에게 맞지 않는다. (침묵) 당신에게 어떻단 말인가요?

앤 : 당신은, 음…… 나에게 오지만, 나는 정말로 당신에게 가지 않는 것 같아요. 그래서 어떤 점에서 나는 당신이 알기를 바라는 것 같아요…….

빌 : 내가 무언가를 요구한다고 당신은 느끼는 것 같아요. 여기로 돌아와요.

앤 : 네, 당신이 "대단해!" 라고 말할 때 그 말은, 음…… 뭔가 요구하는 것처럼 느껴졌어요……. '대단하다' 는 말로……. (울기 시작한다.)

빌 : 내가 느낀 대로 말했을 뿐인데, 내가 언제 그런 식으로 말했지?

앤 : 말해 보세요. 다시 말해 봐요.

빌 : (한숨) 나는 나입니다, 당신은 당신입니다. (침묵) 긴장이 느껴져서 '대단해' 라는 말을 하기 어려워.

펄스 : 문장을 반복하는 것은 쉽습니다. 그 문장이 현실이라고 믿게끔 자신에게 최면을 걸어 보세요.

앤 : 음…… (울음) 당신과 함께한다고 못 느끼겠어요. 음…… 어떤 것도 당신은 괜찮다고 느끼는 것 같아요. 그러나 나는 무력감을 느껴요. 나는 당신이 바라는 대로 하지도 못하고, 내 스스로 뭔가 하기도 어렵고……. 펄스가 그 말을 했을 때 당신은 어떻게 느꼈나요?

빌 : 긴장을 느꼈어. 그것을 다시 말해 보라고 했을 때, 그때 말해야 한다는 압박감을 느꼈어. 그리고 현실적이지 않은 듯했어.

앤 : 당신은 그때 나를 어떻게 느꼈나요?

빌 : (침묵) 지금 떠올려 보면, 나는 참았던 것 같아.

앤 : 겸손한 척 참았다. 참았다는 말은 무슨 뜻인가요?

빌 : 당신이 무엇을 해야 한다고 생각하지 않았어. 당신도 알잖아. 내가 하고 싶을 때 하고, 그렇지 않으면 하지 않고. 해야만 한다는 것은 없어. (침묵) 지금, 당신은 알겠지. 내가 어디에 있는지. 지금 당신은 어디에 있는 것 같아?

앤 : 음…… 나는 다시 나 자신을 알려고 노력하고 있어요. 생각해 보고 있어요.

펄스 : 당황스러운가요?

앤 : 음…… 네, 그래요.

펄스 : 당황스러운 느낌을 표현해 보세요.

앤 : (침묵) 여기에 앉아 꼼짝 못할 것 같고, 무엇이 나를 일으켜 주기를 기다리는 것 같고…… (침묵) 음, 눈언저리가 욱신거려요.

펄스 : 어떤 식으로 꼼짝하지 못함을 느끼나요?

앤 : 움직이고 싶어 하지 않는 것 같아요. (침묵) 음…… 정말로 내가 어디에 있는지 알고 싶지 않은 듯해요. (침묵) 한편으로는 (웃음) 당신이 나에게 말하기를 바라는 것 같지 않아요. 알고는 싶은데…….

빌 : 나는 당신에 대해 알고 싶어. (침묵)

펄스 : 우리는 대화를 세 가지 범주로 나눌 수 있습니다. 첫째로, 다른 사람의 심장을 결코 건들지 못하는 분석적인 표현, 신호, 그저 그런 잡담이 있습니다. 이런 대화는 집단 치료에서 참여자 간에 나타나기도 합니다. 두 번째는 나쁜 대화의 전형적인 예로서 당위주의와 도덕주의입니

다. 이 대화 형식에서는 늘 불만족스럽게 말합니다. 예를 들어, "당신은 달라져야만 합니다. 당신은 이것을 해야만 합니다. 나는 이것을 해야만 합니다."라고 말입니다. "해야만 해."라고 말합니다. 이것은 뭔가를 바라는 기대입니다. 내가 당신에게 기대한다는 것은 당신이 내 명령과 요구를 따라야 한다는 뜻입니다. 세 번째는 있는 그대로의 실존적 대화입니다. 장미는 장미일 때 장미가 될 수 있습니다. 예를 들어, "나는 지금 헤어 나오지 못하고 있어." "당신에게 바라는 게 있어." "무엇을 해야 할지 모르겠어."라고 말하는 겁니다. 펄스에게 "집어치워!" "나는 지루해!"라고 말하는 겁니다. 그래서 한번 정직하게 당위주의로 말해 봅시다. 서로 해야만 하는 일을 말해 보세요. 빌이 해야 하는 일과 당신이 해야 하는 일을 말해 보세요.

앤 : 당신은 이렇게 해야만 합니다. 음…… 내가 길을 잃었을 때 내 옆에 있어 줘야 합니다. 그러나 (울음) 나에게 길을 보여 주지는 마세요. 단지 그곳에 있어 주세요. 당신은 나에게 어디로 가라고 말하지 않아도 됩니다.

펄스 : 그것은 중요한 조종입니다. 슬픔에 빠진 아기 역할을 하고 있습니다. 당신이 좋아하는 역할입니다.

앤 : 음…….

펄스 : 그를 울리지 말고 당신이 우세요. 울음은 공격의 한 형태입니다. "당신이 나에게 하고 있는 것을 봐요."라고

빌에게 말하세요.

앤 : 당신이 나에게 하고 있는 것을 봐요.

펄스 : 다시.

앤 : 당신이 나에게 하고 있는 것을 봐요.

펄스 : 더 크게.

앤 : 당신이 나에게 하고 있는 것을 봐요.

펄스 : 더 크게.

앤 : (울면서) 당신이 나에게 어떻게 하고 있는지 보세요.

펄스 : 당신은 이제 대화를 시작하고 있습니다. 지금 빌은 죄책감을 느껴야 합니다. 그리고 괴로워해야겠죠. 그렇죠?

빌 : 아뇨. (웃음)

펄스 : 다시 시작해 보세요. (웃음)

앤 : (웃음) 빌은 너무 자주 이래요.

빌 : 내가 당신에게 하고 있는 것을 당신은 알고 싶은가 봐요.

펄스 : 당신은 앤의 기대대로 살기 위해 있지 않습니다. 당신은 무척 말을 안 듣는 꼬마입니다. (웃음)

## 커플 No. 1

우리는 저마다 자신이 실현하고자 하는 인생 대본을 갖고 있습니다. 당신의 인생 대본에 잘 맞는 사람을 만날 때 당신은 그 사람과 결혼을 합니다. 그리고 서로에게 갑갑해하는 순간이 오고야 맙니다. 갑갑하게 느끼는 것이  무엇인지는 다들 알고 있습니다. 그러나 자신이 어떻게 갑갑한지를 알지 못하면 결혼 생활이 나아질 수 없다는 사실은 잘 모릅니다. 〈모래의 여자(The Woman in the Dunes)〉(1964년 作, 일본, 테시가하라 히로시 – 역주)라는 영화가 있습니다. 여러분은 기억할 것입니다. 그 영화에서 남자 주인공이 교착상태에서 벗어나려고 하면 할수록 유사(流砂)에 더 깊이 빠져들고 맙니다. 이를 베트남 전쟁에서도 똑같이 경험하였습니다. 우리가 빠져나오려고 할수록 그곳에서 벌어지는 사건에 점점 더 빠져들기만 했습니다. 러시아인들이 '고통 영역(sick point)' 이라고 표현했던 곳을 통과한 나 자신이 자랑스럽습니다. 러시아인은 신경증의 중심에 고통 영역이 있다는 것을 알았습니다. 그들은 그곳을 넘어설 수 없다는 것을 깨닫는 것으로 만족했습니다. 자, 고통 영역으로 떠납시다. 그리고 그곳에 에너지를 일으켜 봅시다. 그것을 바꾸어 봅시다. 우리가 교착상태에 충분한 관심을 기울이면 얼마든지 빠져나올 수 있습니다. 교착상태에서 빠져나오려는 시도가 즐겁지는 않겠지만, 비난 게임에 빠져 있는 것보다는 좋습니다. 당신은 지금과는 달라져야 합니다. 어떻게 교착상태에 있으며, 그 상태에서 무엇을 하고 있는지 머리로 아는 수준을 넘어서야 합니다. 당신이 어떻게 결혼했고, 어떻게 교착상태에 이르렀는지 함께 보도록 합시다. 나와 함께 시간을 보낼 사람이 앞으로 나왔으면 좋겠습니다. 당신의 이름은?

러스 : 러스.

페니 : 페니.

펄스 : 러스와 페니. 당신은 페니에게 이렇게 말하세요. "페니, 나는 당신 때문에 갑갑해." 페니에게 어떻게 갑갑한지 말해 보세요.

러스 : 내가 페니에게 어떻게 갑갑한지 말하라고요? 나는 페니 때문에 갑갑해요. 내가 페니 때문에 어떻게 갑갑하냐고요?

펄스 : 좋습니다. (웃음) 자, 우리는 나중에 성격의 함정에 대해 말할 겁니다. 분명히 러스는 듣지 못하고 있습니다. 그래서 나는 도와주려고 합니다. 페니에게 말해 보세요. 당신이 페니 때문에 어떻게 갑갑한지를.

러스 : (침묵)

펄스 : 좋습니다. 페니, 당신이 그 사람 때문에 어떻게 갑갑한지 말해 보겠습니까?

페니 : 나는 당신 때문에 갑갑해요. 당신은 게으름뱅이 같아요. 당신의 게으름 때문에 갑갑해요. 당신이 잘나서 갑갑해요. 당신의 오토바이 때문에 갑갑해요. (웃음)

펄스 : 좋습니다. 러스, 지금 말해 보세요.

러스 : 나는 당신의 잔소리 때문에 갑갑해요. (웃음) 때때로 당신의 사치스러움 때문에 갑갑할 때가 많아요. 당신이 현실적인 것만 따지는 것도 갑갑해요.

펄스 : 당신은 어떤 꿈을 꾸나요? (침묵) 내가 뭐라고 말했죠?

러스 : 못 들었어요.

펄스 : (페니에게) 내가 뭐라고 했죠?

페니 : 어떤 꿈을 꾸나요?

펄스 : 우리에게 말해 주실 수 있나요?

페니 : 내가 어떤 꿈을 꾸는지? 선명하고 생생하게.

러스 : 뚜렷하지 않아요. 기억할 수 없습니다.

펄스 : 좋습니다. 다음 커플을 만나 보지요.

마크 : 내가 먼저 시작할까요? (침묵) 나는 당신이 마음 가는 대로 행동하고, 공상에 빠지고, 꿈이나 꾸는 모습이 갑갑해요.

펄스 : 그 꿈이 백일몽 또는 밤에 꾸는 꿈을 뜻하나요?

마크 : (침묵)

제니 : 내가 하는 일을 당신이 좋아하지 않는다는 것 때문에 갑갑해요. 당신의 비판 때문에 갑갑해요. 나는 당신의 걱정거리 때문에 갑갑해요. 당신의 보수적인 성향 때문에 갑갑해요.

펄스 : 당신의 꿈은 어떻습니까? 밤에 꿈을 꾸나요?

제니 : 꿈에서 반복되는 패턴을 말하는 건가요?

펄스 : 네, 그럴 수 있다면.

제니 : 반복된 패턴을 알지 못하지만 꿈은 꿉니다.

펄스 : 당신은 어떤가요?

마크 : 제니가 나타나는 꿈을 종종 꿉니다. 계단이 없는 수직의 공간에서 위협적인 형태가 어떤 것으로 변해요…….

제니 : 음, 제 꿈은 대개 모험이나 어떤 것을 하는 것이지요.

약간 괴롭기도 해요.

펄스 : 좋습니다. 고마워요. 다음 커플을 만나 봅시다.

실비아 : 난 억지로 뭔가 지어내야 할 것 같아요. 아무것도 생각나지 않아요.

켄 : 나는 당신의 강압적 태도, 때때로 나타나는 공격성, 값싼 관대함 그리고 당신의 요구 때문에 갑갑해요.

펄스 : 꿈은 어때요? 밤에 꿈을 꿉니까? 반복적인 꿈을 꾸나요?

실비아 : 당신이 말하는 꿈은 언제나 똑같은 것을 의미하나요?

펄스 : 비슷한 것입니다.

실비아 : 아뇨. 모두 달라요.

펄스 : 당신은?

켄 : 음, 아주 오래전은 아닌데 기억이 가물거려요.

펄스 : 괜찮습니다.

켄 : 꿈에는 실비아와 제가 나왔습니다. 우리는 고양이를 데리고 산을 오르고 있었습니다. (웃음) 산으로 향한 기찻길이 있었는데, 어떻게 이 기찻길이 일직선으로 뻗어 있는지 이해하기 힘들었습니다. 우리는 엄청 높이 올라갔어요. 그런데 고양이가 갑자기 뛰어오르더니 다시 뛰어오르고, 다시 뛰어내리고…….

펄스 : 좋습니다.

주디 : 당신이 시작하는 게 어때요?

닉 : 유감스럽게도, 나는 전혀 갑갑하지 않습니다.

펄스 : 주디에게 말해 보세요.

닉 : 나는 전혀 갑갑하지 않았어요.

주디 : 나는 갑갑해요.

펄스 : 닉에게 당신이 어떻게 갑갑한지 말해 보세요.

주디 : 음…… 그는 내가 갑갑해한다는 것을 알아요. 하지만 뭐라고 꼭 집어서 말은 못하겠어요. 그는 갑갑한 사람이죠. 자신을 많이 숨긴다고 해야 할까요? 나는 뭉뚱그려서 보는 편이라서, 딱히 어떤 점 때문에 갑갑하다고 말하지는 못해요. 닉, 당신을 좋아해요. 그러나 우리 사이에서 당신은 그 어떤 것도 꺼내 놓으려고 하지 않아요. 내가 뭔가 원하는 게 있을 때면 항상 내가 당신의 마음속에 들어가서 알아내야만 해요.

펄스 : 당신의 꿈은 어떤가요?

닉 : 자주 꿈을 꿉니다. 꿈을 꾸고 나서 대개 어렴풋하게 기억할 수 있어요. 깨어나자마자 아주 뚜렷하게 떠오릅니다. 그러나 그 이후에는 기억나지 않아요.

펄스 : 당신은?

주디 : 자주 꿈을 꾸고, 꿈마다 상황은 변해도 기분은 비슷해요. 내가 아주 성공한 꿈이라 해도 같은 기분이 들어요.

펄스 : 좋습니다. 고맙습니다.

빌 : 나는 때때로 당신의 변덕스러운 성격 때문에 갑갑해요. 나를 간섭해서 갑갑해요. 때때로 주변에서 움직이는 것

과 성가신 것을 정말로 밟아 버리고 싶어요.

펄스 : 당신은? 당신 이름은?

앤 : 앤이에요. 나는 당신의 사소한 부분 때문에 많이 갑갑해요. 그러나 중요한 것은 우리가 게임을 하고 있다는 거예요. 당신의 사소한 것 모두가 나를 짜증 나게 해요. 그런 것에 대해 내가 책임을 져야 할지 모르겠어요. 나는 당신을 감옥에 가두는 교도관이 된 듯해요. 나는 당신을 구속하는 사람이고요.

펄스 : 지금 흥미로운 표현이 나왔습니다. 나는 당신을 가두는 감옥의 간수가 된 것 같다……. 그 말은 빌의 인생 대본에서 감옥이 필요하다는 말은 아닌지 생각해 보게 합니다. 감옥이 되어 줄 사람을 선택합니다. 인생 대본은 매우 복잡합니다. 믿기 힘들지요. 누구든지 드라마와 코미디 중 하나를 골라 쓰는 법인데, 빌이 혼자서 모든 것을 다 한다는 사실은 믿기 어렵지요. 당신 꿈은 어때요?

앤 : 나는 꿈을 무척 많이 꿉니다. 두 가지가 생각나요.

펄스 : 빌은 어때요?

빌 : 자주 꾸는 것 같아요. 반복되는 꿈도 있어요. 자유를 찾는 꿈입니다.

펄스 : 좋아요. 멋지군요! 감옥과 자유라. (웃음) 다음 커플을 만나 보겠습니다.

딕 : 먼저 해요.

줄리 : 나는 당신의 급하고, 참을성 없고, 생색내는 태도 때

문에 갑갑해요.

딕 : 나는…… 음…… 내 성급함이 지나치지 않게 하기 위해 당신의 도움이 필요하다는 점이 좀 갑갑해요.

펄스 : 강한 브레이커가 필요하군요.

딕 : 그것은 어디에 있나요? (웃음)

펄스 : 좋습니다. 고맙습니다. 다른 커플 있나요? 얼마나 많은 커플이 남아 있나요?

집단원 : 닉은 '갑갑하다'는 말을 예사롭게만 보고 있어요. 우리가 갑갑하다는 말을 쓰게 될 때, 펄스 당신은 틀리거나 잘못된 점을 찾아내려고 시도하죠. 그런 시도에 담긴 당신의 본심에 대해서도 닉은 마찬가지로 예사롭게만 보죠.

닉 : 펄스는 그렇게 했던 것 같아요. 나는 화가 났어요. 사람들이 서로 갑갑하게 변해 버린다고 일반화하며 말한 것에 대해 말입니다. 그가 많은 커플들을 만나면서 생각했던 것이 어느 누구에게나 적용된다고 말하는 것 같았어요. 그게 너무 식상했어요. 어떤 것에 대해 화난다고 말할 수는 있어도 어떤 것 때문에 갑갑하다고는 말할 수 없었죠.

집단원 : 우리가 글자의 의미에 얽매여 있다고 말하는 건가요?

닉 : 글쎄요. 그럴 수도…… 음, 나는 갑갑해하는 편을 선택했습니다. 그러므로 나는 갑갑하지 않은 셈이죠. 내가 선

택한 것이죠. (웃음)

집단원 : 갑갑하다는 말을 당신이 표현할 때, 그 말에는 갑갑함에서 벗어나고 싶어하는 마음이 담겨 있는 것 같아요.

닉 : 글쎄요, 생각하기 나름이겠죠.

집단원 : 알겠습니다. 그러면 인류는 결혼 때문에 오랫동안 갑갑하게 지내게 될까요? 아니면 우리가 다른 더 좋은 제도를 찾을 수 있을까요?

펄스 : 여기 커플 중 어떤 이들은 결혼 상담자를 찾아가서 도움을 요청하겠지요? 음, 그러면 상황이 좋지 않은 거지요. 당신은 결혼에 대한 영화를 만들려고 하겠지요. 결혼의 부활을 주제로 해서요. 그러면 결혼이 나아질 수 있도록 노력하겠죠. 비록 족쇄를 끊지 못하더라도 말이에요. (웃음) 좋습니다. 다음 커플 나오세요. (엘렌과 고든이 앞으로 나온다.) 당신이 여기서 알아야 할 첫 번째 사실은 게슈탈트 치료에서 비언어적 신호가 언어적 신호보다 더 중요하다는 점입니다. 단어는 꾸미거나 속일 수 있습니다. 그러나 자세와 목소리, 비언어적인 행동은 진실합니다. 당신은 알아차렸나요? 당신은 닫힌 상태군요. 당신의 이름은 무엇인가요?

엘렌 : 엘렌입니다.

펄스 : 엘렌, 당신은 자신의 자세가 닫혀 있다는 것을 압니다. 다리를 모으고, 손을 모으고, 닫힌 자세로 대화를 나누기란 매우 어렵습니다. 당신은 저에게 동의하나요?

엘렌 : 음…….

펄스 : 당신이 자신을 열어 놓으면 무슨 일이 일어날지 보세요. 어떻게 느끼나요?

엘렌 : 더 편안할지 모릅니다.

펄스 : 그럼 당신이 어떻게 갑갑한지 말해 볼래요?

엘렌 : 나는 모릅니다. 오랫동안 고든과 떨어져 살았어요.

펄스 : 고든, 어떻게 갑갑한지 엘렌에게 말해 볼래요?

고든 : 지금은 그녀 때문에 갑갑하지 않아요.

엘렌 : 당신의 말을 이해하지 못했어요. 당신이 갑갑하다고 말했고, 나는 그것을 이해하려고 노력했어요.

펄스 : 갑갑하다……. (웃음)

엘렌 : 나는 고든에게 갑갑하다고 느끼지 않아요. 그런 것 같아요.

펄스 : 그럼 결혼에 대해 전혀 불만이 없군요?

엘렌 : 글쎄, 없었던 것은 아니었죠.

펄스 : 그러나 더 이상 없군요.

엘렌 : 함께 살지 않기 때문입니다. 우린 함께 살고 있지 않아요.

펄스 : 그러면 서로 갑갑해하지 않겠군요. (웃음) 다시 같이 사는 것을 생각해 보나요?

엘렌 : 더 이상 생각하지 않아요.

펄스 : 어때요, 고든?

고든 : 부족한 점이 있다고 느껴요. 우리는 헤어지는 데 동

의했어요. 그러나 아이를 생각해야 하고, 나는 아직 고민 중이에요.

펄스 : 당신은 어때요?

엘렌 : 글쎄요…… 고민스럽기도 해요. 그러나 반드시 같이 있을 필요는 없는 듯해요.

펄스 : 그럼 고든에게 무엇을 원하나요? 여전히 대화를 나눌 것이 있다고 말하는데, 당신 의견은 어때요? 어떤 입장인가요?

엘렌 : 의논할 거리가 많아요. 그러나 모르겠어요. 어떻게 해야 할지…… 함께 살아야 할지, 떨어져 있어야 할지. 어떤 것이라도.

펄스 : 어떤 것도 문제가 되지 않는군요. '그러나'란 말이 곧잘 들립니다. 당신 손 어딘가에 '그러나'가 있는 것 같아요.

엘렌 : (웃음) 어쩌면 당신에게 있을지도…….

펄스 : 두 명의 살인자가 있습니다. 하나는 비웃음인데 이것은 심술궂은 웃음이지요. 다른 것은 '그러나' 입니다. 이 둘은 심리적인 살인자입니다. 처음에는 '네' 라고 말합니다. 그다음 '그러나' 가 옵니다. 펑! 이에 대한 짧은 이야기가 있습니다. 한 어머니가 딸에게 말했습니다. "글쎄, 그 남자는 못생겼지만 3천 달러나 있다고 하지 않니?" 딸은 말했습니다. "엄마가 맞아요. 그는 3천 달러나 있지만 못생겼어요." (웃음)

## 커플 No. 2

펄스 : 자, 새로운 커플을 만나 봅시다. 게슈탈트 치료에 아직 입문하지 않은 이들에게 무슨 일이 일어나는지 봅시다. 앉으시겠습니까? 당신 이름은?

어빈 : 어빈입니다.

펄스 : 어빈 그리고 당신은?

낸시 : 낸시예요.

펄스 : 낸시. 서로 대화를 시작해 볼까요?

어빈 : 안녕.

낸시 : 어때요?

어빈 : 좋아요. (침묵) 햇볕을 쬐며 누워 있는 것을 좋아해요?

낸시 : 아주 좋죠. 즐거워요.

어빈 : 네. (침묵) 당신에게 말하는 게 어렵군요. 무슨 말을 해야 할지 모르겠어요.

낸시 : 음…… 어쩌면 아무것도 말하지 않아도 돼요.

어빈 : 음…… 뭔가 말해야 할 것만 같아요. 그러나 무슨 말을 해야 할지 모르겠어요. 음…… 처음으로 당신 눈을 이렇게 오래 쳐다보네요. 이렇게 오랫동안 당신 눈을 쳐다본 적이 없었어요. 음…….

펄스 : 당신의 의견을 간단히 들어 봐도 될까요? 결혼에 대한 당신의 생각은 어떤가요?

어빈 : 음…… 좋기도 하고, 안 좋기도 해요. 우리 사이에는

좋은 점도 있고, 따뜻함도 있고, 서로 아껴 주기도 해요. 음…… 그렇게 좋은 점이 없는 것 같은데. 나는 때때로 주인이 되고, 낸시는 하녀가 된 것 같아요. 마치 주인과 노예 관계 같아요.

펄스 : 그럼, 상전-하인 게임이 내적인 싸움에만 머무르는 것 같지 않군요. 이것을 투사할 때가 많고 행동으로 표현할 때도 있지요. 그러면 우리 내부의 상전만 알아차리게 되죠. 하인은 알지 못해요. 왜냐하면 하인은 언제나 마음속에 있기 때문이죠. 반대로 낸시, 당신은…….

낸시 : 음…… 나는 하인 역할을 하는 데 많은 시간을 보냈어요. 나는 화를 내죠. 내가 상전 역할을 할 때는 말이에요.

펄스 : 우리는 결혼 게임으로 작업을 해 보려고 합니다. 당신이 말하는 그 어떤 것도 당신에게 불리한 증거로 이용하지는 않을 것입니다. 이 말은 당신이 여기에서 어떤 약속을 하고 어떤 말을 해도 오직 여기서만 유효하다는 의미입니다. 당신의 환상을 불러오기 위해 '이름 부르기 게임(evocation, 상대방의 이름을 부름으로써 상대방과 현재에 집중하게 되어 교류가 촉진됨-역주)'을 할 것입니다. 우리는 누군가에게 말을 걸 때 그 사람이 그곳에 있기를 원합니다. 우리는 언제나 다른 이들을 불러냅니다. 친근한 사람, 말 안 듣는 자녀, 연인, 그리스도를. (웃음) 나는 이 게임을 해 보고 싶습니다. 당신은 낸시에게 말합니다. 잠깐 기다렸다가 반복해 보세요. 그리고 당신은 머리를 끄

덕이거나 손을 흔듭니다. 어빈이 당신 이름을 부르면서 당신에게 다가오는지 봅시다.

어빈 : 알겠습니다. (한숨) 낸시…… 낸시…… 낸시…….
(침묵) 고약해.

낸시 : (웃음)

어빈 : 재수 없어.

펄스 : 낸시 이름에 머무르세요.

어빈 : 음…… 알겠어요. 낸시…… 낸시…… 낸시…… 낸시…… 낸시!

펄스 : 반대로 해 봅시다. 당신이 그를 불러낼 수 있는지 봅시다.

낸시 : 어빈. (헛기침) 어빈.

펄스 : (어빈에게) 당신의 머리를 흔들거나 끄덕이세요.

어빈 : 네. 처음에는 당신이 나에게 이르렀다고 생각했어요. 두 번째는……. (머리를 흔든다.)

낸시 : 어빈…… 어빈…… 어빈…… 어빈!

펄스 : 낸시가 어빈을 부를 때마다, 당신은 먼 곳을 봅니다. 음…… 이 간단한 이름 부르기로 깊이 들어왔습니다. 이 단순한 게임을 하면서 어떻게 느꼈나요? 이것은 가장 좋은 대화 실험입니다. 이제 분노 게임(resentment game)을 해 봅시다. 어빈은 "낸시, 나는 당신의 이런 점에 대해 화가 나요."라고 말하세요. 낸시도 "어빈, 나는 당신의 이런 점 때문에 화가 나요."라고 말하세요. 서로 탁구공

을 치고 받듯이 분노를 표현하세요.

어빈 : 좋아요. (한숨) 당신은 내가 바라는 만큼 집을 깨끗하게 치우지 못해서 화가 나요.

낸시 : 당신의 어머니처럼 내가 집을 청소해 주기를 바라는 게 나는 화가 나요.

어빈 : 음…… 때때로 당신이 내가 느끼는 것을 이해하지 못할 때 화가 나요. 당신은 나를 공감해 주지 않아요.

낸시 : 당신이 함께 공감해 주기를 바라는 게 나는 화가 나요.

펄스 : 어빈, 당신은 지금 어떤 상황인지 알고 있어요. 그러니까 낸시는 다시 한 번 곧바로 표현하고 있어요. 낸시, 나는 이런 점이 화난다고 더 구체적으로 말해 보겠어요?

낸시 : 네, 좋아요. 나는 화가 납니다. 음…… 당신이 언제나 나를 괴롭혀서 화가 나요.

어빈 : 음…….

펄스 : 우리에게 분노를 더 표현해 주세요.

낸시 : 음…… 당신이 나에게 죄책감을 갖게 만들어서 화가 나요. 당신이 나와 아이들에게 시간을 더 내지 않아서 화가 나요. 당신이 나를 만나 주지 않아서 화가 나요. 음…….

어빈 : 음…… 나는 화가 나요. 때때로 당신이 손을 허공에 휘두르고, 소리 지르고, 비명을 지르고, 날 놓아 주지 않을 때 화가 나요. 내가 화날 때 당신이 귀를 막아 버리는 게 화가 나요.

펄스 : 좋습니다. 이번에는 고맙다는 말로 해 봅시다.

어빈 : 네, 내가 당신을 불렀을 때 당신이 때때로 그곳에 있어 주어서 고마워요. 때때로 날 잡아 주어서 고맙고, 나에게 따뜻한 느낌을 주어서 고맙고, 날 안아 주어서 고마워요. 당신의 의견이 고마울 때도 종종 있어요.

낸시 : 당신의 강인함에 고마워요. 당신이 음…… 나에게 필요한 것을 해 줄 때 고마워요. 음…… 당신의 유머가 고마워요. 당신이 가정에 신경 쓸 때 고마워요. 음…… (침묵) 당신이 먼저 알아서 해 주는 점이 고마워요.

어빈 : 나는 당신의 대담무쌍함이 고마워요. 당신은 나를 위해 많은 위험을 무릅쓰는 것 같아요. 어떤 점에서는.

펄스 : 네, 분노 게임으로 돌아갑시다. 다시 분노를 표현해 주세요. 그리고 무엇인가를 해야만 한다고 분노를 표현해 주세요. 모든 분노 뒤에 요구가 있습니다.

어빈 : 음…… 당신은 무엇인가를 해야만 해요. 내가 때때로 당신을 필요로 한다는 것을 느껴야만 해요. 내가 말하기 전에 내가 무엇을 말할지 당신은 알아야 하고, 내가 말하기 편하게끔 해 주어야 해요.

펄스 : 당신은 이것을 강조할 수 있나요? 이것을 해야만 한다고 말하세요. '당신은 이것을 해야만 해.' 당신의 요구를 명확하게 말해서 낸시가 알도록 하세요.

어빈 : 학교에서 교사 한 명과 부딪혔던 날에 나는 기분이 좋지 않았어요. 그에게 진 것만 같았고, 나는 상처받았어

요. 내가 침대로 들어왔을 때 당신은 내 상처를 느끼고 위로해 주어야 했어요.

펄스 : 지금 그에게 분노를 표현하세요. 낸시, 요구하세요.

낸시 : 당신이 그렇게 자주 요구해서 화가 나요. 나는 자질구레한 집안일 때문에 바빠요. 당신은 나에게 너무 많은 상처를 줘요. 내가 당신에게 관심을 갖는 것 이상으로요. 당신은 내가 함께 있는 동안 잘해 주어야 해요. 그러고 나서 "안녕"이라고 말할 수 있어야 해요.

펄스 : 이제 어빈이 낸시에게 요구하세요.

어빈 : 음…… 내가 움츠러들 때, 나에게 억지로 다가와서 열려고 하지 말아요. 나에게 떠들어 대지 말아요. 당신이 할 수 있는 게 뭔지 난 몰라요. 당신이 나에게 다가오기 위해서 하는 행동은 그다지 좋지 못해요. 하지 말아요. 내가 움츠러들 때, 내 안으로 들어오려고 하지 말아요. 알아서 다시 열릴 거예요. 아침에 당신이 날 껴안을 때 나는 움츠러들어요. 날 껴안지 말아요. 내가 마음을 닫고 있을 때.

펄스 : 당신이 요구하세요, 낸시.

낸시 : 음…… 그렇게 죄책감을 느끼고 싶지 않아요. 당신이 나에게 죄책감을 느끼게 한 건지, 나 스스로 느낀 건지 모르겠어요. 그러나 어쨌든 나는 당신이 그런 상황에 있을 때 도움이 되지 않는다고 생각해요. 정확하게 모르겠어요. 나에게 죄책감을 느끼지 않게 해 달라고 당신에게

어떤 식으로 말해야 할지. 바보 같아요. 음…… 당신은 약간 혼란스러워하는 듯하군요.

펄스 : 여기까지. 다음 단계로 넘어가죠. 어빈은 낸시에게 요구하고, 낸시는 어빈을 괴롭힙니다. '만약 당신이 움츠러들기 원한다면, 나는 도끼를 들고 당신을 부수어서 열겠다.' 고 말합니다. 난폭하게 괴롭히세요. (웃음)

낸시 : 음, 알았어요.

펄스 : 이것은 결혼 생활을 향상시키는 가장 좋은 방법입니다. 믿거나 말거나.

어빈 : 실제로 지난주에 있었던 일입니다. (웃음) 음, 나는 혼자 산책을 하고 싶었습니다. 당신과 함께 가고 싶지 않았어요. 나는 혼자 학교로 걸어가는 것을 좋아합니다. 그리고 집에서는 홀로 있는 시간이 필요해요. 나와 항상 함께 하려고 하지 말아요. 당신은 당신이 있는 곳에 있어요. 소파에 있어요. 아, 안녕.

펄스 : 어빈을 괴롭히세요.

낸시 : 당신이 그러니까 정말 화가 나 미치겠어요. 나는…….

펄스 : 아니, 아니, 아니에요. 그건 괴롭히는 것이 아닙니다. '당신이 학교에 갈 때, 나는 당신과 함께 갈 것입니다…….'

낸시 : 네, 나는 당신과 함께 갈 거예요.

펄스 : 그에게 화를 내세요.

낸시 : 나는 울어 버릴 겁니다. 짜증을 내겠어요. 나는 미친

듯이 날뛸 거예요. 나는 가지 말라고 말할 거예요. 당신이 끔찍하게 죄의식을 느끼도록 만들 거예요.

펄스 : 당신은 점점 살아나고 있습니다.

낸시 : 좋아요. (웃음) 나는 날뛸 겁니다. 당신이 나에게 얼마나 무심한지 밝혀내서 죄책감이 들게 할 겁니다. 당신은 정말로 해야 하는 일을 하지 않아요. 당신의 의무는 저와 함께 있는 거예요.

펄스 : 좋습니다. 이번에는 낸시가 남편에게 요구합니다. 그리고 어빈은 아내를 괴롭히세요. 그리고 어떻게 괴롭히는지 자신을 보세요.

낸시 : 쓰레기나 들고 나가요.

어빈 : 아니, 쓰레기를 들고 나가지 않을 거예요. 나는 2층에 올라갈 거예요. 책을 읽어야 해요. 할 일이 많아요. 난 정말로 지쳤어요. 당신이나 쓰레기를 들고 나가요. 음, 나는 아래층에 내려가서 조각을 할 거예요. 쓰레기 버리는 일보다 더 중요한 일이 있어요. 그건 하지 않을 거예요. 당신이나 해요.

펄스 : 다시 어빈이 요구하세요. 아내를 괴롭히세요. 괴롭히는 일은 아내가 훨씬 더 잘한다는 것을 당신도 알고 있습니다. 당신은 처음에 아내가 착한 소녀였다는 사실을 어쩌면 기억하고 있을지 모릅니다. 그리고 좋은 소녀와 착한 소년 뒤에는 언제나 이렇게 괴롭히는 사람이 있지요.

어빈 : 음, 알겠어요. 좋아요, 조심스럽게 운전해요. 자, 기

억해요. 잠자코 있어요. 잊지 마세요. 기어를 4단에 넣어야 한다는 걸 잊지 마세요. 3단이 아니야. 수백 번이나 말했어요. 속도가 35킬로미터를 넘으면, 4단에 넣어야 한다고.

펄스 : 지금 남편을 괴롭히세요.

낸시 : 음, 35킬로미터를 넘지 않을 거예요. 그리고 기어를 4단에 넣지 않을 거예요. 그러면 당신이 어떻게 한들 제 앞에서는 별수 없다는 것을 알겠죠. (웃음)

펄스 : 좋습니다. 남편에게 요구하세요.

낸시 : 나는 교향악 연주를 듣고 싶어요. 당신은 같이 가려고 하지 않죠. 그래서 친구들과 함께 갑니다.

어빈 : 음, 당신과 함께 갈 수도 있어요. 그런데 내가 좋아하는 음악이 아니라면, 당신을 곤란하게 할지 몰라요. 당신한테 말할 겁니다. 그 음악이 얼마나 지겨운지, 그것은 현대적이지 못하고 따분할 뿐이라고. 나에게 그런 음악은 지루하기만 하다고. 그러면 당신은 불쌍해지겠죠. 당신이 그런 음악을 좋아한다는 것을 아니까요. 그래도 따분하다고 말할 겁니다.

펄스 : 자, 이제 순종 게임(compliance game)을 해 봅시다. 요구를 하고 불평을 과장해서 표현해 보세요.

어빈 : 내 발을 만져 줘요. 할 수 있겠죠?

낸시 : 오, 당신의 발을 만져 주죠. 밤새워 하겠어요. 아플 때까지 열심히 해 주겠어요. (웃음)

펄스 : 요구하세요. 아내가 불평할 수 있는지 보세요.

어빈 : (한숨) 내가 기분이 안 좋을 때, 내가 상처받을 때, 학교에서 일이 잘 안 풀릴 때 당신은 나를 격려해 주고, 세상이 무너지지 않을 거라고, 모든 것이 괜찮을 거라고 말해 줄 수 있어요?

낸시 : 노력해 보죠. 그럴 수 있어요. 그런데 내가 꼭 그런 바보 같은 짓을 해야 하나요?

펄스 : 아니요. 당신이 협조할 수 있는지, 지지할 수 있는지, 불평할 수 있는지 당신 자신을 보기 바랍니다. 아니면 당신이 못된 사람인지 말입니다.

낸시 : 음, 예. 나는 다가가서…… 어쩌면…….

펄스 : '어쩌면 나는 해 보려고 한다.' 당신은 하인이 잘 쓰는 말을 합니다. 이쯤에서 하인과 상전의 행동을 다시 언급해야겠군요. 상전은 올바름을 가장하여 괴롭히는 역할을 합니다. 하인한테 어떻게 행동해야 할지 말합니다. 대개 상전의 요구와 명령은 직설적입니다. 하인은 말합니다. '해 보기는 하지.' '할 수만 있다면야.' 상전은 지배하려 들고, 하인은 지배를 받지만, 대체로 하인이 이기게 되어 있습니다. 고마워요. 수고했습니다.

낸시 : 고맙습니다.

펄스 : 다음 커플, 당신 이름은?

마티 : 마티예요.

수잔 : 수잔입니다.

펄스 : 나는 마티와 수잔을 좋아합니다. 우리가 괴롭힘을 얼마나 잘 이해하는지 봅시다. 분노 게임으로 들어가죠. (침묵)

마티 : 음…… 당신이 나에게 더 많은 자유를 주지 않아서 화가 납니다. 당신은 나에게 더 많은 자유를 주어야 합니다.

수잔 : 나는 화가 납니다. 나 또한 자유가 없으니까요. 그리고 내가 자유로워지려고 할 때 죄책감이 들어 화가 납니다.

마티 : 나는 화가 납니다. 당신이 돌아설 때, 당신이 나에게서 등을 돌릴 때 화가 납니다. 당신이 화난 척할 때마다 말이죠.

펄스 : 아내에게 해야만 하는 것을 말하세요.

마티 : (한숨) 당신은 해야만 해요……. 그리고 당신은 이것을 하지 말아야 해요.

펄스 : 다시 말해 보세요.

마티 : '그리고 당신은 이것을 하지 말아야 해요.' 이렇게 말하란 뜻인가요?

펄스 : '그리고'는 생략해 주실래요?

마티 : 당신은 이것을 하지 말아야 해요.

펄스 : 다시 말하세요.

마티 : 당신은 이것을 하지 말아야 해요.

펄스 : 더 크게.

마티 : 당신은 이것을 하면 안 돼요!

펄스 : 아내에게 소리를 질러 보세요.

마티 : 이것을 하지 마!

펄스 : 무엇을 하지 말라는 거죠?

마티 : 하지 마! 정말로 나에게 화나지 않았으면서도 화난 척 연기하지 말아요.

펄스 : 지금 남편에게 분노를 표현하고 명확하게 요구해 보세요.

수잔 : 나는 당신에게 정말로 화나요. 당신이 멀리 가 버리고 귀 기울여 듣지 않을 때. 당신은 저에게 귀를 기울여야 해요.

펄스 : 들어 줘, 들어 줘, 들어 달라고 말하세요.

수잔 : 당신은 들어 주어야 해요.

펄스 : 다시.

수잔 : 당신은 들어 주어야 해요.

펄스 : 더 크게.

수잔 : 내 말을 들어 달란 말예요!

펄스 : 당신 얼굴이 어땠는지 아나요?

수잔 : 아뇨.

펄스 : 내가 당신 얼굴에서 본 것을 말하고 싶습니다. 그에게 말하세요. 당신이 정말 싫어요.

수잔 : 싫다고 말하라고요?

펄스 : 네.

수잔 : 나는 당신이 싫어요.

펄스: 다시.

수잔: 나는 당신이 싫어요.

펄스: 당신은 느낄 수 있나요?

수잔: 아뇨.

펄스: 그 어색한 웃음은 뭡니까? 더 가까워지도록 새로운 관계를 맺어 봅시다. 나는 당신을 진지하게 할 수 없어요.

수잔: 나는 당신을 진지하게 할 수 없어요.

펄스: 다시.

수잔: 나는 당신을 진지하게 만들 수 없어요.

펄스: 정말?

수잔: 정말!

펄스: 더 자세히 말해 보세요.

수잔: 나는 당신을 진지하게 만들 수 없어요. 당신은 진지해지기를 바라지 않기 때문이죠. 그러지 좀 말아요. 그렇게 하지 말아요. 그렇게 돌려서 말하지 좀 말아요. (한숨)

펄스: 지금 기분이 어떠세요?

마티: 좌절감이 드네요.

펄스: 아내에게 직접 말하세요.

마티: 난 좌절감을 느껴. 당신이 원하는 것을 내가 하나도 해 주지 않은 듯한 기분이 들어.

펄스: 아내가 요구한 것을 거부했다고 말해 볼 수 있겠습니까?

마티: 당신이 말한 것을 거부했어요.

펄스 : 다시.

마티 : 당신이 하자는 것을 거부했어요.

펄스 : 당신은 어떤가요?

수잔 : 남편은 그랬던 것 같아요.

펄스 : 남편에게 직접 말하세요.

수잔 : 당신은 그랬어요…….

펄스 : 다시 더 큰 목소리로.

수잔 : 당신은 언제나 그랬어요. 당신은 귀를 막아 버렸어요.

펄스 : '나는 당신이 바보 같아요.' 이 문장을 계속 말해 보세요.

수잔 : 나는 당신이 바보 같아요.

펄스 : 네, 지금부터 말할 때마다 그렇게 해 주세요. (침묵) 지금 기분이 어때요?

마티 : 조금 놀랐어요. 말을 할 때마다 내가 바보 같다는 말을 덧붙이라고 했을 때 말이에요.

펄스 : 이것을 아내에게 말해 보세요.

마티 : 펄스가 바보 같다는 말을 덧붙이라고 했을 때, 난 그저 농담인 줄 알았어.

펄스 : 당신은 무엇을 느끼나요?

수잔 : 왜 그렇게 했는지 당신에게 물어보고 싶어요. 그러나 당신은 '왜'라고 묻지 말라고 했죠. 그러면 어떻게? 둘 다 똑같겠지만.

펄스 : 그 이유를 남편에게 물어보세요.

수잔 : 그 이유가 뭐라고 생각하나요? (침묵)

펄스 : 당신이 남편에게 질문하기 전에 무엇을 느꼈나요?

수잔 : 음…… 나는 그 말이 맞다는 생각이 들었어요. 바보 같다는 것, 당신이 바보 같은 모습으로 보인다는 것은 맞아요. 당신은 알 거예요. 당신이 왜 기분이 나빠졌는지.

펄스 : (침묵) 마티, 당신과 함께 게임을 하나 해 보고 싶습니다. 문 쪽으로 가서 십자가를 진 예수님처럼 연기해 줄래요? (침묵) 수잔, 당신은 가서 못을 빼내어 그를 십자가에서 내려 주세요.

마티 : 내 옆구리에 칼이 있어요.

수잔 : 그 칼로 당신의 옆구리를 찌르지 않았어요. (웃음)

마티 : 이것을 치워 줘요…….

펄스 : 지금 우리에게 내려와 줄 수 있나요?

마티 : 네, 좋아요.

펄스 : 당신은 어디에서 아내를 만났나요? 당신이 처음 마티를 보았다면, 어떤 느낌이 들었을까요?

마티 : 매력적인 여자. (한숨) 누군지 전혀 알지 못하지만, 조금씩 알아 가고 싶을 것 같아요.

펄스 : 다음으로 할 일이 있습니다. 당신에게 언제나 손이 없다는 것을 느꼈습니다. 당신 손은 여전히 묶여 있습니다. 당신 손은 이렇게 묶여 있지요. 지금 아내에게 가서 아내를 만지고 사랑해 보세요. 손이 움츠러든다면 어떻게 느껴지는지 보세요.

마티 : 아, 당신이 오늘 아침에 일어났을 때 뭐가 문제였지? 당신은 그다지 좋아 보이지 않았어요.

수잔 : 어제 넘어졌을 때부터 등과 다리가 계속 아팠어요.

마티 : 오늘 러스가 오지 않아서 당신은 놀랐나요?

수잔 : 네.

펄스 : 이런 식으로 만져 봅시다. 수갑을 찬 듯이 말예요. 마티, 자기 손을 풀어 줄 수 있을까요? 손이 있다는 게 어떤 느낌인지 알 수 있을까요? 사람들을 만져 볼 수 있을 것 같은데요. 지금 수잔을 만져 볼 수 있나요? 잘 만지거나 잘못 만지거나, 당신이 무엇을 하든지 간에.

마티 : 당신 손은 차가워요.

펄스 : 수잔, 남편에게 말하세요. 나는 당신을 얼어붙게 할 거예요.

수잔 : 나는 당신을 얼어붙게…….

펄스 : 다시.

수잔 : 나는 당신을 얼어붙게 할 거예요.

펄스 : 느낄 수 있나요?

수잔 : 아뇨.

마티 : (침묵) 나는 느껴요.

펄스 : 내가 원하는 곳까지 왔어요. 고든과 엘렌, 우리에게 시간이 좀 더 남아 있어요. 최근 만남이나 첫 만남 이후에 무슨 일이 있었는지 서로 말해 줄 수 있나요?

엘렌 : 여기서?

펄스 : 이삼 일 전에요. 그렇죠?

엘렌 : 네.

펄스 : 고든에게 말하세요. 고든은 엘렌에게 무슨 일이 있었는지, 당신의 경험을 나누어 보려고 하세요. 당신은 벌써 대화를 했나요?

고든 : 그렇게 많이 안 했어요. (침묵)

엘렌 : 음, 내가 당신에게 화냈던 걸 기억해요. 내가 무엇에 대해 화가 났는지 알았고, 그것을 표현했어요.

펄스 : 지금 고든에게 예전에 했던 그 명령을 다시 해 보세요.

엘렌 : 고든에게 내가 어떻게 화냈는지 기억할 수 없어요. 지금.

펄스 : 매우 편하군요. 당신은 거짓말하는 것 같아요.

엘렌 : 알겠어요. 음…… 당신은 하지 말아야 해요. 나를 무시하지 말아요. 나를 동등하게 대해 줘요. 내가 느끼는 대로 내버려 두세요.

펄스 : 좋아요. 이것을 해 봅시다. 그에게 말하세요. 나를 무시하지 말아요, 고든.

엘렌 : 나를 무시하지 말아요.

펄스 : 더 크게.

엘렌 : 나를 무시하지 말아요.

펄스 : 온몸으로 말하세요.

엘렌 : 나를 무시하지 말라고요!

펄스 : 다시!

엘렌 : 나를 무시하지 말아요!

펄스 : 목에서 말고 배에서 소리를 끌어내 보세요.

엘렌 : 나를 무시하지 말아요. 그러지 좀 말아요. 웃지도 말아요!

펄스 : 자, 반대로 해 봅시다. 당신이 고든처럼 무시하는 역할을 합니다. 당신이 남편을 무시합니다.

엘렌 : 당신이 작업실에서 왜 그렇게 힘들게 지내는지 당신도 알고 있겠죠? 당신은 뛰어난 예술가가 되어 많은 작품을 만들 수 있었어요. 언제나 어려운 일만 하려고 하지 않았다면 말이에요.

펄스 : 계속해요. 그를 지옥에 보내세요.

엘렌 : 당신은 바보 같아요. 인정받지 못한다며 당신은 늘 불평만 쏟아 놓아요. 당신은 스스로 인정을 못 받게 해요. 늘 자신을 공격하기 때문이지요.

펄스 : 고든이 해야만 하는 일을 말해 보세요.

엘렌 : 한곳에 집중하세요. 당신은 정말로 한곳에 집중해서 머물러야 해요. 충분하게 하세요. (침묵) 당신은 우월감을 느끼려고 해서는 안 돼요.

펄스 : 다시 말해 보겠습니까? '나는 우월감을 느끼면 안 된다.'

엘렌 : 나는 우월감을 느끼면 안 된다.

펄스 : 당신이 우월감을 느끼지 않는다면, 어떤 일이 일어날까요?

엘렌 : 있는 그대로의 나를 느끼려고 할 거예요.

펄스 : 자, 이것을 다시 고든에게 해 보세요. 그를 있는 그대로 살아가게 해 봅시다. (침묵)

엘렌 : 알겠어요.

펄스 : 그에게 다시 말해 주실래요?

엘렌 : 그것이 당신이 살아가는 방식이겠군요. 당신은 그 방식으로 살아야 해요.

펄스 : 솔직하게 말하는 건가요? 아니면 나를 즐겁게 하려는 건가요?

엘렌 : 아뇨. 솔직하게 말하고 있어요. (침묵) 내가 그렇게 느끼기에 말하는 거예요. 그것은 나에게 그다지 문제가 되지 않아요.

고든 : 당신을 믿기 어려워요. 갑작스럽게 바뀌는 것 같아요. 확신할 수 없어요.

펄스 : 제 표현을 따라 해 볼래요? '당신은 내 인생 대본에 맞지 않아.'

엘렌 : 저요?

펄스 : 네, 그에게 말하세요. '당신은 내 인생 대본에 맞지 않아. 당신은 이렇게나 저렇게 되어야만 해. 당신이 나에게 바라는 것을 나는 몰라.' 남편에 대한 당신의 인생 대본은 무엇입니까?

엘렌 : 당신은 내 인생 대본에 맞지 않아요. 당신은 파트너가 되어야 하고, 서로 동등하게 대해야 해요. (침묵)

펄스 : 좋습니다. '나는 무엇이 고맙다.'라는 문장으로 말해 볼래요? 당신이 남편에게 고마워하는 것 그 무엇이라도.

엘렌 : 고마워, 유머가.

펄스 : 그에게 말하세요.

엘렌 : 흥분이…….

펄스 : 그에게 분노를 표현하세요.

엘렌 : 나는 그런 창조적인 예술 세계에서 나 자신을 발견할 수 없다는 게 화가 나. 화가 나요, 여전히 화가 나요.

펄스 : 그에게 말해 볼래요? 당신이 자신을 찾지 못한 것은 고든의 책임이라고.

엘렌 : 아뇨. 그럴 수 없어요. 그렇게 생각하지 않아요.

펄스 : 그러면 분노는 어디에 있나요?

엘렌 : 음…… 어쩌면 (웃음) 분노는 멀리 달아나 버렸는지도 몰라요.

펄스 : 분노와 고마움의 균형을 유지할 수 있겠습니까? 남편에게 고맙다고 말해 주는 겁니다. 당신이 기뻐할 만한 일이 또 있을까요?

엘렌 : 네, 당신을 만났을 때 내 삶에 정말 뜻밖의 변화가 생겼지요. 그 점은 기뻐요. 그리고 여러 모로 많은 점들이 무척 좋았어요. (침묵) 특별히 아이들에게도 고맙고, 내가 만났던 많은 사람들에게도 고맙고, 당신 덕분에.

펄스 : 좋습니다. 악수를 할 수 있나요?

엘렌 : 물론이죠.

## 기억과 자존심

여러분이 작업을 계속하기 위해 내가 할 수 있는 것을 찾고자 내 머릿속을 살펴보고 있습니다. 여러분 중 어떤 이는 성장의 경험을 했습니다. 그 경험은 당신과 함께 있으며, 계속 진행될 것입니다. 좀 더 포괄적인 작업의 방향을 말하고 싶습니다. 투사를 생각해 봅시다. 우리 안의 고립된 부분이 투사됩니다. 그것은 꿈으로 표현되고, 세상 사람들에게 향합니다. 자, 많은 사람들이 자의식으로 고통받습니다. 이곳에서 누가 그럴까요? (웃음) 당신이 앞으로 나오겠습니까? (던은 뜨거운 의자에 가서 앉는다. 그 여성은 스물세 살이며, 날씬하고 키가 큰 편이다.)

던 : 내가 방을 가로질러 갈 때면 대단히 크다고 느낍니다. 나는…… 나는 자의식을 느낍니다.

펄스 : 네, 자리에 앉으세요. (빈 의자를 가리키며) 관객 역할을 해 보세요.

던 : (침묵) 키가 정말 크군. 아, 정말 장대처럼 커…… 음…….

펄스 : 의자를 바꾸어 보세요. 지금 확인해 보세요. 던이 걸어갈 때 그녀가 키가 크다는 걸 누가 알아차렸나요? (몰랐다는 대답이 나옴) 한 사람도 없군요. (던을 보고) 놀랍지 않나요?

던 : 음, 내가 일어났을 때 소인국에 온 것처럼 느꼈어요.

펄스 : 다시 말씀해 주실래요?

던 : 소인국에 와 있는 것 같아요.

펄스 : 아, 그 점이 다르군요. 자, 일어나세요. 당신은 거인이고 우리를 소인국에 있는 사람처럼 보도록 하세요. (웃음) 우리에게 말하세요.

던 : (낮고 굵은 목소리로) 안녕, 날 무서워하지 마.

펄스 : 아직 자신을 의식하고 있나요?

던 : 내가 자의식을 붙들고 있는 것 같아요.

펄스 : 어디에서? 무엇을?

던 : 여기. (골반 부위를 가리킨다.) 나는 아주 강한 힘을 느끼는데, 그 힘이 밖으로 나오지 못하게 하고 있어요.

펄스 : 의자에 앉으세요. 던에게 말하세요. 힘을 밖으로 내보내지 마.

던 : 힘을 밖으로 내보내지 마.

펄스 : 계속하세요.

던 : 아, 내가 그 힘이 되라고요? 나는 다만 관객인데요.

펄스 : 이것을 '금지' 라고 부릅시다. 당신의 '하지 마라' 입니다.

던 : 나는 네 힘을 밖으로 내보내지 않을 거야. 너를 보호하고 싶기 때문에 그런 거니까 내 말을 들어 줘. 그들이 어떻게 생각할까? 네가 자신에 관해 생각하는 것을 그들이 알게 된다면 말이야. (의자를 바꾼다.) 그들은 날 두려워할 거야.

펄스 : 지금 다른 사람들을 당신으로 바꾸어서 말하세요. 그리고 그것을 관객에게 이야기하세요.

던 : 당신들은 날 두려워할 거야.

펄스 : 다시.

던 : 당신은 날 두려워할 거야.

펄스 : 지금 일어나서 거인의 입장에서 똑같은 말을 해 보세요.

던 : 당신은 날 두려워할 거야. (한숨) 당신은 날 두려워하지 않을 거야. 당신은…… 당신은…… 바보 같은 생각이라고 여길 거야. 당신들은 날 비웃겠지.

펄스 : 네, 던을 비웃어요. (던은 웃는다.) 그녀를 놀리세요.

던 : 넌 정말 바보 같아. (침묵) 왜 생긴 대로 못 살아?

펄스 : 좋아요. 일어나서 우리에게 말하세요. 우리를 조롱하세요. 우리가 얼마나 바보스러운지 말하세요.

던 : 너희는 정말 바보야. 그러나 나는…… 당신들에게 말할 수 없어. 나는 당신들에게 상처를 줄 수 없어.

펄스 : 다시 말하세요.

던 : 나는 당신들에게 상처를 줄 수 없어.

펄스 : 그것을 반대로 말해 볼래요? 그들에게 상처를 주세요. 그들을 의자에 앉혀 놓고, 그들에게 상처를 주세요. 그들을 울리세요.

던 : 당신들은 바보야. 여기서 해답을 찾고 있다니. 해답이 있다고 생각하다니. 당신들은 정말 멍청해. 이런 식으로

는 찾을 수 없어.

펄스 : 그것을 우리에게 말해 보세요.

던 : (집단원을 둘러보며) 당신들은 이런 식으로는 찾을 수 없어. (마렉에게) 여전히 당신은 웃는군요.

마렉 : 나는 찾고 있어요. 당신은 자신에 대해 많은 걸 찾고 있어요. 나는 이 상황에 대한 당신의 감정을 함께 느끼고 있어요. 이것은 참으로 엉터리죠. 그러나 갈 길은 멀고 이것은 한 걸음에 지날지 몰라요. (침묵) 웃지 말아요.

펄스 : (던에게) 지금 기분이 어떤가요?

던 : 음, (훌쩍이며) 작아지는 것 같아요.

펄스 : 네, (마렉을 가리키며) 당신이 그 의자에 거짓말쟁이를 앉혀 놓았으면 좋겠군요. 그에게 말해 보세요.

마렉 : 거짓말쟁이가 의자에 앉아 있다. (침묵) 거짓말쟁이, 거짓말쟁이. 나는 그 단어를 느껴야만 해. 거짓말쟁이, 당신은 우리에게 말하겠지. 당신은 그것이 어디에 있는지 우리가 모른다고 생각해. 우리는 부분만 알 뿐이지. 우리는 울고 웃을 줄만 알지. 우리는 자신의 일부분만 알 뿐이지. 그러나 당신은 전부 다 알아.

펄스 : 거짓말쟁이 역할을 해 보세요.

마렉 : (한숨) 흠…… 이 엉터리 게임은 내가 당신 머리를 갖고 노는 거지. 그러나 이 게임은 무언가를 의미하지. 당신에게 달렸어. 나는 거짓말쟁이일지 몰라. 그러나 당신도 거짓말쟁이라는 것을 알았으면 해. 흠, 나 자신이 거

짓말쟁이가 되어 가고 있지. 나는 못 느끼고 있어요……. 심하게 긴장을 느낍니다. 여기서 물러나고 싶습니다. 거짓말쟁이가 자기 안으로 물러나려고 하는군요. (웃음) 거짓말쟁이, 내 안에서 떨고 있는 것을 느낍니다. 배 속이 떨립니다.

펄스 : 그 떨림이 거짓말쟁이라고 생각합니까?

마렉 : 아뇨. 거짓말쟁이는 실제로 있어요. 내가 지금 있는 곳에 거짓말쟁이가 있죠. (한숨) 내가 거짓말쟁이가 된다면, 난 정말 강해질 것 같아요.

펄스 : 네, 지금 잠시 거짓말쟁이를 기다려 보죠. 당신이 진짜인 듯했으면 합니다. 당신의 지지가 흔들리고 있어요. 떨림을 춤으로 표현할 수 있나요?

마렉 : (주위를 걸어 다니며 팔을 흔든다.) 알겠어요. 이렇게, 이렇게요.

펄스 : 돌아오세요. 다시 거짓말쟁이에게 말해 보세요.

마렉 : (한숨) 거짓말쟁이와 접촉이 끊어졌어. 나는 나 자신을 느끼는 것을 좋아해. 가슴이 뛰는 것을 느껴. 나는 보지 못하고 있어……. 의자를 보고 있어. 내 발에 통증을 느껴. 이것은 진짜 느낌이야. 그리고 방 안에 있는 사람들, 고든, 앤, 나 자신 그리고 당신을 보고 있지.

펄스 : 당신의 능글맞은 웃음은 무엇을 의미하나요? (웃음) 돌아갑시다.

마렉 : 글쎄요, 나는…… 나는 조금 웃었습니다. 그렇죠?

펄스 : 좋습니다. 당신은 아름다운 양극성을 보았어요. 거짓말쟁이, 그 반대에 있는 진솔하고 현실적인 존재. 지금 의자에 그 능글맞은 웃음을 올려놓고 완성해 봅시다. 능글맞은 웃음을 향해 말해 보세요.

마렉 : 이 능글맞은 웃음아, 나는 널 싫어해! 넌 그 뒤에 날카로운 이빨을 숨기고 있어. 이빨을 감추려고 들 때, 넌 웃으려고 했어. 예전의 너보다 지금의 너를 보는 게 낫지. 그건 엉망진창이야. (폭발한다. 의자를 발로 차고 집어던진다.) 빌어먹을 히틀러 돼지들! (어빈이 그를 말린다.)

펄스 : 자, 앉아요. 눈을 감고 숨을 고르세요.

마렉 : (침묵. 깊은 숨을 쉰다.) 다섯 살 반이었어요. (울다가 잠시 후 멈춘다.) 아니야, 못 믿겠어. 그곳으로 돌아가고 싶지 않아.

펄스 : 그곳으로 가기 전에 우리에게 먼저 돌아와요. 날 볼 수 있나요?

마렉 : 네, 볼 수 있어요.

펄스 : 날…… 정말로…… 보고 있나요?

마렉 : 네, 봅니다.

펄스 : 당신이 지금 어디 있는지 보나요?

마렉 : (침묵) 네, 그래요.

펄스 : 눈을 감으세요. 당신은 다섯 살 반입니다. 그곳에서 무엇을 봅니까?

마렉 : (한숨) 우리는 바르샤바에서 30킬로미터나 떨어진 곳

에 살고 있어요. 그들이 불을 지르고 있어요. 그들은 히틀러 친위대의 열성 당원입니다. 몹시 험상궂고 무서운 얼굴입니다. 한 놈이 나를 자기 어깨에 올려 태웁니다. (한숨) 아…… 안 돼…….

펄스 : 당신은 무엇을 보고 있습니까? 눈을 감으세요. 지금이 무척 중요합니다. 기억해 내려고 노력하지 말아요. 단지 다섯 살하고 반이에요. 그리고 당신이 보고, 느끼고, 들은 것을 나에게 말하세요.

마렉 : (침묵) 나는 다섯 살 반입니다. (웃음) 친구들과 정원에서 놀고 있어요. (한숨) 열성 당원이 우리를 약탈해요. 독일 놈들.

펄스 : 보고 있나요?

마렉 : 네, 그들을 봐요. 그들은…….

펄스 : 무엇을 보나요?

마렉 : 그들 중 세 명이…… 집으로 오고 있어요. 큰 저택인데, 나는 안으로 들어가고 싶어요. 사람들에게 경고해야 해요……. 이것 참, 당신은 나를 그곳으로 돌려보내지 못할 거예요. 미안해요. 여기까지입니다.

펄스 : 나에게 말하세요.

마렉 : 아뇨. 나는 캐나다에 있어요. (웃음) 그뿐입니다.

펄스 : 기억을 지키고 싶어 하는군요. 무엇 때문에 이 기억이 필요한 거죠?

마렉 : 나 자신이 경계를 풀지 않으려고요.

펄스 : 누가 또 경계를 풀지 않았으면 좋겠어요?

마렉 : 모두 다요. 나는 그렇게 했었죠.

펄스 : 우리에게 돌아오세요. (마렉은 방을 둘러본다.)

마렉 : 내가 당신에게 적대감을 품고 있는 것처럼 보일 수 있어요. 적대감이 많아요. 모든 사람을 향한 적대감이 너무나 많아요. 아마 사랑도 있겠죠. 그리 많지는 않더라도 조금은 있을 겁니다.

펄스 : 네, 눈을 감으세요. 다시 되돌아가세요. 시간을 거슬러 올라가서 다시 아이가 되세요.

마렉 : 나는 바르샤바에서 30킬로미터 떨어진 건물의 복도에……. 나는 복도에…… 복도 끝에 노인이 있어요. 그는 그림을 그리고 있어요. 아무도 그에게 다가가지 않아요. (펄스를 보면서) 당신이 그 노인이군요, 펄스.

펄스 : 날 봐요. 내가 그 노인인가요?

마렉 : (웃음) 아뇨.

펄스 : 의자에 노인을 앉혀 놓고 나와 비교해 보세요. 어떤 점이 비슷하고, 또 어떤 점이 다른가요?

마렉 : 당신과 노인의 비슷한 점은…… 당신은 이 장소에서 끝에 있고, 나는 당신에게 걸어갑니다. 그러니까 펄스, 당신은 이 사람들의 끝에 있고, 나는 당신에게 다가왔잖아요? 당신의 머리카락도 희고, 그 사람의 머리카락도 희지요. 당신도 화가입니다. 모든 것을 사용해 그림을 그리죠. 당신은 사람을 조각하는 조각가이기도 하고요, 예

술가죠. 그도 예술가이고요.

펄스 : 우리가 어떻게 다른가요?

마렉 : 당신은 말을 하지만, 그는 전혀 말을 하지 않았어요.

펄스 : 그에게 말하세요, 지금.

마렉 : 당신은 한마디도 하지 않았어요. 그래도 당신은 매일 매일 변했어요. 그림을 그리기 때문이죠. 그때 나는 낙서를 했어요. 당신은 나에게 그림을 그리는 법을 가르쳐 줬어요. (펄스를 향하며) 당신 또한 나에게 무언가를 가르쳐 주죠. (침묵) 당신은 둘 다 다른 사람입니다.

펄스 : 당신은 지금 이것을 이해했나요?

마렉 : 네, 그래요.

펄스 : 독일인에게 돌아갑시다. 그 기분 나쁜 대상에게.

마렉 : 아뇨.

펄스 : 거절인가요?

마렉 : 그래요.

펄스 : 어떤 거절인가요?

마렉 : 그것은 오래전 일이에요.

펄스 : 여전히 남아 있네요.

마렉 : 오랫동안 그랬어요.

펄스 : 그 기억에 한 번 더 말할 수 있나요? 말하세요. '기억아, 나는 널 보내 줄 수 없어. 나는 가슴으로 널 껴안고, 밤낮으로 데리고 다닐 거야.'

마렉 : 기억아, 나는 널 가슴에 품고 매일 데리고 다닐 거야.

아냐, 거짓말이야. 아냐, 그럴지도. (웃음) 나는 거짓말쟁이 속으로 숨고 있습니다.

펄스 : 의자를 바꾸세요. 기억이 되세요.

마렉 : (한숨) 마렉, 넌 나를 버릴 수 없어……. 나는 너야. 너는 날 좋아해. 너의 기분을 좋게 해 주지. 다른 사람들보다 훨씬 낫다고 느끼게 해 주지. 너는 아이를 고통스럽게 해. 나는 너와 함께 있을 거야……. 모두 이것을 몰래 갖고 있지. 넌 알 거야. 이것은 틀렸다는 것을. (침묵)

펄스 : 지금 무슨 일이 일어나고 있나요?

마렉 : 아…… 기억, 그것은 지금 중요하지 않아요.

펄스 : 안녕! 잘 가, 기억아!

마렉 : 다음에 봐. (웃음)

펄스 : 니체는 말했습니다. 기억과 자존심은 싸운다고. 기억은 그런 일이 일어났다고 말해요. 자존심은 그런 일이 일어나지 않았다고 말합니다. 기억이 패배합니다. 우리는 기억을 현재로 다룹니다. 기억이 사실이든 거짓이든 간에 우리에게 기억이 있습니다. 우리는 이 기억을 소화하지 않습니다. 오히려 기억을 전쟁터나 어떤 일을 정당화하는 데 쓸 뿐이지요. 우리는 진정 기억을 필요로 하지 않습니다. 자, 오늘 오전 작업은 끝났습니다.

## 선명함의 철학

나는 게슈탈트 치료를 '선명함의 철학'이라고 부르고 싶습니다. 우리는 선명함을 쉽게 생각하지만 조금만 더 깊이 들여다보면 그 뒤에 얼마나 많은 선입견과 왜곡이 숨어 있는지 알게 됩니다. 선명함을 이해하기 위해서는 선명해져야 하지만, 어려운 일입니다. 우리는 똑똑한 체하고, 숨기려고 하고, 잘난 체하고 싶어 합니다.

선명해지려고 할 때 어떤 어려움이 있는지 당신은 알고 있습니다. 신경증은 선명하게 보지 못하는 증상입니다. 선명함을 다루기 위해서는 선명함을 유지해야 합니다. 이 세상에서 우리가 마주치는 가장 선명한 것은 내적 세계와 외부 세계라는 두 종류의 실존입니다. 마음이라는 내적 세계는 외부 세계와 다르게 보입니다. 이 내적 세계는 동종요법 형태(homeopathic)로 존재한다는 특징이 있습니다. 동종요법은 의학의 한 분야로, 그 효과성을 미미하게 인정받고 있습니다. 마음이 이러한 형태로 활동한다는 것을 예를 들어 설명하겠습니다. 당신이 빵을 사고 싶어 한다고 합시다. 길 건너 옷 가게로 달려가 빵을 달라고 하지는 않습니다. 또 은행에 가서 빵을 주문하지 않습니다. 처음부터 당신은 연습을 합니다. 연습은 순식간에 이루어집니다. 당신은 여러 빵 가게를 빠르게 훑어봅니다. 빵을 살 수 있는 곳을 찾아서 말이지요. 이렇게 환상 속에서 연습하면 일을 줄일 수 있습니다. 우리는 환상으로 많은 계획을 세웁니다. 그러나 정상적인 마음은 현실을 그 자리에서 곧바로 편집합니다. 마음과 현실은 서로 부합합니다. 크기만 작아졌지, 같은 내용입니다.

환상에서 떠오른 게슈탈트는 외부 세계에 있는 게슈탈트와 일치해야 합니다. 그럴 때 우리는 인생을 헤쳐 나갈 수 있습니다. 상황을 완성하거나 그 밖의 것을 할 수 있습니다. 만약 이 두 가지 게슈탈트가 전혀 연결되지 않으면, 비극적이고 망상적인 기대가 생겨납니다. 부자가 되고 유명해질 거라고 상상하면서 말입니다. 또는 당신이 비극적 기대를 품는다면, 사람들이 당신을 싫어하거나 기회만 있으면 당신을 처벌할 것이라고 생각하게 됩니다. 그리고 인생에서 실제로 겪을 수 있는 위험한 사건과 수많은 왜곡을 보지 못합니다.

우리가 진정 미쳐 버린 영역이 있습니다. 그곳에서 우리는 정말로 미친 인생을 삽니다. 그곳은 바로 내적인 삶과 외적인 삶이 연결되지 않는 곳입니다. 바로 꿈입니다. 꿈은 실제처럼 느껴집니다. 꿈꾸고 있는 동안은 현실입니다. 당신은 현실감을 느끼면서 꿈을 경험합니다. 특별히 당신이 좌절감에 빠져 있다면 악몽을 꿀 수 있습니다. 당신은 상황을 극복하려고 합니다. 그러나 계속해서 당신은 자신을 좌절하게 만듭니다. 스스로 욕구를 억압해 버립니다. 그러나 자신이 그렇게 하고 있음을 모릅니다. 당신은 바깥에 있는 힘이 자신을 막는다고만 생각합니다.

어제 우리는 외부 세계의 접촉과 당신 자신의 접촉을 위해 셔틀링 기법을 사용했습니다. 당신이 자신과 접촉한다면, 그 무엇이 열립니다. 그리고 직접 연결되면 자신과 세상 간에 의사소통이 바로 되고, 당신의 기능은 좋아집니다. 그러면 당신의 잠재력을 쓸 수 있습니다. 당신은 자신의 자원을 불러낼 수 있습니다. 그러나 움츠러들기, 계산하기, 개념화하기, 설명하기, 추억에 잠기기, 과거 회상하기 등에서 빠져나올 수 없다면, 당신은 자신과 만날 수 없습니다. 프로이트는 진정한 자기를 만나지 못했습니다. 그는 늘 자아에 빠져 있었습니다. 꿈을 이해하고 충분히 활동하기 위해서 우리가 할 수 있는 일도 꿈이라는 이 내적 세계가 우리의 인생 대본이라는 사실을 아는 것입니다. 꿈은 인생의 명쾌한 대본입니다.

일상생활에서 우리는 사람들과 만나서 이런저런 일들을 겪는데, 꿈도 비슷합니다. 꿈은 아름답기까지 합니다. 꿈에는 생각 이상으로 훨씬 많은 기능이 있습니다. 우리가 만나는 사람들은 꿈에서 사물로 나타날 수 있습니다. 꿈에서 나타나는 사람들, 각 사물들, 각 분위기는 우리 인격의 부분입니다. 이러한 사실에서 출발합시다. 꿈을 이렇게 보고 있다는 것은 중요합니다. 오늘날 우리는 부분으로 분열되어 있습니다. 조각조각 분열된 채 살아갑니다. 이 부분을 분석하고 계속 나누는 것은 헛된 일입니다. 게슈탈트 치료의 목적은 흩어지고 소외된 인격을 통합하여 전체적인 인간을 다시 만드는 것입니다. 전체적인 인간은 효과적으로 기능하며, 자신의 자원에 의지하고, 자신의 성장을 촉진하며, 어디에 있든지 성장에 몰입합니다.

그래서 저는 꿈 작업의 기초를 다시 세웁니다. 이 과정을 설명하겠습니다. 자신의 꿈에 대해 말하고 싶은 사람은 꿈을 하나의 이야기로 말합니다. 이것이 첫 번째 단계입니다. 즉, 꿈의 줄거리를 이야기합니다. 두 번째 단계는 꿈을 살아 있게 만드는 것입니다. 이때는 줄거리를 말하는 것이 아니라 눈앞에 펼쳐진 드라마를 보듯이 이야기하는 겁니다. 간단하게 할 수 있습니다. 즉, 과거 시제로 말하지 않고 현재 시제로 말하면 됩니다. 나는 산을 올라가고 '있다'. 이것이 '오고', 저것이 '오고', 또 다른 것이 '온다'고 현재형으로 말합니다. 세 번째 단계는 우리가 무대감독을 하는 겁니다. 우리는 작가이며, 무대감독자입니다. 무대를 설정합니다. 산이 이곳에 있다. 나는 이곳에 있다. 우리는 꿈을 살아 있는 연기로 표현합니다. 그러면 꿈을 선명하게 보게 되면서 다음 단계로 들어갈 수 있습니다. 우리는 작가이자 무대감독일 뿐만 아니라, 또한 배우이자 소품이며 그곳에 있는 모든 것입니다. 우리는 그때 무척 풍부한 접촉을 합니다. 두 가지를 할 수 있는 기회가 생깁니다. 하나는 갈등을 통합하는 것이고, 다른 하나는 소외된 인격을 재동일시하는 것입니다. 소외된 인격을 재동일시하면, 그것은 다시 우리의 인격이 될 수 있습니다. 우리는 악당이나 악마의 역할을 하면서, 그들이 우리 자신의 투사임을 깨닫습니다.

우리는 투사와 만납니다. 투사는 바깥세상에 버린 우리 자신입니다. 우리는 투사를 하면서 우리 자신이기를 중단합니다. 그러한 부분을 다시 자기 것으로 받아들이는 일은 참으로 불쾌합니다. 꿈에 나오는 하수구와 경찰관이 당신의 생각과 감정을 나타낸다는 사실을 편안하게 받아들이기는 어렵습니다. 그러나 불편함을 감수한다면, 무언가를 배울 수 있는 기회가 됩니다. 내 마음이 하수구와 경찰관에게 투사되었음을 알 때, 어느 순간 투사 속에 감추어진 에너지가 풀려나옵니다. 우리는 이러한 것을 소화할 수 있고, 자신의 것으로 만들 수 있습니다. 내가 말하고 싶지 않은 부분이 꿈에 자주 나타납니다. 꿈 전체를 가지고 작업할 필요는 없습니다. 당신이 하나의 꿈에서 몇 개의 대상과 재동일시를 하더라도, 대상과 동화하는 순간마다 당신은 성장합니다. 당신은 자신의 잠재력을 키웁니다. 당신은 변화하기 시작합니다.

첫 번째 예를 보도록 합시다. 4단계를 체계적으로 하겠습니다. 뭔가를 볼 수 있을 것입니다. 누가 하겠습니까?

러스: 나는 언덕 같은 작은 산에 있습니다. 내 친구도 있어요. 아주 친한 친구지요. 친구는 무릎을 꿇고 앉아 있어요. 그는 괜찮아 보입니다. 친구에게 항아리와 파란 접시, 대접이 있는데, 그것들이 한 줄로 놓여 있어요.

펄스: 좋습니다. 그다음 단계로 들어갑시다. 이 꿈의 한 장면을 더 자세하게 이야기해 주세요. 그 장면을 현재 시제로 말해 주세요.

러스: 크리스가 무릎을 꿇고 내 앞에 앉아 있습니다. 그가 내 앞에 앉아 있습니다. 바로 앞에서 나는 항아리와 파란 접시 그리고 대접을 보고 있습니다. (펄스를 보며) 나머지도 계속할까요?

펄스 : 아뇨. 당신이 무대로 올라왔으면 합니다. 연기를 해 보세요. 당신의 무대입니다. 친구는 어디에 앉아 있지요? 접시는 어디에 있나요? 그 밖의 것도.

러스 : 크리스, 크리스는 여기 있어요. 여기에 항아리, 접시, 대접이 있어요. 뒤에는 산이 있고요. 그리고 주위에 밀짚과 마른풀이 있습니다. 나는 여기서 보고 있어요. 나는 오솔길을 걸어가고 있습니다. 그 길은 산의 뒤쪽으로 이어져 있어요. 나는 막 멈춥니다.

펄스 : 한 번 더 해 볼 수 있나요? 당신은 조금 게으른 것 같아요. 일어나서 정말로 무대를 만드세요. 전체 드라마를 보여 주세요.

러스 : 오솔길, 음…… 이것은 여기서 시작해서…….

펄스 : 어디? 어디인가요?

러스 : 다시 말해 줄래요?

펄스 : 계속 걸어가 보세요.

러스 : 다음에 봐, 크리스.

펄스 : 네, 됐어요.

러스 : 친구가 다시 나타났어요. (원을 그리며 걷다가 뜨거운 의자 앞에서 멈춘다.)

펄스 : 날 보지 말아요. 당신은 다른 배우를 만들고, 그에게 말을 걸어요. 당신은 지금 연출가입니다.

러스 : (어깨를 으쓱하며) 무슨 일이지? 이것들은 뭐야? 항아리, 접시, 대접, 넌 뭐하고 있어? (크리스 입장이 되어서)

이것을 봐. (그는 야바위 게임을 하는 것처럼 접시를 이리저리 움직이는 시늉을 한다.) 이것을 봐. 지금 당신이 생각하는 것이 이 항아리 밑에 있나? 파란 접시. 당신이 생각하는 것이 이 파란 접시에 있나? 항아리.

펄스 : 네, 당신은 다른 배우가 됩니다. 친구가 되었다가 접시가 되고 오솔길이 됩니다. 어렵다면 말로 합니다. 내가 오솔길이라면, 나는 오솔길의 형태를 갖게 되고 그 모습으로 존재합니다. 당신에게 미리 알려 드릴게요. 당신이 할 수 있는 가장 큰 실수는 오직 이것입니다. 바로 해석입니다. 해석을 하면 길을 잃습니다. 프로이트의 분석 게임을 하면 기껏 재미있는 통찰 몇 가지를 얻을 뿐입니다. 아무 일도 일어나지 않습니다. 해석하지 마세요. 단지 되려고 하세요. 접시가 되고, 항아리가 되고, 당신 친구가 되세요.

러스 : 크리스, 러스 좀 봐. 내가 무엇을 할 수 있는지 봐. 당신이 나를 따라올 수 있는지 봐. 이것은 재밌어.

펄스 : 지금쯤 역할을 바꿀 시점인 것 같군요.

러스 : 지금요?

펄스 : 바꾸세요. 역할을 바꾸어 연기해 보세요.

러스 : (집단원에게) 여길 봐. 당신이 이것을 따라올 수 있는지 봐. 이것은 지독하게도 빨라. 당신이 생각하는 게 이 항아리 밑? 접시, 맞아? 당신이 생각하는 게 접시 아래에 있어? 항아리. 당신이 생각하는 게 항아리 밑에 있어? 접

시. 항상 똑같군.

펄스 : 이 역할을 하는 게 편안했나요?

러스 : 편안하기는 했는데, 매우 교활하게 느껴졌어요.

펄스 : 좋아요. 다른 사물이 되어 봅시다. 오솔길이 되어 보세요.

러스 : 네. (침묵) 나는 오솔길입니다.

펄스 : 오솔길, 당신의 목적은 무엇인가요? 당신의 모습은 어때요?

러스 : 나는 산에 있는 오솔길입니다. 나는 훌륭한 오솔길입니다. 편안하고, 힘들지 않게 걸을 수 있어요.

펄스 : 다시 말해 보세요.

러스 : 힘들지 않게 걸어 올라갈 수 있어요. (침묵) 나를 따라가다 보면 아름다운 풍경을 많이 볼 수 있어요. 멋진 장소와 야영지가 나오죠. 나는 산꼭대기로 올라가는 길입니다. 사람들이 나를 밟고 꼭대기로 갑니다.

펄스 : 다시 말해 보세요.

러스 : 사람들은 나를 밟고 꼭대기로 갑니다. (침묵) 그것은 상처입니다.

펄스 : 보세요. 당신은 해석하지 않았습니다. 그 무엇이 나왔어요.

러스 : 러스는 나를 밟고 걷고 있습니다. 그러나 멈추었어요. 그는 지금 크리스와 함께 있어요. 크리스가 아직 내 위에 있어요.

펄스 : 좋아요. 지금 우리가 살펴볼 만남이 나왔어요. 여기에 앉으세요. 접촉을 위해 꿈을 멈추겠습니다. 당신은 오솔길입니다. 그리고 러스가 있어요. (빈 의자를 가리킨다.) 그리고 당신은 대화를 나눕니다. 대본을 써 보세요.

러스 : 넌 내 위를 걷고 있어. 넌 그리 나쁘지는 않아. 너의 장화가 무거워, 너무나 무거워. (크리스 입장에서) 음, 내 장화 바닥은 괜찮아서 마찰이 심하지 않을 거야. 당신도 알잖아. (러스 입장에서) 너는 나를 닳아 없애고 있어. 너는 무거운 장화를 신고서 내 위를 걷고 있단 말이야. 내 위에서 내려오는 게 어때? 너한테 왜 오솔길이 필요한 거지? 제기랄, 나는 네게 필요 없다고. 너는 큰 장화를 가졌어. 가서 네 일이나 하란 말이야. (크리스의 입장에서) 오솔길아! 네 위로 걷지 않는다면, 나는 길을 잃을지 몰라. 떨어질지도 몰라. 너는 안전해. 정말 아주 좋은 길이야. 누구라도 여기를 걸으면 그렇게 말할 거야. 길을 잃지 않을 거야.

펄스 : 네, 좋아요. 여기서 멈추지요. 무슨 일이 일어나고 있음을 당신은 느끼고 있어요. 당신은 자신의 흥분을 느끼고 있어요.

러스 : 네.

펄스 : 우리는 꿈의 한 장면에 접근해서 작업을 했습니다. 실제로 꿈을 완전히 작업한다면, 필요한 모든 치료를 할 수 있다고 믿습니다. 당신이 자신의 인격을 더 성장시킨

다면, 실존적인 메시지를 얻는 꿈을 꿀 것입니다. 나에게 그 꿈의 의미는 실존적인 메시지입니다. 이것은 미해결 과제가 아닙니다. 현재 문제도 아닙니다. 증상이나 성격이 아닙니다. 이것은 실존적인 의미이며 메시지입니다. 이것은 당신의 실존 전반을 생각합니다. 이것은 당신의 인생 대본 전반을 생각합니다. 네, 다른 분이 나오겠습니까? (앤이 뜨거운 의자로 나온다.) 이름이……?

앤 : 앤이요. 제가 자주 꾸는 꿈입니다. 아주 상세하게 기억하고 있어요…….

펄스 : 잠깐 멈추겠습니다. 무척 중요한 꿈입니다. 나는 프로이트와 완전히 입장이 다릅니다. 프로이트는 강박적 반복을 보았습니다. 어떤 일을 계속해서 되풀이하는 것이지요. 그는 반복 행동이 죽음 본능의 기능이라고 결론을 내렸습니다. 저는 무엇인가를 반복하는 꿈은 해결을 향한 시도, 완성을 향한 시도라고 믿습니다. 우리는 길에서 장애물을 치우고 해결할 수 있어야 합니다. 그리고 게슈탈트를 완성해서 더 많이 성장해야 합니다. 당신이 반복적인 꿈이라고 느낀다면, 대단히 중요하고 또 위태로운 실존적인 주제가 있다고 할 수 있습니다.

앤 : 나는 기차를 타고 여러 사람들과 함께 여행을 합니다. 우리는 어디론가 가고 있습니다. 어디로 가는지 모르겠습니다. 우리는 어느 역에서 멈춘 후에 나는 사람들 곁을 떠납니다. 남편은 언제나 그 사람들의 무리 속에 있습니

다. 나는 쉽게 그를 떠나보냅니다. 그러자 내 목적지가 어딘지 잊어버립니다. 나 자신을 보니, 내가 어디에 있는지 어디서 왔는지 알지 못합니다.

펄스: 처음부터 시작해 봅시다. 당신은 벌써 첫 단계로 들어왔습니다. 당신은 현재 시제로 말했습니다. 자, 지금 무대를 만드세요.

앤: 헐렁한 니트를 입은 사람들과 함께 기차를 타고 여행 중입니다. 정말로 모르겠어요……. 그들이 친구인지, 적인지, 낯선 이들인지, 특별한 이들인지 모르겠습니다. 우리는 함께 가고 있을 뿐입니다. 그들과 나는 함께 앉아 있습니다. 기차가 덜컹거릴 때 우리도 움직입니다. (침묵하다가 흔들리는 몸짓을 취한다.) 우리가 대화를 한다는 생각이 들지 않고, 특별한 목적지를 향해 간다는 느낌도 없습니다. 다만 가고 있습니다. 우리가 이 역에 도착했는데, 함께 내렸던 일행은 어디론가 떠납니다. 우리는 기차에서 내립니다.

펄스: 당신이 감독이 되어 그들이 해야 할 일을 말해 줄 수 있나요? 당신은 여전히 앉아 있어요. 기차에서 내리지도 않고 대화를 시작하지도 않았어요.

앤: 좋아요. 우리는 지금 기차에서 내려요. 커다란 기둥이 있는 아주 큰 역으로 들어가고 있어요. 역 건물은 회색 벽돌로 지어졌고, 오래되었어요. 우리는 아무 데도 들어가지 않았어요. 기둥 사이에 있는 로비에 잠깐 서 있어

요. 나는 기둥에 바짝 붙어 서 있는데 누구와도 말을 나누지 않고 있어요. 다른 일행도 있지만 우리가 아는 이들은 아니에요.

펄스 : 네, 좋습니다. 기둥 하나를 선택하면 좋겠습니다. 기둥과 기차역의 역할을 해 보세요. 당신이 기둥이라면 어떤 모습입니까?

앤 : 크고 오래된 기차역의 기둥입니다. 많은 사람들의 왕래를 봅니다. 어떤 이들은 어디로 가는지 알고 있습니다. 다른 이들은 기댈 곳을 찾아 나에게 다가옵니다. (울기 시작한다.)

펄스 : 무엇인가 일어나고 있군요. 역이 되어 보세요.

앤 : 나는 아주 큰 기차역입니다. 많은 사람들이 내 안으로 들어옵니다. 나는 그들을 편안하게 해 줍니다. 나는 사람들이 쉬거나 지나가는 장소입니다. 내 안에 들어오는 사람들에게 나는 음식을 줍니다. 그리고 화장실과 의자도 있어 그들을 편안하게 해 줍니다.

펄스 : 네, 이런 식으로 만나 보죠. 여기 앉으세요. 당신은 앤이고, 여기는 역입니다. 서로 이야기를 나누세요. 당신이 벌써 인격의 다양한 본질을 표현했다고 생각합니다. 그것을 '상징'이라고 부르지 마세요. 그것은 인격의 본질입니다.

앤 : 기차를 타고 너에게 도착했어. 사람들과 함께 여기서 내렸어. 그런데 난 안으로 들어가지 않았어. (눈물을 닦는

다.) 여기서 쉴 수도 있는데. (울음) 날 찾는 이들이 있을지 모르는데. (기차역 입장이 되어서) 왜 바라지 않니? 떠나기 전에 앉아서 먹거나 쉬는 게 어때? 역은 그러라고 있는 거야. (앤이 되어서) 쉬면서 편안해지는 게 두려워. 쉬지 않고 움직여야 해. 어디로 가는지 몰라도. 나는 가야만 해. (기차역 입장이 되어서) 왜? 너는……. 그것은 옳지 않아. 계속 가야만 하고, 또 기차를 타고 어디론가 가야 하고, 네가 어디에 있는지조차 모르잖아. 게다가 어디로 가는지도 모르고 여기 친구들이 있는데, 그들을 남겨두고 떠난다는 것은 말이 안 돼.

펄스 : 음, 이것은 실존적인 작은 메시지입니다. 네, 제가 원하는 만큼 들어왔습니다.

## 매들린의 꿈

프로이트의 정신분석과 헤어지던 당시에, 나는 『자아, 허기 그리고 공격(Ego, Hunger and Agression)』이라는 책을 썼습니다. 그리고 출판을 했습니다. 나는 이 책에서 기본적인 세 가지 이론을 새롭게 말했습니다. 그것은 알아차림 이론, '나'라는 존재에 대한 이론 그리고 공격에 대한 이론입니다. 지금 알아차림 이론은 참만남 집단, 의식 확장 등의 이름으로 폭넓게 알려져 있습니다. 알아차림은 미국에서 유행하고 있습니다. 공격은 나쁜 행동이 아니라 유기체의 생물학적인 기능입니다. 특히, 이빨과 소화의 공격이라고 할 수 있습니다. 공격은 적대감과 비슷한 경우가 많습니다. 다시 이 이론을 살펴보고 싶지는 않습니다. 나는 다만 이 공격이 세상을 소화하기 위해서 필요하다고 말하고 싶습니다. 쓸 만한 것을 소화시키지 못한다면, 우리 자신의 일부로 만들 수 없습니다. 제대로 소화가 안 되면 우리 신체 내에서 이질적인 것으로 남습니다. 이것을 프로이트는 내사로 이해했습니다. 그리고 이것은 자아 이론으로 연결됩니다. 이 자아(ego)는 독일어로 '나(I)'와 같은 뜻입니다. 프로이트는 자아를 성질이 다른 재료의 덩어리(conglomeration)로 보았습니다. 만약 이 점이 사실이라면 그 덩어리는 언제나 유기체 내에 남을 것입니다. 여기에 게슈탈트 접근의 장점이 있습니다. 게슈탈트는 언제나 전경과 배경으로 변화합니다. 배경과 관련 있는 전경을 '의미'라고 표현합니다. 바꾸어 말하자면, 당신이 어떤 것을 맥락에서 분해하자마자 그것은 의미를 잃거나 왜곡됩니다. 도형과 배경의 관계로 '나'를 설명하겠습니다. '나'는 동일시의 상징입니다. 이 두 맥락을 비교해 보겠습니다.

의미론적 접근은 온전하지 못합니다. 두 가지의 의미론적 접근이 알려져 있지요. 하나는 절대적 접근입니다. 이것은 있는 그대로를 의미하거나 사전적 정의 또는 그 밖의 기준으로 정의를 내린 것입니다. 나무의 의미는 소위 절대적인 의미로, 설명한 그대로입니다. 다른 것은 '이상한 나라의 앨리스' 에서 쓰는 의미입니다. 이것은 내가 마음대로 의미를 붙이는 것을 말합니다. 그러나 게슈탈트 접근은 다릅니다. 의미란, 배경과 전경 도형의 관계에서 창조됩니다. 달리 말하자면, 당신이 맥락에서 무엇을 분해하자마자, 이것은 맥락에서 의미를 잃어버리거나 왜곡됩니다. 여왕이라는 단어를 생각해 봅시다. 체스 게임의 맥락에서 이것은 나뭇조각입니다. 대영제국 맥락에서 보면, 이것은 수백만 명을 통치하는 사람입니다. 지금 절대적 의미만이 옳다면, 당신은 체스 판에서 여왕 말을 들어서 영국 왕좌에 앉혀 놓을 수 있고, 엘리자베스 여왕을 체스 판의 말로 쓸 수 있습니다. 흥미롭지 않은가요?

이제 어떻게 이것이 신경증 치료로 통하는지 봅시다. 신경증에서 성격의 부분은 모두 고립되어 있습니다. 만약 당신이 고립된 부분과 동일시한다면, 버려진 부분을 동화하고 다시 성장하여 통합될 수 있는 준비가 된 것입니다. 예를 들어, '나'라는 단어가 없는 원시인들은 자신과 세상을 구별하지 못한다는 점이 흥미롭습니다. 그들은 '여기'라는 말로 '나'를 대신합니다. 여기는 즐겁다. 여기는 배고프다. 여기는 화난다. 여기는 생각한다. 여기는 사슴이다. 그리고 아이들 또한 '나'라는 단어를 이해하기 어려워합니다. 아이는 말합니다. "카알은 배고프다." 그는 여전히 자기 이름으로 자신을 부릅니다.

지금 꿈 작업과 동일시 작업을 더욱 통합하고 싶습니다. 누가 자신의 꿈을 작업하기 원합니까? (매들린이 앞으로 나온다. 흑발의 귀여운 프랑스 소녀다.) 뭔가를 해 볼 시간이 왔습니다. 저는 당신이 자신의 경험으로 돌아가기를 언제나 원합니다. 지금 무엇을 느끼나요?

매들린 : 음…….

펄스 : 당신은 '음…….'을 느끼는군요. 눈과 귀를 열어 놓으세요. 모든 자극을 느낄 수 있습니다.

매들린 : 신발이 벗겨지는 것 같아요. (웃음) 꿈을 분명하게 말해야겠다고 느껴요.

펄스 : 좋습니다.

매들린 : 이 꿈은 여덟 살인가, 무척 어렸을 때 꾸었습니다. 이 꿈을 최근에도 꾸었어요. 나는 물가에 서 있었어요. 물가에는 부드러운 모래가 있고, 주위에 나무가 있어요. 아주 큰 호수예요. 내가 서 있는 곳에서 호수의 끝이 보이지 않을 정도예요. 아주 둥근 연못이에요. 나는 이것을 뒤늦게 알았어요. 동그라미 형태이고 가장자리에는 굴곡이 없어요. 무척 잔잔하고 빛이 아름다워요. 태양은 없는데 날씨가 정말 화창해요.

펄스 : 네, 꿈 작업을 해 보도록 하죠. 호수가 되어 보세요. 호수여, 저에게 당신의 이야기를 해 주세요.

매들린 : 호수……. 당신은 나에게 당신의 이야기를 하기 바라나요?

펄스 : 호수가 되어서 당신의 이야기를 나에게 들려주세요.

매들린 : 음, 나는 둥근 호수입니다. 완벽한 호수입니다. 나의 물은 아주 맑고 부드러워요.

펄스 : 누구에게 말하나요?

매들린 : 나 자신에게.

펄스 : 게슈탈트 치료에서 세 번째 법칙을 당신은 알고 있지요? 당신이 자신에게 하는 것을 다른 사람에게도 하세요. 우리에게 말하세요.

매들린 : 음…….

펄스 : 당신은 호수입니다.

매들린 : 나는 호수입니다. 당신은 내 안으로 들어오고 싶어 합니다. 나의 호수 안으로, 이 호수 안으로, 이것은 너무나 아름답기에 그리고 물이…….

펄스 : 게슈탈트의 두 번째 법칙은 '이것' 을 말하지 않는 것입니다. '나' 아니면 '너'를 쓰세요.

매들린 : 음……. (조금 동요한다.)

펄스 : 당신은 내가 무척 끼어들기 좋아한다고 느낄 것 같아요.

매들린 : 당신은 내 안으로 들어오고 싶어 할 거예요. 당신은 내 안에서 아주 느긋하게 헤엄칠 수 있어요. 바닥에는 더러운 것이 전혀 없어요. 깨끗한 모래가 깔려 있어요. 내 밑바닥은 깨끗한 모래만 있어요. 당신이 호수 가운데로 헤엄쳐 오면 놀라운 일이 기다리고 있을 거예요. 당신이 모르는 그 무엇이 있어요. 이것은 당신을 무섭게 할 수도 있고, 당신은 이것을 아주 좋아할 수도 있어요. 그러나 호수 가운데 있는 그 무엇은 참 이상해요. 당신이 여기에 오려면 헤엄을 쳐야 하거나 노를 저어야 합니다. 당신은 물가에서 이것을 보지 못합니다. 헤엄을 치고 와

서라도 이것은 볼 만해요. (웃음)

펄스: '이것'을 보려고?

매들린: 나를 보려고. (웃음)

펄스: 여기 있는 이들에게 말해 보세요.

매들린: 헤엄을 치거나 배를 타고 이것을 보러 올 만한 가치가 있어요. 경주용 보트까지는 아니고요.

펄스: '이것'은 누구인가요? '이것'은 가치 있다고 했는데.

매들린: 이것은 당신에게 가치가 있나요?

펄스: '이것'이 누구인가요? '이것'은 가치가 있나요?

매들린: 이것은…… 이것은 가치 있는…….

펄스: '이것'이라고 말하지 마세요. '나'를 쓰세요. '나'는 가치가 있어요.

매들린: 나는, 나는 가치가 있어요. 호수 안에 무엇이 있는지 보러 오기 위해 헤엄을 치거나 배를 타고 올 만큼 가치가 있어요. 이것은 놀라우니까요.

펄스: '이것'이 놀랍다고요?

매들린: 네, 나는 놀라움입니다. 당신은 이 놀라움을 받아들이기 어려울지 몰라요. 이것은…… 나에게, 나의 호수 가운데, 조각상이 있어요. 조각상……. 이건 어린 꼬마 조각상입니다. 조각상은 물을 붓고 있어요. 그러나 많은 사람들이…… 내가 호수로 들어가서 물을 마시려 할 때, 잠에서 깨어났어요. 어쩌면.

펄스: 기다리세요. 여기서 잠깐 멈추세요. 눈을 감으세요.

꿈으로 들어가세요. 깨어나는 것은 꿈에서 해결책을 차단하기 위한 멋진 속임수입니다.

매들린 : 음…….

펄스 : 당신은 우리에게 왔습니다. 당신은 계속 꿈을 꾸었나요?

매들린 : 똑같은 꿈? 이 꿈을 다시 꾸는 데 시간이 많이 흘렀어요. 이 꿈을 열심히 이해하고 느껴 보려고 했어요.

펄스 : 그것을 몸짓으로 표현해 보세요. 해 보세요.

매들린 : 아주 빨리요? (팔을 흔들면서 웃는다.)

펄스 : 춤추어 보세요. (매들린은 팔을 움직이면서 춤을 춘다.) 좋아요. 지금 그 조각상에 대해 이야기를 들어 봅시다. 당신은 지금 조각상입니다.

매들린 : 나는 호수 중앙에 있는 조각상입니다.

펄스 : 당신은 누구에게 말하고 있나요?

매들린 : 나는 헬렌에게 말하고 있는 중입니다. (웃음) 나는 회색빛이고, 음…… 나는 참으로 고전적으로 생겼어요. 당신에게는 아주 작은 꼬마 조각상처럼 보일 겁니다. 나는 물병을 갖고 있습니다. 이것은 바닥이 넓고 목이 좁은 물병입니다. 제가 이것을 갖고 있어요. 내가 물속에 있어도, 이 물병으로 호수에 물을 붓고 있어요. 물병 속의 물이 어디서 왔는지 모르겠지만, 이 물은 아주 깨끗해요. 당신이 이 물을 마시면 정말로 몸이 좋아질 거예요. 당신은 이 호수를 밖에서 보는 것만으로도 기분이 무척 좋아

질지 몰라요. 정말로 당신 앞에 있는 이 물은 더없이 좋아요. 그래서 당신이 내 병에서 나온 이 물을 마셨으면 좋겠어요. 이것은 정말로 당신을 기분 좋게 해 줄 거예요. 그런데 왜 그런지 모르겠지만, 당신은 마시지 않아요. 당신이 오기는 와요. 행복한 얼굴로 헤엄쳐 오지만 정작 물을 마시지는 않아요. 당신에게 몸을 굽힐 수가 없어요. 나는 물을 부어 주기만 하고 있어요. 당신이 마시기를 바라면서요.

펄스 : 그 말을 우리에게 다시 해 보세요.

매들린 : 나는 당신에게 물을 주기 위해 갈 수 없어요. 나는 물을 붓기만 해야 해요. 당신이 와서 마시기만 바라면서요. 나는 물을 붓는 것밖에 할 수 없어요.

펄스 : 네, 물 역할을 해 보세요. 우리에게 말해 주세요. 당신은 지금 물입니다.

매들린 : 병 안에 있는?

펄스 : 네, 병 안에 있는 물입니다. 당신의 대본은 무엇입니까? 당신의 이야기는 무엇입니까?

매들린 : (침묵) 나는 나 자신에 관해 많이 몰라요.

펄스 : 다시 말해 보세요.

매들린 : 나는 나 자신에 대해 몰라요 (침묵. 울기 시작한다.) 나는 어디서 왔는지 몰라요. 그러나 내가 좋다는 것은 알아요. 내가 좋기 때문에 당신이 나를 마시기를 원해요. 내가 어디서 왔는지 모르겠어요……. 나는 큰 병 안에 있

어요. 이것은 검은 병이에요.

펄스 : 자, 일어서요. 우리에게 말하세요. 일어서세요. 한 사람 한 사람에게 와서 말하세요. 당신은 물입니다.

매들린 : (울다가 훌쩍인다.) 나는 병 안에 든 물입니다. 나는 어디서 왔는지 모릅니다. 그러나 나는 마시기에 좋습니다. 나는 병 안에 든 물입니다.

펄스 : 물의 입장에서 말해 보세요.

매들린 : 나는 물처럼 보입니다. 사람들은 나를 '물'이라고 부릅니다. 나는 병 안에 있어요. 병에는 구멍이 없어요. 나는 어디에 있는지 몰라요. 그 누구도 알지 못해요. 난 언제나 그곳에 있어요. 나는 흘러나오기만 해요. 당신이 나를 마시면 좋겠어요.

펄스 : 계속하세요.

매들린 : 나는 병 안에 있어요. 나는 투명하고 순수해요. 당신이 내가 어디서 왔느냐고 물으면 난 말할 수 없어요. 그것은 놀라워요. 나는 늘 흘러나와요. 당신이 나를 마실 수 있게 말예요. 당신은 다른 물에서 떠나 나에게 와야 해요. (다음 사람에게 다가가서 운다.) 나는 병 안에 있어요. 나는 내가 어디서 왔는지 몰라요. 다만 나는 늘 밖으로 흘러나오기만 해요. 그리고 당신은 나를 마셔야 해요. 조금이라도.

펄스 : 지금 당신은 자신에게 무엇을 하고 있나요?

매들린 : 나를 붙잡고 있어요.

펄스 : 그것을 나에게 해 보세요. (그에게 다가가서 그의 팔을 문지른다.) 좋아요, 앉으세요. 당신은 지금 무엇을 느끼나요?

매들린 : 나는 어떤 것을 발견한 것 같아요.

펄스 : 무엇을?

매들린 : 나는 병 안에 든 물이 영혼이라고 생각하곤 했어요.

펄스 : 음…….

매들린 : 탄생의 아름다움……. 그것은 생명의 아름다움처럼 나에게는 풀기 힘든 문제였어요. 병은 비밀이라고 생각했어요. 그리고 나는 물을 마실 만큼 충분히 크지 않았어요. 그게 깨어난 이유예요. 내가 아주 작았을 때, 작은 키 때문에 불편했어요. 그래서 즐겁게 헤엄만 쳤어요. 잠에서 깨어났을 때, 왜 물을 안 마셨을까 고민하지 않았어요. 그러나 나이를 먹을수록 물을 마실 수 없다는 게 점점 더 화가 났어요.

펄스 : 좋아요. 충분히 왔어요. 우리가 꿈에서 다루었던 것과 같은 모습을 당신은 봅니다. 해석하지 마세요. 당신은 모든 것을 압니다. 당신은 나보다 더 잘 압니다. 해석은 길을 잃게 합니다. 꿈은 자신을 진실하게 열어 놓고 배울 수 있는 질문입니다.

## 모든 것은 알아차림의 과정이다

따로 떨어진 조각을 맞출 시간이 왔습니다. 우리가 이 접근의 핵심에 이를 수 있는지 봅시다. 물론 기본적인 핵심은 세상을 하나로 통합하는 것입니다. 당신은 종교의 힘으로 이것을 할 수 있습니다. 예를 들어, 세상 만물을 신이 만들었다고 보는 것입니다. 그러나 그렇게 말해도 당신은 여전히 신과 세상이라는 이분법에 빠져 있습니다. 세 가지 차원, 즉 확장(extention), 유지(duration) 그리고 알아차림(awareness)을 생각해 볼 수 있습니다. 모든 것은 알아차림의 과정이라고 말할 수 있습니다. 우리는 알아차림을 본질로 생각하기 어려워합니다. 그래서 알아차림이란 뇌에서 일어나는 집중 정도로 생각할 뿐입니다. 세상 전체가 알아차림임을 상상한다는 것 자체가 매우 어렵습니다. 그래서 우리는 과학적인 증거에 자꾸 매달리게 됩니다.

모든 것은 알아차림의 과정입니다. 여기서 출발해 봅시다. 나는 알아차립니다. 당신도 알아차립니다. 의자도 나를 알아차립니다. 수십억 개 부분의 알아차림이 하나의 알아차림일지 모릅니다. 나는 알아차림이 그곳에 있다고 봅니다. 우리가 이것을 받아들이면, 객관과 주관 간의 이분법이 붕괴됩니다. 주관적인 것은 언제나 알아차림이고, 객관적인 것은 알아차림의 내용입니다. 알아차림이 없다면 그 어떤 것도 알 수 없으며, 존재할 수 없습니다. 어떤 것을 알아차릴 때 그것은 존재할 수 있으며, 알아차리지 못할 때 그것은 존재하지 않습니다. 알아차림은 과거와 미래를 알 수 없으며, 오로지 현재만을 경험하는 것입니다. 지나간 일을 떠올리고 앞날을 생각하더라도, 우리가 알아차리는 것은 '지금-여기' 입니다.

중요한 알아차림은 우리 각자의 고유함에 대한 알아차림입니다. 우리는 자신을 고유한 존재로서 경험합니다. 이것을 인격 · 영혼 · 본질이라고 불러도 상관없습니다. 우리가 매 순간 다른 것을 알아차리고, 다른 시간에 다른 장소에 있다는 것을 알아차립니다. 그래서 게슈탈트 치료는 언제나 다음과 같은 생각으로 시작합니다. 당신은 어디에 있는가? 당신은 어느 시간에 있는가? 당신은 어떤 곳에 있는가? 이것을 알아내기 위해 우리는 노력합니다. 당신이 그곳에 있는지, 또는 당신에게 미해결 과제가 있는지, 당신이 어디까지 알아차리는지, 당신이 세상과 접촉하고 있는지, 자신과 접촉하고 있는지, 아니면 자신이나 세상과 접촉을 차단하는 환상의 중간 지대에 머물러 있는지…….

우리가 세상과 접촉할 때 어떤 일이 일어납니다. 게슈탈트와 욕구, 미해결 과제가 떠오를 때 우리는 세상과 접촉합니다. 그때 제대로 해결할 수 없다면, 우리를 도와줄 누군가를 찾습니다. 지지를 얻기 위해 도와 달라고 울거나, 힘 빠진 척하거나, 보채는 아기가 되어 세상을 통제하고 환경을 조종하려 합니다. 또는 우리 자신으로부터 지지를 얻을 수도 있습니다. 지지를 발견하기 위해 자기 안으로 들어가는 것입니다. 우리는 자신 안으로 들어갈 때 언제나 그 무엇을 발견합니다. 우리는 자신

(self)으로부터 지지를 발견할지 모릅니다. 또는 환상 속의 삶으로부터 구할 때도 있습니다. 그 지지는 철저하게 검증해야 합니다. 지지가 비극적 기대로 바뀔 수 있기 때문입니다. "대처하지 마."라는 지지가 있다고 해 보세요. 당신이 만약 이 지지에 도전하면 위험에 빠질 수 있습니다. 또는 그 지지가 이렇게 말할 수도 있습니다. "그것을 잡아. 그것이 천국이 될 거야."

혼란스러운 세상이죠. 그러나 우리는 도전도 하고 외부의 지지에 의존도 하면서, 자신의 잠재력을 키워 나갑니다. 이것이 이 치료 이론의 핵심이라고 말하고 싶습니다. 이전에도 말했듯이 중간 지대를 이해하기 위한 방법으로 꿈보다 더 좋은 것은 없습니다. 그래서 우리는 꿈과 비언어적 방법(세뇌, 비워내기 등 당신이 그 무엇이라고 부르든 간에)으로 인격의 고통스러운 암을 치유하려 합니다. 자, 누가 꿈 작업을 하기 바랍니까?

(헬렌이 뜨거운 의자로 나온다. 그녀는 40대 무렵의 쾌활하고 통통한 여자다.)

헬렌 : 우리는 참만남 집단에서 둥글게 모여 앉아 있습니다. 누구든지 지도자의 의자에 앉을 수 있습니다. 방은 나에게 두 가지 친숙한 방으로 번갈아 바뀝니다. 매슬로와 당신(펄스)의 거실로 방이 바뀝니다. 내가 그것을 알 수 있는 이유는 검붉고 얇은 양탄자에서 두껍고 푹신한 양탄자로 바뀌기 때문입니다.

펄스 : 두 양탄자를 서로 만나게 해 봅시다.

헬렌 : (웃음. 매슬로의 양탄자 입장이 되어) 나는 푹신푹신하고, 윤택이 나고, 부드럽고, 비싼 오렌지색의 양탄자입니다. 당신이 내 위에 앉는다면 무척 기분 좋은 푹신함을 느낄 수 있습니다. 그리고 나는 이 따뜻함과 오렌지 빛깔을 좋아합니다.

(프리츠의 양탄자 입장이 되어) 나는 검붉고, 얇고, 먼지가 쌓여 있고, 윤기가 없으며, 냄새가 나는 양탄자입니다. 나에게 닿는 모든 것은 나에게 상처를 줍니다. 나는 매우 얇기 때문입니다. 그래서 나는 관심을 받지 못합니다…… 나는 혼자입니다. 아무도 나를 깨끗하게 해 주거나 도와주려고 관심을 갖지 않습니다.

펄스 : 당신은 나에게 말하고 있습니다. 매슬로의 양탄자를 보고 말해 보는 게 어때요?

헬렌 : (프리츠의 양탄자 입장이 되어) 나는 네가 부러워. 정말로 네가 부러워. 사람들이 너에게 앉기를 좋아하기 때문이야. 사람들이 나에게 앉을 때는 딱딱한 뼈마디를 느낄 정도야. 그들이 적어도 담요라도 덧대고 앉으면 좋겠어.

(웃음. 매슬로의 양탄자 입장이 되어) 나를 부러워한다는 이유로 당신을 나무라지는 않을 거야. 나는 무척 좋고 부드러워. 사람들은 내 위에서 울 때가 많아……. 당신은 눈물을 볼 수 없을 거야. 왜냐하면 눈물을 모두 흡수하기 때문이지. 그래서 얼룩도 남지 않아. 너한테 미안하지는

않아. 나는 즐기느라 너무 바쁘지. 그리고 널 정말로 보고 싶지 않아. 왜냐하면 너는 엉망이기 때문이야. 나는 내 모습이 너무 만족스러워! (웃음) 흠. 너는 참 안됐어.

펄스: 좋습니다. 매슬로와 내 거실에 똑같은 작업을 해 봅시다. 두 방을 서로 마주 보게 합시다.

헬렌: (매슬로의 거실 입장이 되어) 나의 벽은 재질이 무척 좋은 나무로 만들어졌어. 바닥에 깔려 있는 양탄자는 두텁고 푹신해. 나에게는 커다란 창문이 있어. 그 창턱에 나무조각상이 놓여 있는데 시야를 조금 가리지. 그늘이 없다면 시야가 훨씬 더 좋을 거야. 그런데 조명이 무척 나쁘다는 게 문제야. 30분 동안 불이 나갔고, 난방에도 문제가 많아.

(프리츠의 거실 입장이 되어) 내 거실은 어수선하고, 초라하고, 얇은 양탄자가 깔려 있어. 벽난로는 잘 쓰지도 않아. 볼 만한 풍경이 없어. 혼잡하고, 어지럽고, 좋지 못한 방이야. 그러나 네가 갖지 못한 게 나에게 있어. 무척 가까이서 바다 소리를 들을 수 있지. 이 소리가 항상 방에 흐르고 있어. 내 난방장치는 매우 좋아. 열 방출구와 덮개가 많이 달려 있지.

(매슬로 거실 입장이 되어) 넌 방어적으로 말하는 것 같고, 낙담한 것처럼 보여.

(프리츠의 거실 입장이 되어) 그럴 거야. 난 조금 슬퍼. 바다 소리 빼고는 전혀 생기가 없기 때문이야. 여긴 먼지가

쌓여 있고, 딱딱하고 어수선한 곳이야.

(웃음. 매슬로의 거실 입장이 되어) 내 거실에 사람들이 수십 명이나 앉아 있어. 따뜻해. 그런데 너를 보는 게 무척 싫을 때가 있어. 내가 너보다 훨씬 더 많이 갖고 있기는 하지만, 너를 보면 나한테서 무엇이 빠졌는지 알게 된단 말이야.

펄스 : 다시 그 부분을 말해 보세요.

헬렌 : 나는 정말로 널 보고 싶지 않아.

펄스 : 다시.

헬렌 : 나는 정말로 널 보고 싶지 않아.

펄스 : 더 크게.

헬렌 : 난 정말로 널 보고 싶지 않아!

펄스 : 혼신의 힘을 다해 말하세요.

헬렌 : 나는 정말로 널 보고 싶지 않단 말이야!

펄스 : 지금 자리를 바꾸세요.

헬렌 : (프리츠의 거실 입장이 되어) 이런, 네가 날 봐야만 한다고 말한 적 없어. 원하지 않는다면 날 보지 마. 나를 보고 소리치지도 마. (외친다) 고함 소리가 싫어. 나는 화났어! (침묵) 넌 원하는 것을 얻었어. 나는 원하는 것을 갖지 못해. 내가 필요한 것을 갖지 못해.

펄스 : 그것을 다시 말해 보세요.

헬렌 : 내가 필요한 것을 갖지 못하고 있어. (침묵. 조용히 계속한다.) 얻는 방법을 모르겠어. 돌과 시멘트 그리고 빈

약함이라는 한계가 있어. (침묵) 잠시 숨 쉬는 것도 잊었어요. (숨을 깊이 들이쉰다.)

펄스 : 눈을 감고 당신의 몸으로 들어가서 당신이 몸으로 느낀 것을 알 수 있습니까?

헬렌 : 볼이 뜨겁고, 목이 쉰 것 같고, 목구멍이 막히는 것 같아요. 목과 가슴에 슬픔이 느껴져요. 나는 깊이 숨 쉬고 있어요. 편안해지는 것 같아요. 그것이 날 편안하게 하고 안정되게 해요. 마른 것 같아서 입술을 적시고 있어요. 내가 어떻게 앉아 있는지 알아차려요. 일어설 듯이 앉아 있네요. 나는 또한 방어적이고 뭔가를 숨기고 있어요. 오른쪽 어깨가 앞으로 나와 있고, 오른손이 무언가를 할 것처럼 자세를 취하고 있어요.

펄스 : 무엇을 하려고?

헬렌 : 때리려고.

펄스 : 매슬로의 방을 때리세요. (헬렌은 얼마 동안 그렇게 한다.) 지금 그것을 왼손으로 해 보세요.

헬렌 : 나는 그것을 왼손으로 하고 싶지 않아요. (웃으면서) 나는 그것을 만지고 싶어요. (뻗는다)

펄스 : 좋아요. 그것을 번갈아 가며 할 수 있나요? 오른손으로 때리고, 왼손으로 만지세요. (헬렌은 이것을 세 번 정도 한다.) 손을 바꾸어 보세요. 왼손으로 때리고 나서 오른손으로 만져 보세요.

헬렌 : 음…… 나는 오른손으로 만질 수 있어요.

펄스 : 당신은 무엇을 느끼나요?

헬렌 : 좋아요. 나는 그것을 좋아해요. 나는 왼손으로 할 때보다 오른손으로 할 때 훨씬 잘 느껴요. 왼손으로 때리는 것은 매우 불편해요.

펄스 : 매슬로 방에게 말해 보세요.

헬렌 : 나는 널 왼손으로 때리고 싶지 않아. 나는 정말로 널 만지기를 원해. 나는 널 때리고 싶지 않아.

펄스 : 한 번 더 해 보세요.

헬렌 : 때리는 거요?

펄스 : 네, 왼손으로요.

헬렌 : 나 자신이 놀랄 정도로 꺼려져요. 나는 정말 하고 싶지 않아요.

펄스 : 다시 말해 보세요.

헬렌 : 나는 정말 하고 싶지 않아요.

펄스 : 다시.

헬렌 : 난 널 정말 때리고 싶지 않아요.

펄스 : 다시 해 보세요.

헬렌 : 나는 널 때리고 싶지 않아. (웃음. 목소리가 더 부드러워지고, 약 올리는 어조로) 나는 널 때리고 싶지 않아. (웃음) 나는 널 때리고 싶지 않아. 나는 널 만지고 싶어.

펄스 : 지금 한 번 더 때리려고 하세요.

헬렌 : 나는 할 수 있어요. 그러나 그러고 싶지 않아요.

펄스 : 자, 해 보세요.

헬렌 : (웃으면서) 그것은 다치지 않았어요. (두 손으로 만진다.) 두 손으로 느끼니까 훨씬 잘 느껴져요.

펄스 : 왼손으로 때리세요. 여기서 나는 이해가 되지 않는 점을 봅니다. 난 계속할 겁니다.

헬렌 : 만약 널 보면, 널 때릴 거야. (의자를 때린다. 그리고 규칙적으로 발로 찬다.) 널 보면, 널 때리고 찰 수도 있어. 정말로 널 미워할 거야. (침묵) 넌 빛이 나. 네가 부러워. 아니, 네가 부럽지 않아. 제기랄, 넌 네 것을 얻었어. 넌 단지 다를 뿐이야. (더 조용해진다.) 나는 네가 부러워.

펄스 : 의자를 바꾸어 보세요.

헬렌 : (매슬로의 거실 입장이 되어) 안녕, 네가 날 때리는 게 싫어. 내가 너에게 없는 것을 많이 갖고 있다는 걸 알아. 그러나 난 이제 막 그 길에 도착했어. 하나도 다른 사람 것을 가져온 것은 없어. 어느 누구의 것도 아니야. 네 것도 아니야. 너한테서 가져온 것은 아무것도 없어.

(프리츠의 거실 입장이 되어) 내 일부분은 너에게 달라붙고 싶어 해. 하지만 내 일부분은 너를 밀어내려고 하지. 나는 네가 그렇게 멋지지 않았으면 해. 적당하게 멋지면 좋겠어. 너의 풍족함을 난 참을 수가 없어.

펄스 : 그것을 당신의 왼손으로 다시 말해 보세요.

헬렌 : 그 집요함을 참을 수가 없어요. (펄스에게) 이것은 옳지 않아요. (침묵) 나는 당신의 집요함이 부러워요. (웃음) 난 초라해. 내가 어떤 것을 원해도 내가 정말로 가질

수 없을 것 같고, 내가 얻은 것에 대해서도 만족할 수 없어요.

펄스 : 그것을 여기 사람들에게 말해 보세요.

헬렌 : 나는 내가 얻은 것에 만족할 수 없어요.

펄스 : 이 점을 자세히 이야기해 주세요.

헬렌 : 나는 많이 얻었어요. 그러나 어렴풋하게 본 것이 대부분이에요. 이것을 분명하게 알고 싶어요. 더 열심히 작업하고 시간을 더 쏟아붓고 더 노력하고 싶어요. 어렴풋하게 본 것들이 대부분입니다. 난 정말로 나에게 흥분했고, 나 자신에 대해 더 많이 알고 싶어요. 그러나 그렇게 하려면 다른 사람들과 함께 작업해야 하죠. 나는 그게 무서웠어요. (펄스를 보고 웃으며) 정말로 어떤 곳에서는 그랬어요. 다른 곳은 아니었고요.

펄스 : 네, 좋아요. 내가 바라는 곳까지 왔어요. 당신은 내가 했던 일을 알아차렸을 거라고 봐요. 나는 아주 조금 이끌어 나갔어요. 그러나 내가 이해하지 못하는 것을 느끼고 알아차렸을 때, 나는 전체 주제를 이해할 수 있을 때까지 그 지점에서 작업을 해요. 그리고 여기서 당신은 민감성과 직관력을 많이 길러야 합니다. 중요한 문장, 근본적인 어떤 것과 연관된 중요한 문장이 있다고 느낀다면, 그때 이것의 강도를 높입니다. 다시 말해 보게 하고, 반복하게 합니다. 진정한 표현이 나올 때까지 강화합니다. 예상치 못했던 일이 일어났다는 것을 당신은 알고 있습니다.

인격과 정서에 깊이 들어갑니다. 성장의 전환점에 이릅니다.

## 펄스, 친구 그리고 프로이트

(바바라는 뜨거운 의자에 앉아 있다. 그녀는 38세의 수줍음을 타는 젊은 여인으로, 직업은 사회사업가이며, 이전에 펄스와 작업했었다.)

바바라 : 나는 괜찮은 소녀가 되고 싶었어요. 당신이 꿈에 나오고, 좋은 일들이 가득한 멋진 꿈을 꾸고 싶었어요. 하지만 나는 그런 꿈을 꾼 게 아니라 뭔가 다른 일이 일어났죠. 지난밤 침대에 누워 있었죠. 그리 자주 있는 일은 아니었지만 꽤 오랫동안 나에게 문제가 생겼어요. 내 몸이 완전히 마비되어서 꼼짝을 못하는 거예요. 발가락조차 움직일 수 없고, 눈을 뜰 수도 없고, 아무것도 할 수 없었어요. 나는 정말 꼼짝도 못해요. 너무나 무서워요. 그리고 그 고통이 사라져요. 매우 긴 시간처럼 느껴졌는데 몇 분도 안 되었을지 몰라요. 어쩌면 그렇게 길지 않았을 거예요. 난 아무것도 할 수 없었어요. 이 일은 내가 두려워하거나 화날 때 제대로 대응하지 못하는 나의 무력감을 떠올리게 했어요. (담배 연기를 길게 내뿜는다.) 나는 움직이지 못해요. 그래서 깨어날 때도 잠들 때와 자세가 똑같아요. 나는 여전히 마비되어 있어요.

펄스: 당신에게 일어난 그 모든 일을 자신이 책임진다고 생각하면서 다시 꿈에 대해 말해 볼 수 있습니까? 예를 들면, "내가 나에게 마비를 일으켰다."와 같이요.

바바라: 음, 좋아요. 음…… 내가 마비를 일으켰어요. 내가 나에게 마비를 일으켰어요. 내가 그렇게 했어요. 나 스스로 아무것도 못 느끼게 하고 움직이지 못하게 했어요. 예의에 어긋나거나 나쁘게 보이는 행동을 못하게 했어요. 무서울 때 도망치지도 않았어요. 사람들에게 무섭다고 말하지 않았어요. 화나거나 상처받았을 때 싸우지 않았어요. 아무도 내가 힘들어한다는 것을 모르게 했어요. (울기 시작한다.) 미워하는 마음을 눈치 못 채게 했어요. 또는 죽음을 두려워하는 마음도 숨겼어요. 음…… 때때로 나 자신을 처벌하면서 공포에 빠져들어 아무것도 못했어요. 무서워서 숨도 쉴 수 없었어요. 게다가 나쁜 짓으로 나 자신을 고문했어요. 나 자신이 고통스러워하도록 내버려 두었어요. 다 말했어요. (코를 훌쩍이며) 펄스, 난 울고 싶지 않아요. 왜냐하면 우는 것은 너무 바보 같은 일이니까요. 눈물을 숨기고 싶어요. 그러나 내가 뭘…… 숨기는지 모릅니다. (바바라는 그 말을 하면서 한 손으로 자기 허벅지를 때린다.)

펄스: 다시 해 볼래요? 오른손으로. 그러면서 바바라에게 말해 보세요.

바바라: (허벅지를 때리며 웃는다.) 바바라, 넌 한 대 맞아야 해!

펄스 : 그 여자를 때려요.

바바라 : (계속 때리면서) 넌 나쁜 애야. 넌 가짜고 정직하지 않아! 넌 네 자신과 모든 사람들에게 거짓말이나 해. 그것은 별로 도움이 되지 않아. 그래서 난 지쳤어.

펄스 : 바바라가 어떻게 대답하나요?

바바라 : (목소리가 높아지면서) 저 여자는 어떻게 해야 하는지 결코 배운 적이 없다고 해요.

펄스 : 본인이 직접 말하듯이 하세요.

바바라 : 나는 어떻게 해야 하는지 결코 배운 적이 없어. 나는 무엇을 해야 하는지 알고 있지만, 어떻게 해야 하는지는 몰라.

펄스 : 다시 말해 보세요.

바바라 : 나는 어떻게 해야 할지 모르겠어. 내가 보호받고 지지받을 때만 할 수 있어. 그때 조금이라도 할 수 있어. 그러나 차가운 공기가 감돌면 나는 너무나 무서워. 그때 문제가 생겨. 문제에 빠져들게 돼.

펄스 : 네.

바바라 : 곤란한 상황에 빠지고 나면 나 자신에게 화가 나서 참을 수 없어요. 그리고 탓하고, 탓하고, 또 탓해요. (다시 허벅지를 때린다.) 끝이 없어요. 결코 만족할 줄 모르죠. (울기 시작한다.)

펄스 : 그것을 바바라에게 말해 보세요. 나는 너에게 절대로 만족할 수 없어. 네가 무슨 일을 해도 난 만족하지 못해.

바바라 : 바바라, 나는 너에게 절대로 만족하지 못해. 네가 어떻게 해도 충분하지 않아.

펄스 : 이 말을 당신 부모님께 말해 볼 수 있나요?

바바라 : 어머니, 제가 무엇을 하든 간에 그것은 결코 충분하지 못해요.

펄스 : 어머니께 그렇게 말할 수 있습니까? 어머니, 당신이 무엇을 하든 간에 그것은 결코 충분하지 못해요.

바바라 : 음…… 후…… 어머니, 당신이 무엇을 하든 간에 그것은 결코 충분하지 못해요.

펄스 : 어머니가 해야만 하는 것을 말해 보세요.

바바라 : 어머니, 어머니는 날 알려고 애써야 해요. 어머니는 날 몰라요. 나는 모르는 사람이나 마찬가지라고요. 어머니는 내 모습 그대로 살게 하지 않았어요……. 인격을 가진 사람이란 말이에요. 예전의 나는 내가 아니에요. 내가 생각하는 그런 종류의 사람이 전혀 아니라고요.

펄스 : 어머니께서 무엇을 말합니까?

바바라 : 물론 널 이해해. 너는 내 딸이야. 나는 너에 관해 모든 것을 이해해. 너에게 무엇이 좋은지 난 알아.

펄스 : 어머니께 말해 보세요.

바바라 : 어머니, 어머니는 제게 무엇이 필요한지 몰라요! 당신의 방식은 나에게 맞지 않아요. 나는 그 방식이 싫어요. 어머니를 존경하지 않아요. 도움이 안 돼요. 어머니의 그 방식 때문에 다른 사람들이 다가서지 못하고, 당신

은 따돌림을 당해요. 어머니는 언제나 불만투성이에요. 아무도 어머니를 좋아하지 않아요. 난 어머니처럼 되고 싶지 않아요.

펄스 : 어머니가 해야 할 일을 다시 말해 보세요. 무엇을 해야만 하는지.

바바라 : 어머니는 자신의 방식이 다른 사람에게 어떻게 영향을 주는지 알아야만 해요. 다른 사람들은 당신과 정말 다르게 살아요. 어떻게 다른지 한번 알아볼 생각은 없나요?

펄스 : 네, 당신을 한 걸음 더 나아가게 하고 싶습니다. 명령형으로서 어머니께 말해 보세요. "좀 더 이해해."

바바라 : 좀 더 이해해 봐요.

펄스 : 명령형으로 계속하세요.

바바라 : 좀 더 공감해 봐요. 좀 더 세심하게 봐요. 자신을 방어하지 말아요. 그럴 필요 없어요. 의심 좀 그만하고 믿고 살아 봐요. 미신에 빠지지 말아요. 미신을 믿는 것은 미친 짓이에요. 이중 구속을 하지 말아요. 그렇게 좋은 사람, 성자 같은 사람, 사회의 모범, 여자 가장이 되려고 하면서, 어머니는 매 순간 불평만 쏟아 내고 있어요. 그만 좀 하세요!

펄스 : 지금 바바라에게 말해 보세요. 명령형으로.

바바라 : 바바라, 무기력해지지 마! 그것은 미친 거야. 음…… 너의 느낌을 두려워하지 마! 나쁜 느낌이라도 너

는 표현해야만 해. 넌 네 자신을 위해서 일어서야만 해! 너는 진실해져야 해! 숨어서 보려고 하지 마! 그것은 썩어 빠진 게임이야! (울기 시작한다.) 쩔쩔매지 마. 그리고 다른 사람들이 너에게 미안함이나 죄의식을 느끼게 하지 마. 그러면 그들은 불편해질 거야. 그리고 사라질 거야. 그건 네가 원하는 게 아니잖아?

펄스 : 더 자세히 들어가 봅시다. 바바라에게 명령문으로 처방을 내리세요. 그건 바바라가 앞으로 따라야만 하는 겁니다.

바바라 : 음, 광대가 되려고 하지 마. 변덕쟁이가 되려고도 하지 말고!

펄스 : 어떻게 하면 그럴 수 있는지 방법을 말해 주세요. 변덕쟁이가 되지 않으려면…….

바바라 : 네가 누군지 알아야 해. 네가 무엇이 되고 싶어 하고, 무엇을 하기를 원하는지. 그리고 그것을 해! 남을 모방하려고 다른 사람을 좇아 다니면서 방황하지 마! 넌 벌써 수천 명을 모방했어. 이렇게 해서 한 번이라도 너 자신이 된 적이 있니? 넌 아직도 빈 껍질이야. 네가 누구인지 결정을 내려야 해. 네가 무엇을 원하는지도 말이야.

펄스 : 바바라에게 어떻게 하면 결정을 내릴 수 있는지 말하세요.

바바라 : (꾸짖는 어조로) 너는 자신의 흥미와 관심, 가치가 무엇인지 알고 있어. 너는 오랫동안 알고 있었어. 그것은

결코…….

펄스 : 관심이 있는 분야를 더 자세하게 말해 주세요.

바바라 : 음…… 많은 것이 네 관심을 끌었지.

펄스 : 예를 들면?

바바라 : 너는 사람들과 함께 일하는 걸 좋아하고, 네가 쓸모 있다고 느끼면 무척 기분 좋아하지. 다른 사람들이 널 유용하게 쓰도록 네 자신을 허락했지. 그것을 해! 네가 성취감과 유용함을 느낄 수 있는 방법을 살펴봐.

펄스 : 힘내세요. 살펴보세요.

바바라 : 음, 넌 키워야 해……. 너는 두 가지를 해야 해. 너는 자신보다 더 경험 많고 기술이 뛰어난 사람들로부터 배우려고 노력해야 해. 동시에 너는 네 자신이 되어야 해. 너는 펄스나 버지니아 사티어, 델챔프 박사 또는 그 순간에 치료자가 누구더라도, 네가 갔던 세미나나 워크숍에서 그런 사람들을 흉내 내려고 하지 마. 그렇게 좀 하지 마. 그건 틀려먹었어! 너는 그들이 아니야. 너는 그들이 지나온 길을 똑같이 갈 수 없어. 그들의 말을 따라 하려고 하지 마. 아무한테나 좋아 보이려고 하지 마. 그들은 알 거야. 네가 가짜란 걸.

펄스 : 당신은 제 이름을 말했어요. 자, 나에게 말하세요. 내가 누구인지. 당신은 나를 어떻게 모방했나요?

바바라 : 펄스, 당신은 사람들과 함께 치료하고, 그들이 당신을 이용하게 해요. 사람들은 당신을 이용해서 성장

해요.

펄스 : 네.

바바라 : 나 역시 그렇게 하고 싶어요. 당신이 어떻게 작업하는지 깊이 생각합니다. 그러나 나는 펄스의 역할을 할 수 없습니다. 도움이 되지 않습니다. 왜냐하면 나는 당신이 아니고 내 껍데기만 당신을 모방했기 때문입니다.

펄스 : 당신이 나를 어떻게 모방했는지 봅시다. 펄스 역할을 해 보세요.

바바라 : (웃음) 좋아요. 내가 당신과 함께할까요?

펄스 : 네.

바바라 : 좋습니다. (웃음. 긴 침묵) 당신은 작업하기를 원합니까?

펄스 : 네.

바바라 : 내가 작업하기를 원하지 않나요? 당신을 위해?

펄스 : 아뇨.

바바라 : 나는 펄스가 될 수 없어요. 나는 당신에게 도움이 될 수 없어요.

펄스 : 할 수 있습니다.

바바라 : 못해요.

펄스 : (강렬한 눈빛으로 보면서) 당신은 펄스입니다. 당신은 모든 것을 압니다. (웃음) 당신은 현명합니다.

바바라 : 사실이 아니에요. 나는 모든 것을 알지도 못하고, 현명하지도 않아요. 당신이 해야 해요.

펄스 : 좋습니다. 내가 열심히 하지요. 나는 작업하고 싶습니다. 그러나 나는 할 수 없습니다. 나는 막혔습니다. (펄스의 반응은 유쾌해 보인다.)

바바라 : 장애물이 되어 보세요.

펄스 : 나는 장애물을 볼 수 없어요.

바바라 : 당신은 나에게 귀 기울이지 않는군요.

펄스 : 아뇨. 난 무척 신중하게 듣고 있어요. 나는 방금 당신이 한 말을 들었어요. '당신은 나에게 귀 기울이지 않는군요.'

바바라 : 음…… 우리가 무엇을 할 수 있는지 봅시다. 당신이 그 장애물 밖에 있는 것처럼 해 봅시다.

펄스 : 장애물 밖에.

바바라 : 후…….

펄스 : 어디, 여기저기. (방의 구석구석을 가리키면서)

바바라 : 선택하는 곳이면 다 돼요.

펄스 : 저 대신 선택해 주세요.

바바라 : 날 갖고 놀려고 하는 것 같군요.

펄스 : 제가요? 당신을 놀린다고요? 어떻게 감히! 당신은 아주 존경할 만한 인물이고, 나는 늘 감사하고 있어요. 당신을 함부로 놀릴 수 없어요. 감히 내가 어떻게!

바바라 : 다르게 해 봅시다. 날 존경하는 춤을 출 수 있나요?

펄스 : (웃음) 나는 지금 할 수 없어요. 음악을 주세요.

바바라 : 음악 소리가 들린다고 상상해 보세요.

펄스 : 난 음악이 아녜요. 당신도 알잖아요.

바바라 : 우리 모두 음악입니다.

펄스 : 당신이 해 줘요. (웃음)

바바라 : 아무 일도 일어나지 않잖아요. 오히려 나만 괴로워요. 내가 아무리 말해도 당신은 아니라고 해요. 당신이 해 주세요. 나는 어떻게 해야 하는지 모르겠어요.

펄스 : 물론 내가 그렇게 무능력했다면 여기에 없었을 테죠. 이것은 내 병이죠. 당신은 보지 못하나요?

바바라 : 당신의 병에게 말을 걸어 보세요.

펄스 : 그러나 내 병은 여기 없어요. 어떻게 내가 내 병에게 말을 걸 수 있나요? 만약 내가 병에게 말을 걸 수 있다면, 병은 듣지 못할 겁니다. 왜냐하면 이것이 병이기 때문입니다.

바바라 : 나는 들을 거예요. 당신에게 누가 병을 주고 있습니까?

펄스 : (천천히) 네.

바바라 : 누가?

펄스 : 프로이트. (집단원들이 한바탕 웃는다.)

바바라 : 프로이트는 여기에 없어요. 그는…….

펄스 : 그러나 7년 동안 나는 전염된 상태였어요.

바바라 : (킥킥 웃는다.) 오, 나는 당신보다 3년이나 더 오래 그랬어요. 10년 동안 정신분석 치료를 받았어요. 그게 얼마나 나빴는지 저에게 말하지 마세요. 당신은 프로이트

에게 말할 수 있나요?

펄스 : 아뇨. 난 할 수 없어요. 그는 죽었어요.

바바라 : 당신은 달라졌어요. 당신이 처음으로 발을 헛디딘 때입니다.

펄스 : (진지하게) 내가 정말로 인간 대 인간으로서 그에게 말할 날이 오기 전에 프로이트가 죽었다는 것이 너무나 슬펐습니다.

바바라 : (부드럽게) 아직도 말할 수 있다고 생각해요. 말하고 싶나요?

펄스 : 음…… 후…….

바바라 : 좋아요. (침묵) 난 듣고 싶어요.

펄스 : 지금 내가 어떻게 해야 할지 모르겠네요. 그렇게 하고 싶군요. 이 상황에서 당신의 내담자가 되고 싶어요. 음……. (아주 천천히 말한다.) 프로이트 교수는…… 위대한 사람이었어요……. 그러나 매우 병들어 있는……. 당신은 아무도 자신을 못 만지게 했어요. 당신이 하는 말은 신성한 복음이었지요. 당신이 제게 귀 기울이기 원했어요. 어떤 점에서 나는 당신보다 더 많이 알고 있었어요. 당신이 신경증 문제를 풀 수도 있었죠. 나는……. 그저 한 사람으로서…… 신의 도움으로…… 그게 무엇인지 아주 간단하게 비밀을 풀었지요. 내가 발견한 것은 아니었어요. 스타인이 발견했지요. 나는 그 여인을 모방했어요. 아니, 모방은 올바르지 않아요. 나는 그 여인과 더불어 생각

하고 똑같이 살았어요. 지성적인 인간이 아니라 한 인간으로서, 나무와 꽃으로서, 동물로서 살았어요. 당신이 알지 못했던 삶이지요. 당신은 도덕적이고 섹스를 거부했어요. 인생에서 그것을 내버렸어요. 당신은 결국 삶을 놓치고 말았어요. (몇 분 동안 실내에 침묵이 흐른다. 바바라를 향해서) 펄스를 모방한 사람은 그렇게 나쁘지 않군요. (바바라에게 키스한다.) 당신은 날 위해 뭔가를 했어요.

바바라 : 고마워요, 펄스.

## 저자 소개

**프리츠 펄스**(Fritz Perls, 1893~1970)

베를린의 중하류층 유대인 가정에서 태어났으며, 28세에 의학박사 학위를 받았다. 그 후에 정신분석 수련을 받았으며, 1934년 히틀러의 탄압을 피해 남아프리카로 건너가 정신분석학회를 창립하기도 하였으나, 프로이트와 이론적인 관점을 달리하면서 정신분석과 멀어졌다. 펄스는 미국으로 이주한 이후 알아차림의 이론을 정립하고, 게슈탈트 치료를 창시하였으며, 이를 워크숍과 세미나로 널리 알리기 시작했다. 말년에 그는 심리치료의 사조에 혁신을 일으킨 자로서 명성을 떨쳤다. 게슈탈트 치료는 내담자와 상담자의 관계를 강조하고, 자각을 위한 실험을 제안하고 창조하며 실행하는 흥미롭고도 독창적인 치료다. 이 치료는 일반인의 자기 성장, 개인 및 집단 치료, 부부와 가족치료, 아동과 청소년 치료 등 다양한 심리치료 장면에서 활용되고 있다.

## 역자 소개

### 최한나

연세대학교 교육학과를 졸업하고, 오하이오 주립대학교에서 임상상담학으로 석사학위를, 그리고 서울대학교 교육학과에서 교육상담 전공으로 박사학위를 취득했다. 한국청소년상담원을 거쳐 인천광역시 청소년상담지원센터에서 소장으로 일했다. 현재 숙명여자대학교 교육학부 상담 전공 부교수로 재직 중이며, 이음세움심리상담센터에서 상담을 하고 있다. 주요 저서 및 역서로는 『치료의 선물』 『매일 조금씩 가까이』 『얄롬을 읽는다』 『상담 및 심리교육 프로그램 개발과 평가』 『상담 및 조력전문가를 위한 수퍼비전의 이론과 실제』 등이 있다.

### 변상조

경상대학교 심리학과를 졸업하고, 창원대학교에서 교육학으로 석사학위를 취득했다. 경남장애인종합복지관, 경남함양군청소년상담복지센터, 인천광역시청소년상담복지센터, 광명시립청소년상담복지센터에서 재직했다. 현재 '꽃보다 심리학-헤아림심리연구소'를 운영 중이며, 심리학 콘텐츠 제작 및 심리 통계를 연구하고 있다.

# 펄스의 게슈탈트 심리치료

**The Gestalt Approach & Eye Witness to Therapy**

2013년 1월 15일 1판 1쇄 발행
2024년 7월 25일 1판 6쇄 발행

지은이 • Fritz Perls
옮긴이 • 최한나 · 변상조
펴낸이 • 김 진 환
펴낸곳 • (주) 학지사
04031 서울특별시 마포구 양화로 15길 20 마인드월드빌딩 5층
대표전화 • 02) 330-5114 팩스 • 02) 324-2345
등록번호 • 제313-2006-000265호
홈페이지 • http://www.hakjisa.co.kr
인스타그램 • https://www.instagram.com/hakjisabook

ISBN 978-89-6330-285-0 93180

**정가 14,000원**

역자와의 협약으로 인지는 생략합니다.
파본은 구입처에서 교환하여 드립니다.